보스턴 결혼

섹스 없이 사랑을 이야기하는 방법

일러두기

➜ 본문의 각주는 옮긴이가 보충한
  내용이다.
➜ 본문에 언급된 연구 및 출판물 원제와
  주에 적힌 인용 출처의 완전한 표기는
  각 장 참고문헌 목록에서 볼 수 있다.

보스턴 결혼

섹스 없이 사랑을 이야기하는 방법

Boston Marriage

Romantic but
Asexual Relationships
Among Contemporary Lesbians

봄알람   에스더 D. 로스블룸 · 캐슬린 A. 브레호니 엮음 | 알·알 옮김

차례

왜 비성애적인 여성 간 연애에 주목해야 하는가

오래오래 살아보세요,
문화라는 것은 결국 당신이
가진 별난 구석의 본질적인
점을 알아보고 그것을
수용하게 되어 있어요.
— 클라리사 핑캠 에스테스

이 책의 발상은 공저자 중 한 사람인 에스더가 『게이 섹스의
즐거움』을 쓴 찰스 실버스타인에게 받은 편지 한 통에서
비롯했다. 따라서 이 책 첫 장은 에스더의 몫이다. 찰스는 여남
동성애자 상담사들에게 맞게 편집한 사례 연구집을 구상하고
있었다. 편지에서 찰스는 동성애자 상담사들이 현대 미국 사회의
동성애자들이 맞닥뜨린 문제들에 관해 폭넓게 알고 있으나 이런

문제들이 책으로 나온 경우는 거의 없다는 사실을 강조했다.
찰스는 남성 동성애자들 사이의 '강박적(충동적) 섹스'라는
주제를 예로 들었다.

편지를 읽으며 바로 내 관심을 끈 것이 이 사례였다.
이것을 보고 나는 어느 레즈비언 심리학 학회에서 들은 이야기를
떠올렸다. 레즈비언인 그 발표자는 남성 동성애자인 친구와
섹스에 관한 환상을 이야기해본 적이 있다고 했다. 발표자의
환상은 낯선 여자에게 유혹을 느끼며 "사랑해"라고 속삭여주는
것이었다. 남자는 떠다니는 페니스로 가득 찬 방에 있는 것이
자기의 환상이라고 이야기했다고 한다.

이름도 모르는 사람들과 섹스하는 일이 종종 일어나는
일상이라니, 내가 아는 대다수 레즈비언의 현실에서 이보다
더 동떨어진 일이 있을까? 나와 친하거나 알고 지내는
레즈비언들은 섹스를 간접적으로, 관계의 맥락에서 다룬다.
우리는 반려 관계로 들어갈지, 관계의 테두리 안에 남아 있을지,
그 관계를 떠날지를 의논했다. 나는 구애 과정, 사랑 고백,
말다툼, 이전 애인들한테 얻은 조언에 관해 소상히 말하는
레즈비언들의 이야기를 들었다. 이 이야기들은 아주 상세했으며
우리는 분석하고 공감하고 조언을 건넸다. 우리는 섹스에 관한
이야기만은 절대로 하지 않았다. 우리는 커플들이 성적인
사이이리라고 전제했다. 많은 친구가 처음 섹스한 날을 관계의
기념일로 정하고 챙겼다. 본인이나 애인이 다른 사람과 섹스했을
때 많이들 헤어졌다. 그러니까 섹스는 언급은 됐지만, 정의상
동원될 뿐이었다. 친구들의 관계에 관해 알고 있는 정보량은

엄청났지만 그들의 성생활에 관해서는 아는 것이 거의 없었다.

1980년대 초반에 이뤄진 대규모 조사는 레즈비언 커플들이 결혼한 이성 커플·동거하는 이성 커플·남성 동성 커플만큼 섹스를 자주 하지 않는다고 보고했다. 이 조사를 진행했던 필립 블럼스타인과 페퍼 슈워츠는 1만2000명이 넘는 사람의 관계에 대한 연구 결과를 1983년 『미국의 커플들』이라는 책으로 펴냈다. 1988년 조앤 룰런은 1500명이 넘는 레즈비언과 인터뷰한 결과를 출판했고, 78퍼센트라는 주목할 만한 비율의 사람이 한동안 섹스를 하지 않고 지내왔음을 밝혔다. 대다수는 1년 이하였지만 35퍼센트가 1~5년, 8퍼센트가 6년 이상 섹스를 하지 않고 있었다. 매릴린 프라이가 말한 대로, "'섹스'라고 부를 수 있을 만한, 레즈비언들이 하는 그것(더 좋은 단어가 없기에)이 무엇이든 간에 분명 우리는 그것을 진짜 거의 안 한다."[1]

이 자료, 특히 대중 매체를 통해 널리 알려진 첫 번째 조사(『미국의 커플들』)는 레즈비언들에게 엄청난 분노와 불신을 샀다. 내가 속한 공동체의 레즈비언들은 자신이나 친구들이 섹스를 한다고, 자주 한다고 주장했다. 레즈비언들은 연구자들이 내린 '섹스'의 정의에 의문을 제기하며, 레즈비언들에 관한 부정적인 조사 결과가 이미 억압받고 있는 집단에 더 심한 낙인을 찍게 되리라는 우려를 덧붙였다.

친구들과 달리 나는 이 조사 결과를 믿었다. 그러나 레즈비언들이 관계에 어마어마하게 몰두하며, 로맨틱하고 에로틱하고 열정적인 감정을 다른 여성(대개 한 사람)들에게 품는다는 것 또한 믿었다. 내가 있는 레즈비언 공동체에는 동거하며 같이 오랜 역사를 쌓은 사람들이 있다. 성적인 사이이던 경우도, 서로 전혀 섹스를 하지 않는 경우도 있었다. 전에 애인 사이였다가 지금은 각자 다른 여자와 사귀는 중인데도, 공동체에 새로 들어온 사람들은 두 사람을 커플이라 생각할 만한 유대가 남아 있는 경우도 있다. 남자와 결혼했지만 로맨틱하다는 말로밖에 표현되지 않는 방식으로 가장 친한 여성 친구에 관해서 이야기하는 여자들도 알고 있다. 수도회에서 생활한 경험이 있는 레즈비언들은 일부 수녀들이 금욕 속에서도 서로에게 품고 있는 어마어마한 열정을 묘사해주었다. 나는 이런 여자들에 관한 글을 써야겠다고 생각했다. 이런 종류의 관계를 무엇이라 해야 할지 막연한 감각밖에 없었음에도 말이다.

　　나는 찰스 실버스타인에게 답장을 쓰며 '성적인 측면이 소거된' 하지만 로맨틱한 레즈비언들의 관계를 다룬 장을 넣고 싶다는 뜻을 밝혔다. 나의 생각이 꽤 논란이 될 수도 있으나 남성 동성애자의 충동적 섹스를 다루기로 한 장과 대조되어 재미있을 것이라고 덧붙였다. 찰스는 내 생각이 좋기는 하지만 그 개념이 전혀 새로운 것은 아니라고 생각한다고 말했다. 내가 묘사하는 것은 그가 젊었을 적에 '보스턴 결혼'이라고 일컬어졌다는 것이다. 찰스는 그 글을 심리 상담사와 함께 써보라고 덧붙였고 그래서 나는 캐슬린에게 전화를 했다. 여기서부터는 나와 캐슬린이 함께 이야기한다.

　　지난 수십 년 동안 '보스턴 결혼'이라는 말은 결혼하지 않은 여자들이 함께 사는 것을 가리켰다. 이 여자들은 성적인 사이가 아니라고 여겨졌다.(그러니까 '보스턴'이라는 이름은 아마 청교도적이고 비성애적인 그 관계의 성격을 가리킬 것이다.) 릴리언 페이더먼은 『남자들의 사랑을 넘어서서』(1981)라는 책에서 이런 관계들을 생생하게 묘사했다. 19세기부터 20세기 초까지, 여자들은 생식기를 이용하는 섹스를 원할 것이라고 여겨지지 않았다. 따라서 보스턴 결혼을 한 여자들은 서로 감정적 친밀성과 열정적인 사랑을 자유로이 터놓을 수 있었다. 그 여자들은 전통적인 방식으로 존중받는 '독신 여성'의 삶을 살거나, 남자와 결혼한 뒤에도 편지를 쓰거나 여러 활동을 함께 하면서 사랑을 표현했다.

오늘날 레즈비언들의 추측에 따르면 보스턴 결혼을 한 이들도 실제로는 성적인 사이였다. 이저벨 밀러의 『페이션스와 세라』(1969)나 도리스 그럼백의 『아가씨들』(1984) 같은 레즈비언 문학은 동거 생활을 한 여성들에 관한 역사적 기록에 바탕하고 있는데, 이 작가들은 작품 속 인물들의 삶에 성적인 부분을 등장시켰다. 이들 사이가 성적인 관계였는가에 대한 기록은 없으며, 만일 성적인 사이였다면 그들은 자신의 섹슈얼리티에 관한 진실을 숨겨뒀을 것이다.

우리는 '보스턴 결혼'이라는 용어를 요즘 레즈비언들의 로맨틱하면서도 성적 측면이 소거된 관계라는 개념을 기술하는 용어로 되찾아오기로 했다. 현재 서로 성관계를 하고 있지 않다(혹은 서로에게 성적으로 끌려본 적이 전혀 없을 수도 있다)는 점만 빼면 다른 모든 측면에서 커플로 지내는 레즈비언들에 관한 글을 쓰고자 했다. 그 레즈비언들은 친구 사이도 전 애인 사이도 아니었다.(레즈비언 공동체 안의 전 애인들에 관한 논의는 캐럴 베커의 책『레즈비언 전 애인』을 참조하라.) 수십 년 역사 속 보스턴 결혼을 했던 사람들과 비교컨대 우리는 이들이 둘 사이의 '비성애'를 공동체에서 모르도록 숨길 것이라 예상했다.

레즈비언들 사이의 로맨틱하지만 비성애적인 관계에 관한 논의를 시작하자, 우리는 금세 섹스가 존재하지 않는 관계를 정의하기가 어려움을 깨달았다. 이성애자들이 결혼한 경우, 법적으로 이혼할 때까지 그네들 관계는 '결혼'으로 정의된다. 그들이 그런 관계로 간주되기 위해 꼭 성생활을 해야 하는 것은 아니다. 결혼한 커플들은 그야말로 성생활을 전혀 하지 않거나 다른 사람과 섹스를 하고 있을 때조차 결혼한 것으로 여겨진다. 그런데 이 밖에 모든 커플(레즈비언, 남성 동성애자, 동거하는 이성애자)의 경우 성생활 여부가 그 관계를 정의한다. 관계를 이렇게 정의한다는 것은 우리 사회에서 생식기를 사용한 성교의 중요성이 유난히 강조되고 있음을 보여준다. 섹스가 두 사람이 커플인지 아닌지를 결정한다고 하면, 성적 쾌락 그 자체와는 별개로 섹스가 막대한 상징적 중요성을 차지하게 되는 것이다. 나오미 매코믹은 이것을 "생식기 결합에 의한 증명"이라고 불렀다. 매코믹은 이렇게 썼다.

> 여성의 섹슈얼리티는 남성에 의해 사회적으로 구성되기 때문에, 현대 성과학자들은 성적 지향을 생식기 결합으로 증명하기를 요구하려고 든다. 많은 성 연구자는 어떤 여자에게 양성애자나 동성애자라는 이름을 붙이기 전에

이 사람이 여자와 생식기를 이용한 성관계를 경험했을
것이라 추측한다. 페미니스트들은 이 가정의 심각한
결점을 지적했다. 여성의 양성애 및 동성애에는 생식기
접촉을 통해 오르가슴에 이르는 것보다 다른 여자들에
대한 사랑이 더 중요한 문제일 수 있다는 것이다. 요즘
사람들은 어떤 관계를 성적인 것 또는 관능적인 것이라
분류하기에 앞서 상호 생식기 자극이 있었으리라
예상하지만, 우리 선조 할머니들이 즐거이 누리던
수많은 열정적인 여성 간 우정에서는 그것이 배제되었을
가능성이 충분하다. 생식기를 맞댄 적이 없다고 해서
관계의 열정과 중요성이 사소해질 리 없다.[2]

레즈비언 공동체는 커플이라는 것이 무엇으로 이루어지는가에
대해 이와 같은 생식기 중심적 관점을 공유한다. 친밀성과
관계에 초점을 두고 있기는 하나, 레즈비언들은 상대와
섹스하느냐의 여부를 통해 커플로 정의된다. 레즈비언이 다른
부류의 커플보다 섹스 빈도가 낮다는 연구 자료를 믿는다면
커플에 대한 이러한 정의는 문제적이다. 이런 경우라면
레즈비언은 서로 아무리 열정적이고 가까운 사이라도 섹스가
없으면 자신들을 커플로 여기지 않을 것이다.

보스턴 결혼을 구성하는 요소

친밀 관계에 섹스가 없다면 그 관계를 구성하는 요소를 정의
내리기 힘들어진다. 우리가 각자의 관점을 주장하면서, 대화는
때로 격렬해졌고 농담으로 흐르기도 했다. 우리는 로맨틱하지만
비성애적인 레즈비언들의 관계라고 하면 범위가 넓기는 하지만
다음과 같은 구성 요소들이 전형적으로 포함된다고 보았다.[3]

① 보스턴 결혼을 구성하는 두 사람은 현재 성관계를
갖지 않고 있다. 두 사람이 한 번도 섹스를 하지
않았을 수도 있겠지만, 둘이 애인 사이였던 짧은
시기가 있는 경우가 더 전형적이다.

② 둘 중 한쪽 또는 두 사람 다 아직 상대에게 성적
끌림을 느끼고 있다. 이런 면에서 보스턴 결혼은
적어도 한쪽에게는 우정과 다른 것이다.

③ 성생활이 없는 것만 빼면 보스턴 결혼의 다른 모든
면은 보통 레즈비언 애인 관계[a]와 구별되지 않는다.
두 사람은 아마 공적인 또는 사적인 자리에서 상대를
애인이라고 말하고, 공개적인 사교의 장에서 또는
개인적으로 아는 사람들끼리만 있는 상황에서
애정을 육체적으로 드러낼 것이다. 이들은 친구
사이에서는 거의 하지 않는 공동 활동(아이 양육,

---

[a] 이 표현은 섹스하는 사이라는 것을 암시한다.

부동산 구입, 유언장 작성)에 참여한다.(친구
사이에서 이런 일을 한다면 그 이유는 로맨틱함과는
별개인 무언가다.)

④ 레즈비언 공동체에서는 대체로 이 두 사람 사이에
섹스가 없다는 것을 모르고 있으며 이들을 커플로
본다. 이들 관계의 로맨틱한 성격 때문에 이들은 다른
레즈비언 커플들에게 본보기가 되기도 하며, 둘을
헤어지지 못하게 하는 사회적 압력이 얼마간 있을 수
있다. 공동체에서 두 사람이 '애인 사이가 아니라는'
것을 안다면 그 둘을 커플로 보지 않을 것이다.

⑤ 보스턴 결혼 구성원 둘 다 보스턴 결혼 이전에 성
경험이 없거나 매우 제한적인 경우가 많다.

⑥ 보스턴 결혼 구성원 둘 다 직장에서, 가족들에게,
이웃에게 어느 정도 정체성을 감추는 경향이 있다.
보스턴 결혼에서 한쪽 또는 둘 다가 극단적으로
감추는 성향이거나 레즈비언 공동체에 거의
참여하지 않는다면 서로 애인이라고 칭하지 않을
가능성이 높다.

⑦ 보스턴 결혼 구성원들은 대개 자신들의 관계에
성생활이 없다는 점이나 둘 관계의 본질에 관해
직접적으로 이야기하는 일이 거의 또는 전혀 없다.

보스턴 결혼의 구성 요소 목록을 완성했을 때, 우리는 다른 레즈비언들과 이 이야기를 하기가 조금 꺼려졌다. 우리 공동체에서 어떤 레즈비언 커플들은 비성애적인 사이일 수도 있다는 우리의 주장에 다른 사람들이 어떻게 반응할지 알 수 없었다. 많은 레즈비언이 '보스턴 결혼'이라는 용어를 모른다고 하니 우리가 무슨 돌팔이라도 된 듯한 기분은 더해갔다.

처음 우리가 보스턴 결혼에 대해 만든 기준 및 기술은 여남 동성애자 상담사들이 참고할 사례 연구집을 위한 것이었다. 사실 우리가 세운 가상의 사례는 우리가 아는 로맨틱하지만 비성애적인 관계들을 조합한 것으로, 관계가 끝나가고 있어서 괴로워하는 두 여성의 이야기였다. 성교를 하지 않는 커플이 언제 '깨지는지' 알기란 어려우나(관계를 시작할 때는 성교의 중요성이 강조되지만 관계가 끝나갈 때에는 성교가 부재한다는 사실을 다시 떠올려보자), 우리가 살펴봤던 사례의 두 여성은 15년간이나 친밀한 관계였지만 관계가 성적이던 기간은 첫해뿐이었다. 보스턴 결혼 관계였던 이 둘 중 한쪽이 다른 여자에게 성적으로 끌리게 되자 이전의 관계는 어차피 금욕 생활이었다면서 무시해버렸던 것이다. 장기간의 관계를 이렇게 재정의해버리니 이전의 상대는 굉장히 괴로워했다.

우리가 보았던 사례는 상담치료를 받으러 오는 전형적인 커플들과 여러 면에서 같았다. 즉 관계가 끝나가고 있거나 끝이 났으며, 이런 사실에 괴로워하고 있는 사람들이라는 말이다. 우리가 쓴 내용을 읽은 상담사들이 우리의 기준에 부합하는 내담자들에게 나누어주겠다며 책을 더 보내달라던 일도 은근히 있었다.

이에 힘입어, 우리 시대의 보스턴 결혼에 관한 책을 엮어보기로 했다. 우리가 '조합해서' 묘사한 사례는 보스턴 결혼이 취할 수 있는 무수한 양태 가운데 하나일 뿐이라는 것은 알고 있었다. 로맨틱하지만 비성애적인 관계를 맺고 있는 레즈비언 이야기에 우리가 관심을 갖고 있음을 주변에 알리기 시작했다. 1991년, 애틀랜타에서 열린 '미국 레즈비언 콘퍼런스'에서 이 주제로 "섹스를 하지 않아도 관계(사귀는 사이나 반려 관계)로 볼 수 있는가?"라는 제목을 달고 워크숍을 진행했다. 서른 명 정도의 여성이 워크숍에 참석했는데 많은 사람이 각기 모종의 보스턴 결혼을 한 상태라고 밝혔다. 뒤에 나오는 인터뷰 대상자 대부분이 이 워크숍에 온 여성이다. 그 외 대상자는 대회하면서 친구의 친구로 소개받은 이들이다. 우리가 속한 공동체 사람은 없었다.

인터뷰 참여자의 나이대는 20대 초반부터 60대까지로 아주 폭넓었다. 모두 미국인이고 한 사람만 유색인종이다. 그들은 북동부, 남부, 중서부, 북부, 서부에 산다.

우리는 이들과 직접 만나거나 전화로 인터뷰했다. 녹취한 대화를 기록해서 간단한 평이나 덧붙일 말을 받기 위해 다시 참여자들에게 보냈다. 한 사람은 자신의 이야기를 직접 썼고, 두 사람은 직접 인터뷰를 진행하고 녹취록을 우리에게 보내주었다. 모든 사례의 참여자들에게 우리는 단순히 그들이 맺고 있는 관계를 이야기해달라고만 했다. 미리 준비한 질문이나 기대

사항은 없었다.

그리고 거의 곧바로 우리는 인터뷰 참여자들이 기존에
우리가 만들었던 보스턴 결혼의 틀에 포섭되지 않는다는 사실을
발견했다. 우리가 세운 보스턴 결혼의 기준은 자신의 이야기를
하는 당사자 여성들을 전부 설명해주지는 못했다. 참여 대상
모두에게 해당한 항목은 우선, 두 사람이 현재 성관계를 갖지
않으며 대부분 과거에 짧은 성애적 시기가 있었다는 것, 이미
끝난 관계를 이야기한 사람들을 제외하고는 모두 상대방에게
아직 성적 끌림을 느끼고 있다는 것, 현재 성생활이 없는
것만 빼면 이들의 관계는 레즈비언 애인 관계와 구별되지
않는다(끝난 관계의 경우, 구별되지 않았다)는 것이다.

한편 자신들의 비성애를 레즈비언 공동체에 감추고 있지
않은 커플이 있다는 사실에 우리는 놀랐다. 몇 커플은 둘 사이가
비성애적이라는 점에 꽤 솔직했다. 다만 누구한테 털어놓았는지,
이 사실을 알게 된 공동체가 얼마나 지지해주는지에 차이는
있었다. 보스턴 결혼 구성원들이 이전에 성 경험이 없거나
제한적일 것이라 본 우리의 기준과는 상당히 대조적으로 참여자
대부분은 이전에 성애적 레즈비언 관계를 수차례 경험했다.
또 한 가지 놀라웠던 점은 대다수 커플이 공동체나 직장에서
레즈비언 정체성을 굉장히 '드러내고' 있었다는 것이다. 어떤
이들은 자신이 공동체의 리더이거나, 자신의 관계가 다른
이들에게 모델이 되고 있다고 밝혔다. 마지막으로, 현재 둘
사이에 성생활이 없는 사실을 두고 서로 직접적으로 이야기하는
정도는 넓은 범위에 걸쳐 있었다.

그렇게 해서 오늘날의 보스턴 결혼에 대해 우리가 세운 기준 가운데 처음 세 개를 뺀 나머지 항목 모두를 참여자들이 다양한 방식으로 부정하고 있음을 확인했다. 흥미로운 점은, 처음 세 가지 항목이 대체로 긍정적으로 쓰인 데 비해 나머지 네 항목은 은폐 성향이 더하거나 성 경험이 덜함을 가리키는 기준들이라는 사실이다. 앞서 세운 기준들을 훑어보면서, 우리가 보스턴 결혼을 레즈비언 관계보다 덜 성숙하거나 덜 '드러낸' 것으로 개념화했음을 깨달았다. 이는 우리의 편견을 반영한다.

잊지 말아야 할 점이 있다. 우리가 인터뷰한 여성들은 모두 레즈비언 워크숍과 레즈비언 공동체에서 얻은 연락처를 통해서 접촉한 이들이다. 동성애혐오를 가진 여자들, 여자와의 섹스라는 것을 받아들이지 못해서 성애가 존재하는 관계 형성을 회피하는 여자들은 여기에 포함되지 않았다. 남자와 결혼했고 여성과의 성애적 관계를 시작하는 데 겁을 내지만 여성을 향한 성적 열정은 인정하는 여자들이 있다. 친구로 같이 살면서 서로를 향한 열정을 느끼지만 레즈비언이 되는 것이 두려워 이 주제에 관해 말도 꺼내본 적 없는 여자들이 있다. 군대에 있는 여성들에게는 동성 간 성행위의 낌새만 보여도 퇴출당하는 일이 주기적으로 일어난다. 조그만 동네나 보수적인 지역에 사는 여자들은 공공연한 비난을 두려워할 것이고 신앙이 있는 여자들은 파문을 두려워할 것이다. 이런 여자들은 아주 고통스럽게 산다. 그 고통이 무엇 때문에 발생하는지 잘 의식하지도 못하는 채로 말이다. 그들은 동성애의 낙인을 극도로 두려워한 나머지 도움이 필요할 때 페미니스트 상담사들한테

가는 것조차 꺼릴 수 있다. 우리의 표본에 내재한 편향을 간과할
수는 없다.

인터뷰 참여자들의 이야기에서는 다른 주제도 많이
발견되었다. 많은 여성이 섹스가 '대체' 무엇이냐는 질문을
던졌다. 이 질문이 엄청나게 중요해지는 것은 레즈비언 관계를
정의할 때다. 어떤 이들은 섹스를 재정의했고, 자신들의
관계에서는 섹스를 레즈비언 공동체와 다르게 정의한다고 입을
모은다. 무엇이 섹스를 구성하는지에 대해 커플인 두 사람의
의견이 갈린다면, 자신들이 사실상 커플인지에 대해서도 서로
의견이 다를 수 있다. 어떤 커플이 내린 섹스의 정의가 레즈비언
공동체의 정의와 다른 경우, 그 커플의 관계는 친구들한테나
앞으로 만날 애인들한테 무효 취급당할 수 있다.

이어지는 이야기들은 많은 여성이 성행위를 먼저
시작하기 어려워한다는 것을 보여준다. 블럼스타인과
슈워츠(1983) 그리고 룰런(1988)은 레즈비언들의 성적 활동
정도가 더 낮은 이유로서 여성들이 섹스를 먼저 시작하지
않게끔 사회화된다는 점을 들었다. 거기다 참여자들은 자신의
보스턴 결혼이라는 맥락에 다른 사람들과 한 섹스를 넣어야
할지 빼야 할지 고심했다. 참여자 가운데 일부는 '일대일
관계(monogamous)'(이 역시 비성애 관계에 쓰기 까다로운
용어다)였고, 일부는 남자나 다른 여자와 섹스했으며, 일부는
섹스 상대를 찾고 있었다. 인터뷰 대상자들이 보스턴 결혼
상대를 가리키는 말도 제각각이었다. 섹스가 없다는 점에서
'애인'이라는 말이 적절하지 않다는 데 동의하면서도 현재

우리의 언어에 대체할 만한 표현이 거의 없다는 것이 대다수의 의견이었다.

이 인터뷰에서 가장 흥미로우면서도 예상하지 못했던 부분은 정말로 많은 여성이 동기(주로 자매)와의 지극히 가까운 관계에 대해 썼다는 점이다. 이 동기들은 가장 친한 친구이자 소울메이트로 묘사됐다. 어린 시절 동기들과 나눈 친밀한 우정이 나중에 가서 어떻게 성적 측면이 없으면서도 열정적인 관계의 모델이 되는지를 고찰해보는 건 참 흥미로운 일이다. 너무나 많은 사람이 섹스를 통해 친밀감을 구한다. 그런 사람의 친구들은 모두 옛 애인들이다. 그러나 어릴 적에 동기와 긴밀한 유대를 형성해본 경험은 친밀감을 형성하는 데 섹스가 필요 없는 우정이나 로맨틱한 관계의 이상형이 될 수 있을 것이다.

상담치료를 받는 중이라고 한 사람도 많았다. 보스턴 결혼을 얼마나 지지해주느냐는 상담사마나 달랐지만 말이다. 어떤 사람은 상담사에게 자신의 관계에 섹스가 없음을 이야기하지 않았고, 또 어떤 사람은 자기가 상담치료를 받는 이유가 보스턴 결혼 때문이 아님을 강조했다. 연구에 따르면, 레즈비언들이 이성애자 여성들보다 상담소를 더 많이 찾는 경향이 있다.[4] 크리스 모건과 미셸 일라이어슨은 논문에서 상담치료 중인 레즈비언들과 상담을 한 번도 받아본 적 없는 레즈비언들을 인터뷰해 레즈비언들이 상담치료를 더 많이 받는 까닭을 논의했다.[5] 이들의 연구 결과에 의하면 레즈비언들은 자아를 성찰하고 사람들과의 상호작용을 통한 성장에 높은 가치를 부여하려는 의사를 보인다.

보스턴 결혼 관계를 맺고 있는 레즈비언들의 개인적 이야기를 듣는 것을 넘어, 이 책에서는 레즈비언 관계 분야의 저명한 저자들을 초대해 보스턴 결혼을 이론적으로도 다루었다. 릴리언 페이더먼은 19세기 보스턴 결혼에 관한 조사 내용을 오늘날의 레즈비언 관계와 대조한다. 그는 요즘 레즈비언들은 성애적 존재가 되어야 한다는 압력을 받는다는 점을 설명하고 "순수하게 플라토닉하던 강렬한 여성 동성애가 이제는 강렬한 플라토닉 이성애 따위처럼, 상상조차 어려운 형용모순이 되어버렸다"고 서술한다(63쪽).

마니 홀은 관계를 정의할 때 오르가슴이 가지는 중대한 의미에 관해 논의한다. 그는 여성의 섹슈얼리티가 다차원적이며, 이 다양한 측면을 지닌 레즈비언 관계의 특질을 언어에 반영해야 한다고 주장한다.

조앤 룰런이 쓴 장은 레즈비언들의 금욕 생활 그리고 레즈비언 삶에서 금욕의 이유들에 초점을 맞춘다. 그는 우리가 생식기를 사용한 삽입 성교와 섹스를 등치하도록 사회화되었기 때문에, 삽입 성교를 제외한 여러 가지 성행위를 한 청소년들이 자신은 "끝까지 가지는" 않았다고 말할 것이라 쓰고 있다. 이것은 생식기 섹스를 하지 않는 레즈비언들이 성행위 및 성생활에 대해 취하는 태도와 관련한 시사점을 던진다.

수재나 로즈, 데브라 잰드, 마리 치니는 레즈비언들 사이에서 '만남'이 어떻게 이루어지는지 연구를 진행했다. 레즈비언 구애 각본을 다룬 이 장은 레즈비언 공동체에서 '만남'이라는 개념이 제대로 정의되어 있지 않음을 보여준다.

그 결과 레즈비언들은 가벼운 섹스에서 '즉시 합병'까지 빠르게 진도를 뺀다.

　　　로라 브라운은 상담소에서 보게 되는 보스턴 결혼에 관해서 썼다. 보스턴 결혼에 관한 얘기를 들은 많은 상담사는 "실제로 그들은 최우선적 관계일까, 아니면 그저 현실을 부정하고 있는 사이좋은 두 친구일까?"라는 브라운의 질문에 흥미를 보인다. 그는 섹슈얼리티에 대한 상담사 본인의 양가감정과 동성애혐오가 보스턴 결혼에 대한 해석과 이를 '진짜' 관계로 판단하는 데 얼마나 큰 영향을 미치는지 설명한다.

　　　편저자로서 우리는 보스턴 결혼을 어떻게 개념화하고 있는가? 우리의 견해는 처음부터 서로 다른 방향을 가리키고 있었다. 에스더는 보스턴 결혼을 이상화하는 경향이 있었고 캐슬린은 좀더 문제적으로 바라보았다. 우리의 시각을 이어지는 장들에서 상세히 설명할 것이나. 우선 로맨틱한 그러나 비성애적인 관계에서 얻은 각자의 개인적 경험 일부를 공개함으로써 이 논의를 시작하기로 했다. 이 이야기가 보스턴 결혼에 대한 우리의 가설에 영향을 주었다고 보기 때문이다.

　　　정리해보자. 주디스 배링턴은『친밀한 원시림』이라는 책에서 다음과 같이 썼다.

　　　　　우리에게는 레즈비언 당사자로서의 욕망을 펼쳐낼 수 있는 새로운 언어, 새로운 정의가 필요하다. 우리를 끌어당기는 것은 무엇이고 우리가 느끼는 매력의 뿌리가 무엇이고 우리가 지키고 싶어하는 것은 무엇이며 바꾸고 싶은 것은 무엇인지, 어째서, 어떻게 이 매혹이 다양해지는지, 시간이 지나며 우리의 욕망이 어떻게 변하는지와 같은 주제들을 우리가 직접 탐색하고 펼쳐 보이면서 말이다. 그리고 이것은 자아 성찰로 될 일이 아니라 상호작용을 해야 하는 문제다. 의식 고양 모임 등의 자리에서 당사자들 간에 훨씬 많은 논의와 탐색이 필요하다. 특히 친밀 관계인 사람들, 즉 애인 사이, 친구 사이에서 꼭 이루어져야 한다. 레즈비언 욕망의 의미를 펼쳐내고 파편화된 우리를 치유하기 위하여.[6]

우리는 이 책이 독자들에게 있어 레즈비언 관계 구성의 근저를 재사유할 계기가 되기를 바란다. 레즈비언 공동체에서 어떤 관계를 '공인된 것으로 만드는' 초점으로서의 섹스를 소거하고 우리의 용어를 재정의할 필요가 있다. 레즈비언들 사이 관계 맺기의 다양한 방식에 관한 당사자 경험과 의견을 들고 나타나줄 독자들을 기대한다.

1장

과거를 돌아보니 —이것을 무엇이라 부를까?

그의 이름을 공책에 썼다
옷에도 잉크로 써놓았다
사물함에도 긁어 넣었다
책상에도 새겨 넣었다
— 메그 크리스천,
「체육 선생님에게
보내는 송가」(1974) 중

나의 여자 관계는 어떻게 시작되었을까. 말하자면 로맨틱하고
에로틱한, 그러나 성적인 행위는 없는 레즈비언 관계에
어떻게 빠지게 되었던가? 가장 오래된 기억들은 여자애들과
사랑에 빠지거나 그들에게 끌렸던 일이다. '실제' 섹스는 훨씬
나중이었다.

　　네 살 적 가족끼리 휴가를 갔을 때다. 우리는 어느

숙소에 들러 자고 가기로 했다. 저녁 즈음에 숙소 놀이터에 나갔다. 나는 어릴 때 엄청나게 과잉보호를 받는 편이었으나, 이 기억 속에서는 주변에 어른이 한 명도 없다. 대신 거기에 내 또래의 여자아이가 하나 있고, 난 곧바로 그 애와 사랑에 빠져버렸다. 모부가 저녁 먹으라며 나를 부를 때까지 우리는 그네와 모래터에서 같이 놀았다. 이 이미지가 더욱 놀라운 것은, 어릴 적 나는 고통스러울 정도로 수줍음을 탔고 우리 식구가 아닌 사람들과는 절대로 말을 안 했기 때문이다. 저녁 식사가 끝나자마자 나는 밖으로 다시 달려나갔다. 그 아이, 첫눈에 반한 내 사랑은 아직 거기에 있었다. 나는 그 애에게 손을 뻗으며 달려갔고 그 아이도 팔을 뻗어와 우리는 서로에게 안겼다. 그 꾸밈없이 오롯한 사랑의 느낌이 아직도 기억난다. 그 애의 마음이 나와 같다는 것을 나는 분명히 알고 있었다.

두 해가 지나 나는 1학년이 되었다. 우리 가족은 시골에 살았고 학교는 한 시간 거리였다. 나는 아침에 맨 처음으로 학교 버스를 타는 아이였다. 조금 지나면 언니 둘이 버스에 탔다.(그때는 둘을 대학생이라고 생각했지만 돌이켜보니 4학년이었던 것 같다.) 두 언니가 언제나 내 양쪽으로 앉아서, 우리 셋은 그 좁은 버스 좌석에서 서로 꽉 부둥켜안고 있었다. 날마다 둘은 나를 안고 내가 얼마나 귀여운지 떠들었다. 나는 언니들의 애정으로 호사를 누렸고 밤이면 그 둘이 나를 어루만져주고 있다는 환상에 빠졌다. 그 환상의 세세한 부분은 떠오르지 않지만, 단순히 사랑과 애정에 관한 생각뿐 아니라 성적이고 에로틱한 느낌도 있었다는 것이 기억난다.

분명 이런 이야기들은 유별난 것이 아니다. 비록 이렇게 어린 시절에 겪는 성적인 또는 로맨틱한 경험에 대한 명칭은 없지만 말이다. 그때 나는 모부나 친구에게 이런 경험을 말하지 않았다. 혹여나 사람들이 나쁘게 받아들일지도 모른다고 생각한 걸까? 아주 어릴 적 내 친구들 이름이 무엇이었고 누구였는지는 편지나 사진으로 추억되지만, 내 첫사랑들의 이름은 남아 있지 않다.

우리 가족은 깊은 우정의 중요성을 무척 강조했다. 내 레즈비언 친구들은 자기한테 친구라고는 예전 애인들과 지금 애인밖에 없다고들 하는데, 그런 소리는 언제 들어도 나한테 놀라운 얘기다. 내 경우는 그 반대였다. 나는 친구들과 사랑에 빠졌다.

피에라는 내가 열한 살 때 옆집으로 이사 왔다. 그 애는 검고 긴 머리를 내 짧은 머리를 땋은 모양과 비슷하게 낳고 있었고 나처럼 통통했다. 다이어트가 사회적 강박증이기 전이던 그 시절, 우리는 때마다 몸무게를 재어 마른 사람이 더 무거운 사람한테 맞춰 1, 2파운드씩 살을 찌우기로 정했다. 피에라는 톰보이이기도 했다. 우리는 티셔츠와 반바지를 돌려 입었다. 나는 운동 말고도 인형에 빠져 있었고, 피에라는 말에 미쳐 있었다. 그 애는 플라스틱 말 열두 마리를 가지고 있었는데, 그것들에다 인형 옷을 입혔다. 우리는 그 말 인형들을 내 바비 인형들과 짝지어줬다. 그렇게 그 애가 가장 좋아하는 암망아지 '제트스타'는 '켄'과 오랫동안 연애했다. 우리는 섹스에 관한 얘기도 했지만, 그게 무슨 뜻인지는 몰랐다. 그때가 처음으로

내가 다른 사람의 집에서 밤을 보낸 경험이었다. 우리는
주말마다 그 애 침대에서 어울렸고 주로 장난감을 가지고
놀았다. 하지만 다른 놀이도 했는데, 파자마를 벗고 서로 번갈아
가며 상대의 등뼈를 따라 손가락을 훑어 내리는 놀이였다.
간지럼을 타는 부분을 찾아서 상대방을 먼저 움직이게 만들어야
했다. 나는 무척 흥분했다.

집이 이사를 하면서 나는 한 학년을 건너뛰었다. 그래서
다른 8학년 여자애들은 사춘기였는데 나만 아직 어린애처럼
보였다. 내 유일한 낙은 '던'에게 빠진 일이었다. 그 아이에게서
나는 만나본 중 가장 세련된 젊은 여성이라는 인상을 받았다.
그 애는 한 학년 위 남자애와 데이트도 하고 있었다. 나는 던의
옷들을 사랑했다. 그걸 하나씩 그렸다가 던의 옷이라는 것을
누가 알아볼까 봐 찢어버렸다. 나는 여자애한테 반하는 게
괜찮지 않은 일이라는 것을 깨달을 만큼 컸다. 던을 향한 내
감정이 어떤 것인지 그 애한테 말하지 않았지만, 대신 그 애가
나와 같이 다니고 싶어하도록 숙제를 대신 해줬다. 학교에서
해마다 떠나는 스키 여행이 가까워올 무렵 나는 다리에 석고
붕대를 하게 됐고 던에게 밤에 같이 있어달라고 했다. 그날
밤은 남동생이 스키를 타다 다리가 부러졌다는 전화를 받고
모부가 집을 비워서 던과 나 둘뿐이었다. 그 애는 나에게 등을
마사지해달라고 했고, 자기가 샤워하는 걸 봐달라고 하더니, 내
등에 점이 몇 개나 있는지 세어봐도 되냐고 물었다. 나는 둘이
마실 핫 초콜릿을 만들고 그 애에게 내 책을 보여줬다. 그날 그
애의 행동에 나는 조금 놀랐다. 내가 그 애를 두고 꿈꾸었던

환상과 너무나도 비슷했던 것이다.

　　　여기서 눈에 띄는 사실은, 이 친구들에게 내가 품은 성적인 느낌과 사랑한다는 느낌을 한 번도 말이나 행동으로 드러낸 적이 없었다는 점이다. 피에라나 던에 대해 내가 성적인 느낌을 품고 있었다는 것을 누가 알게 되었다면 그 애들과 같이 다니는 일을 금지당했을 확률이 높다고 본다. 이런 '탈선한' 느낌을 치료하자며 상담사에게 보내질 수도 있었을 것이다. 틀림없이 모부에게 벌을 받고, 또 여자아이들에게 끌리는 듯한 징후를 보이지는 않는지 감시당했을 것이다.

　　　어릴 적 친구들과 그토록 강렬한 느낌을 나누는 경험은 얼마나 전형적인가? 어린 시절 친구들에게 품는 갈망을 가리키는 용어가 우리에게는 없다. '가장 친한 친구'가 된 첫날을 기념일로 챙기지도 않는다. 릴리언 루빈은 『그냥 친구들』이라는 책에서 이 현상을 간략하게 다루고 있다.(우리 사회가 우정을 얼마나 평가절하하는지 드러내주는 적절한 제목이다.) 그는 가장 친한 친구를 '새로운 사랑'에 비유해 다음과 같이 서술한다. "내가 '새로운 사랑'이라고 한 이유는 당사자인 여성 청소년의 성적 지향과 상관없이 이런 우정이 연애와 여러 특징을 공유하며, 이 친구들이 서로 아주 집착하며 얽혔기 때문이다."[1]

　　　시먼스대학 교수 로리 크럼패커와 엘리너 밴더 헤겐은 여학생들의 동성애혐오 증세와 레즈비언 경험에 대한 거리낌을 경감시킬 수 있는 학교 현장용 과제를 개발하고자 연구를 수행했다.[2] 이들은 학생들에게 19세기 보스턴 결혼에 관한 이야기들을 읽히고 그들이 친구와 나눈 친밀한 비성애 관계들에 관해 글을 쓰는 과제를 주었다. 학생들이 쓴 우정 이야기들은 강렬했고 교사들은 이에 놀랐다. 그들은 다음과 같이 서술했다.

> 우정을 잃어 가슴이 찢어진 학생들의 이야기를 우리는 받아들일 준비가 돼 있지 않았다. 어떤 학생들은 너무 고통스러운 나머지 다시는 마음을 열지 않겠다고 맹세했다. 거부를 당해본 일이 처음이어서 격한 감정에 쓴 말이 아니었다. 가끔 나이가 많은 학생들도 이런 맹세를 했고 실제로 몇 년씩 이어졌다.[3]

위 사례가 보여주듯 레즈비언이 아닌 이들도 전통적으로 인정받지 못하는 관계에서 느끼는 열정으로 인해 힘들어한다. 1990년 앤 랜더스는 결혼한 부부들에게 "섹스 없이 충만한 삶"을 누리고 있느냐는 질문을 던졌다. 그러자 섹스를 아예 또는 거의 하지 않으며 이에 아쉬움조차 느끼지 않는 전 연령대의 사람에게서 무려 3만5000통이 넘는 답장이 쇄도했다. 섹스에 무관심한 경향은 여성이 남성에 비해 강했다. 캐서린 휘트니는 남성 동성애자와 결혼한 이성애자 여성들을 인터뷰했다. 그는 이런 결혼을 한 여자들이 섹스와 사랑을 분리하며, 무성애인 경우가 드물지 않다는 사실을 발견했다. 흥미롭게도 이성애자, 동성애자를 막론하고 남성 간 비성애를 언급하는 문헌은 찾기 힘들었다. 매릴린 프라이는 남성 동성애자의 섹슈얼리티를 다룬 책을 읽으며 느낀 놀라움을 이렇게 묘사했다.

나에게 특히 놀라웠던 한 가지는, 말 그대로 몇 쪽을 가득 채운 엄청난 '어휘' 목록이었다. 각종 행위와 활동, 그 세부 행위들, 전주와 대미, 양식상의 변주, 동형진행 등. 동성애자 남성의 섹스는 '명료하게 표현되어 있다'는 것을 나는 깨달았다. 그 세분화된 명료함의 수준은 내가 속한 세계에서 쓰이는 레즈비언 '섹스'라는 단어 하나가 쫓아가기에는 너무 멀었다. 내가 알고 있는 레즈비언 '섹스'는, 내가 알아온 이래 대부분 지극히 '불'명료하게 표현된다. 보통 '성적인' 것을 가리키는 영역에 속하는 내 생애의 대부분, 내 경험의 대부분은 전前언어적[a]이고 비非인지적이었다. 나에게는 그러므로 언어 공동체가 없으며, 언어가 없고, 그리하여 아주 중요한 의미에서, 지식이 없다.[4]

어느 워크숍에서 마니 홀은 레즈비언 관계에서 섹스가 관계를 정의하는 변수로 남아 있는 까닭을 설명했다.[5] 그의 설명에 따르면 우리 레즈비언들은 관계를 외부에서 거의 승인받지 못한다. 그런데 섹스를 하지 않으면, 내부적 인정조차 없어져버린다. 그는 관계의 참고서들을 내다 버리고

---

[a]   prelinguistic. 언어 습득 이전인 유아기(대체로 젖을 떼는 시기인 생후 18개월까지)에 해당하는 전언어기에서 언어기로 진입하는 과정에서 여성은 부정적으로 주변화된다. 엘렌 식수, 뤼스 이리가레, 쥘리아 크리스테바 등 일단의 프랑스 페미니스트를 거쳐 주장된 '여성적 글쓰기'는 전언어적 요소를 기반으로 한다.

우리의 이야기를 직접 쓰자며, 그러면 이 이야기들은 섹스 서사라기보다는 친밀 서사가 될 것이라고 말한다. 좋은 관계에는 섹스가 포함된다고 치는 것이 가부장제다. 그렇다면, 섹스 자체를 뒤집어 엎어버리는 것이야말로 중요하다. 그는 이렇게 쓴다. "세상에 섹스 같은 것은 없다. 로맨스니 환상이니 절정은 있을지 몰라도 '그것'은 없다. '그것'에 가장 가까운 것은 남성 발기다. 우리는 이제는 때려치겠다고 맹세를 해야 한다." 여기에 더해 홀은 상담 중인 어느 내담자의 말을 인용해 보여준다. "나는 방종한(abandon) 성생활을 하고 싶었다. 그래서 나는, '좋아, 그냥 성생활을 포기해버리자(abandon)'고 했다."[6]

　　『모어』라는 책에서는, 한 여성 집단이 남성 압제에서 벗어나 자유를 되찾기 위해 은어를 개발한다.[7] 그 언어는 여자들의 경험에 바탕을 둔다. 이 언어에는 남성이 만든 언어로 설명하기에는 복잡한 말들, 예를 들어 애인을 향한 사랑과 대비된 친구에게 느끼는 사랑 같은 용어가 있다. 이 책을 엮으며 나는 레즈비언들 사이에 존재하는 로맨틱하지만 성애적이라고 할 수 없는 관계를 기술하는 데 주안점을 두었다. 이는 한때 나에게만 참이라고 여겨졌던 어떤 현상에 이름을 붙여주는 일이기도 하다.

정신을 차려보니
─우리의 관계는
무엇이었을까?

2장

캐슬린 A. 브레훈나

나는 어느 여성과 5년 가까이 모종의 관계에 있었지만
누구에게도 이것을 어떻게 설명해야 할지 전혀 알 수 없었다.
나는 그 사람과 사랑에 빠졌다고 느꼈으나 우리는 그 부분에
관한 대화를 나눈 적이 없다. 그 사람이 남자를 만나고 다니면
나는 질투하고 상처받았으나, 우리는 절대 그 문제로 대화하지
않았다. 우리는 집을 공동 명의로 하고, 이사를 같이 다녔고,

지출도 공동으로 했으며, 반려동물 몇을 함께 들였고, 한 침대에서 잤으나 정확히 우리가 서로에게 무엇인지 얘기한 적이 없다. 우리는 서로를 성적으로 대한 적이 한 번도 없었으나, 딱 한 번 입을 맞췄다. 이 입맞춤으로 결국 나는 내 상담사에게 다급히 전화를 걸게 되었고, 상대는 졸도 발작을 일으켜 응급실로 실려 가고 말았다. 하지만 우리는 그 사건에 관한 어떤 얘기도 하지 않았다. 그가 떠났을 때 나는 피폐해졌고, 우울해했다.

그 후 시간이 많이 흘렀으나 가끔 그 사람을 떠올리게 하는 노래를 듣게 된다. 이 기억의 방아쇠를 당기는 음악은 다름 아닌 배리 매닐로의 노래였는데, 경음악 방송과 함께 엘리베이터에 갇히지 않는 이상 내 인생의 그 시기를 반추하는 일은 별로 없이 살 수 있게 됐다. 그러나 이게 좋은 일인지는 모르겠다. 그 사람을 잊지 말아야 할 필요는 있을 것 같다. 내가 거쳐온 이 길에 들어선 지 얼마 안 됐을 적에 겪었던 어떤 것들에 대한 기억도 말이다.

이 글을 쓰려고 생각을 하다 보니 온갖 방향으로 생각이 뻗쳐 나가서, 정신 줄을 붙잡고 어떻게든 보스턴 결혼에 대한 합리적 논점을 제시하려면 영감을 받든지 길운이라도 내려야 할 것 같았다. 정리해보니 논점은 두 가지로 집중되는 듯하다. '관계'라는 용어가 뜻하는 바가 무엇인가? 그리고 여자들(특히 레즈비언들)의 섹슈얼리티에서 핵심은 무엇인가?

이 두 가지 주요 논점을 통해 보스턴 결혼에 관한 내 인식을 명확히 하고, 그럼으로써 이 복잡한 주제에 관한 독자들의 이해를 더할 수 있을 것이다.

'관계'란 무엇인가

관계에는 여러 형태가 있다. 예를 들어 나는 어머니, 아버지, 남자 형제, 동료들, 나의 개와 관계를 맺고 있다. 나는 친구들과 관계를 맺고 있지만 모든 친구가 똑같이 느껴지지는 않는다. 나는 어떤 친구들은 가족으로 여긴다. 이 친구들은 내 인생에서 중요한 일이 있으면 공감해주고 기쁨을 나누는 이들이다. 이 친구들과는 가장 실망스러웠던 일들도 함께 나누고 슬퍼한다. 같이 다니며 테니스 치고 영화를 보는 다른 친구들도 있다. 대체로 곁에 있기는 하나 어느 한쪽이 떠나야 한다면 비교적 빠르게 서로를 다른 사람으로 대체할 것이 분명하다. 가장 가깝고 친한 친구들은 내 가슴 속에 있으며, 얼마나 멀리 떨어져 있든 언제까지나 바로 이 안에 남아 있을 것이다. '친구'라는 하나의 같은 단어를, 나와 어떤 방식으로 영혼이 맞닿아 있는 사람들뿐 아니라 그저 어떤 활동을 함께 즐기는 사람들을 기술하는 데까지 쓴다는 것은 언어상 정확하지 않아 보인다. 그러나 형용사나 특질을 나타내는 다른 언어를 동원해서 우리는 이 다양한 관계 속 감정·관계·행위·기대를 설명할 수 있다. 제일 친한 친구, 좋은 친구, 그냥 친구, 직장 친구, 동네 친구 등.

우리는 언어 체계에 끝없이 제약당하고 있다. 사람들 사이의 다층적이고 복잡하며 고유한 관계들을 기술하기에는 이 언어 체계가 보유한 자원이 모자라기 때문이다. 그 제약은 우리 문화에서 인간관계에 부여하는 중요성에 어떤 한계가 설정되어 있음을 보여준다. 관련 분야의 연구자들은 여러 문화권에서 해당 문화에 중요한 것을 정확하게 기술할 수 있는 언어를 어떻게

고안해내는지 이야기한다. 에스키모 문화가 눈[雪]과 관련된
어휘를 그렇게 많이 갖춘 것도 바로 이런 까닭일 것이다. 사람들
사이 관계보다 전쟁을 기술하는 어휘가 훨씬 많은 문화에서,
언어가 그런 관계들에 핵심이 되는 실재를 정의하는 데
실패하는 것은 당연하다. 페르시아나 중동 여러 언어의 바탕인
산스크리트어에는 영어 단어 'love'에 대응하는 어휘가 아흔여섯
가지나 된다. 이 기본적인 감정을 기술하는 낱말이 아흔여섯
가지나 되는데 평생 갈 친구와 스쳐 지나가는 얄팍한 친구
사이에 뚜렷한 구별이 없는 경우는 상상하기 어렵다.

　　　이와 같은 언어의 실패는 동성애자 문화를 살필 때
훨씬 더 두드러진다. 우리의 사랑을, 우리 삶을, 우리 집, 우리
침대, 우리의 가장 깊은 비밀과 섹슈얼리티를 나누는 사람을
기술하기에 가장 좋은 단어를 찾을 때 우리가 가진 선택지를
생각해보라. '배우자(Significant Other)'는 나에게 인구 통계
조사용 질문지에서나 쓰는 정의로 들린다. '파트너'는 나와 일을
같이 하는 사람, '애인'은 침대에서 종일 같이 있는 상대. '여자
사람 친구'는 싸구려 신문에서 마르티나 나브라틸로바[a]와 그의
'친구들'을 묘사할 때 쓴다. 아주 우습다.

　　　이성애 관계용 언어를 쓴다고 그리 나아지는 것도
아니다. 남편, 아내, 배우자(spouse). 그러나 차이점은 이
용어에 관한 문화적 이해에 있는 것 같다. 누군가 결혼을

---

[a]　　역사상 가장 뛰어난 여성 테니스 선수 중 하나로 꼽힌다. 1991년에
　　　레즈비언으로 커밍아웃했다.

했다고 가정하면 그 관계의 본질에 관한 법적, 통상적 이해가 존재한다. 그 사람은 현재 성적인 관계에 있든 그렇지 않든 아무개의 '배우자'다. 심지어 상대 '배우자'가 다른 사람과 성적 관계를 맺고 있어도 여전히 그는 '배우자'다. 사실 누군가의 배우자와 섹스를 하는 사람은 보통 그 사람의 '애인'으로 불린다. 이 단어는 동성애자들이 감정적인 면, 성적인 면에서 1순위인 상대를 지칭할 때 가장 널리 쓰이는 말인데, 보통 다른 누군가의 '배우자'와 불법적인 그리고 종종 부도덕하다 여겨지는 관계를 기술할 때도 바로 이 단어가 쓰이니 당연히 헷갈릴 수밖에 없다.

레즈비언 관계가 대부분 이러한 이성애 일부일처제 결혼 모형을 바탕으로 구축된 것처럼 보인다는 점에서 문제는 더 복잡해진다. 하지만 미국(과 거의 세계 전역)에서 동성애자에게 '배우자'라는 법적 역할이 허용되지 않기 때문에 우리는 대체로 '애인' 역할에 그치기를 감수한다.[b] 그리고 이 단어는 관계의 근본적인 측면이 성적인 것임을 암시하는 듯 보인다.

그렇다면, 성적으로 연결되지 않았다면 '애인' 관계의 본질은 무엇인가? 상대방과 섹스를 하지 않는다면 그것은 연애 관계인가? 어떤 관계를 애인 사이로 인정하려면 성생활이 얼마나 필요한가? 내가 앞서 묘사한 관계는 정확히 무엇인가? 우리는 실제로 전혀 섹스를 하지 않았으므로 '애인'은 아니었다. 나는 우리가 친구였다고 생각하지 않는다. 나는 친구가 딴

---

[b] 이 책 원서의 초판 발간은 1993년, 네덜란드가 현대 국가로서 최초로 동성혼을 법제화한 것은 2001년이다.

사람과 데이트한다고 해서 질투하거나 화낸 적이 한 번도 없다.
친구가 그를 행복하게 해주는 것 같은 사람을 만나면 나는
기뻐하는 편이다. 그렇다면 왜, 나는 그 사람이 나를 떠났을 적에
그렇게도 비참했던가? 대학 시절 남자친구한테 차인 것과 같은
기분이었고, 정도만 더 심했을 뿐이다.

어쩌면 언어에 따른 제약이 너무 심한 나머지 관계를
분류할 수 있는 그 어떤 정확한 방법에도 도달치 못할지 모른다.
'레즈비언 관계'를 정의하기 위해서 어떻게 첫발을 떼야 할
것인가?

우리에게 가능한 대안은 다음과 같다. 첫째, 타인과 맺는
관계에 결부된 인간 감정의 복잡성을 적절하게 기술할 수 있는
언어 체계는 언제까지고 존재하지 않으리라는 점을 받아들인다.
일부 언어는 다른 언어보다 분명히 낫겠지만, 그 어떤 언어도
우리 가슴과 영혼으로 느끼는 감정에 제대로 상응할 수 없다.
어쩌면 감정과 언어가 우리 안에서도 서로 근본적으로 다른
곳에서 나오기 때문이 아닐까. 둘째, 우리의 감정을 묘사하기
위해서 최소한 지금 쓰는 언어보다는 더욱 근접한 우리의 언어를
발전시킨다. 전문 기관에서부터 하이파이 오디오광들까지,
많은 집단이 자신들의 공통된 관심사를 기술하는 언어 체계를
쓰고 있다. 예컨대 내가 최근에 읽은 용어 모음집에는 서핑을
즐기는 사람들이 바다의 다양한 상태나 해변에 있는 사람들을
설명하는 데 쓰는 말들이 있었다. 언어가 꽤 난해했으나 그 특정
하위문화 구성원들은 쉽게 이해했다. 동성애자 문화도 주류
문화가 우리에게 언어를 쥐여주기를 기다리지 말고 우리 현실을

기술하는 우리 언어를 발전시켜야 한다.

　　'보스턴 결혼'이라는 용어는 레즈비언 문화의 현실을 반영한 언어를 만들어보려는 시도다. 이 글에서 '보스턴 결혼'은 간단히 말해 로맨틱하면서도 비성애적인 두 명의 여성 간 관계를 뜻한다. 더 깊은 이해를 위해서는 여성 간의 로맨틱하면서 성애적인 감정의 본질을 살펴볼 필요가 있다.

　　섹슈얼리티의 본질은 무엇일까?

나는 성적 표현이 인간 본성의 일부라고 생각한다. 우리를 다른 인간 존재와 이어지도록 추동하는 이 본능은 먹고 마시는 것에 대한 욕구만큼이나 실재하며 강력하다. 그러나 가부장적 사회에서 섹슈얼리티는, 특히 어지에게는 삶의 다른 부분에서 떨어져 나와버렸다. 여자들은 자신의 본성으로부터 분리된 상태를 견뎌오고 있다. 저메인 그리어는 '성녀/창녀' 이분법이라고 부르는 분류로써 섹슈얼리티를 설명했다. 가장 중요한 것은 섹슈얼리티가 우리 자신의 정신으로부터 분리되었다는 점이다. 과거 우리 종의 역사에는 섹슈얼리티와 정신이 더 긴밀하던 시대가 있었다.

　　우리는 너무 오랫동안 남성의 의식으로 살아왔기에, 우리 대부분에게는 저 오래전 잃어버린 여성적인 힘에 관해서는 희미한 원형적 기억밖에 없다. 아주 많은 여자에게 이 분열은 너무나 깊어서 대부분은 스스로의 성적이며 창조적 본능을 깨닫지 못하고 있다. 보통 여성적 힘은 돌봄, 공감, 연결성 등의 아이디어와 함께 빛을 발한다. 우리가 자꾸 잊는 것은, 여성적인 것[c]은 저 모든 것임과 동시에 격렬한 불같은 힘을 가지고 있다는 사실이다. 이것은 들판을 깨우는 다정한 여름비이고 또한 천둥번개이기도 한 것이다. 가부장제는 여성적인 것의 이러한 면모를 완전히 지워버리다시피 했다.

낸시 퀼스코빗은 그 과정을 훌륭한 저서 『성스러운 창녀─여성적인 것의 영원한 면모들』에 썼다.

고대 가모장제에서는 자연과 다산성이 생존의 핵심이었다. 당시 사람들은 자연과 가까이 살았으므로 여신들, 남신들은 자연신이었다. 그 신들은 대지에 풍요를 내리거나 그러지 않음으로써 운명을 주관했다. 에로틱한 정열은 각 개인이 자연히 타고난 본성이었다. 재생산하는 힘으로서 경험되는 욕망과 성적 반응은 신성이 내려주는 선물이자 축복으로 인식됐다. 남자와 여자의 성적 본성과 종교적인 태도는 서로 떼어놓을 수 없었다. 추수감사절 찬가를 올리고 기원을 할 때 사람들은 사랑과 정열의 이름으로 숭배되는 여신들에게 성행위를 바쳤다. 그것은 명예롭고 경건한 행위이자 불멸의 존재와 필멸의 존재 모두에게 바칠 만한 좋은 행위였다.[1]

---

c   the feminine. 여성학에서 가부장제가 여성에게 부여하는 성별 역할 및 특징을 가리키는 '여성스러움' '여성성'과는 구별해 사용하는 개념이다.

이와 같은 여성적인 것의 성적/관능적 면모는 많은 고대 문화, 예컨대 수메르·바빌론·페르시아·이집트에서 볼 수 있다. 퀼스코빗은 역사가 지금과 더 가까운 시대에 접어들면서 이런 중요한 여성적 측면이 어떻게 변화했는지를 다음처럼 썼다. "더는 여신을 숭앙하지 않는 시대가 왔다. 그리고 나자 여성적인 것의 육체적, 영적 면모들이 사악한 것으로 선언되었다."[2]

여성적인 것을 문화적 정체성으로 지닌 사회에 가부장제 문화가 점점 진군해오자, 한때는 하늘에서 온 선물로 여겨지던 여성의 섹슈얼리티는 점점 더 인간 여자들과 멀어지게 됐다. 퀼스코빗은 설명한다.

> 로마법은 여자를 후견인 보호 아래 뒀으며, 여자는 저능하다고 쓰고 있다. 그리스의 솔론 법은 여자에게 아무 권리도 주지 않았다. 히브리법은 결혼 시기에 순결하지 않은 여자에게 사형 선고를 내렸으며, 불륜을 저지르면 죽을 때까지 돌로 치라고도 했다. 남편은 여러 부인을 취할 수 있었으나 여자의 미덕과 정체성은 결혼 여부나 자기 남편에게 충실한지로 판단됐다. (…) 마누법에서는 "바닷물에 풀리는 강물처럼 여자는 적법한 결혼을 통해 남편의 성질을 그대로 띠게 된다"라고 말한다. 피타고라스는 이렇게 쓰고 있다. "좋은 원리가 있어 질서, 빛, 인간(남자)을 창조했으며, 나쁜 원리가 있어 혼돈, 어둠, 여자를 창조했다."[3]

여자들의 섹슈얼리티는 어두운 세계에 속한 힘의 일부처럼
비쳤다. 여자들은 팔다리가 잘린 듯이 자기 육체, 에로티시즘,
감각 전반에서 유리됐다. 여성적 원리는 천상의 위치로 눈에
띄게 격상됐으며, 여신들의 그러한 측면들은 기독교 신학이
영성화해 성모 마리아에게 갖다 붙이거나 아니면 한꺼번에
제거당했다. 여성적인 것은 영적 순수성과 악 둘로 갈라져
서로 맞서게 됐다. 여자들의 본성 속에는 아직도 치유되지 않은
분열이 있다. 이런 분열은 두 여자의 관계에서는 더욱 악화되기
십상이다. 여성들은 무의식적으로라도 이 분열에 아주 깊은
영향을 받는다. 그리하여 여자들에게는 자신의 삶과 관계 그리고
삶과 관련한 자신의 감각 방식에 깃든 이런 이중성을 어떻게
치유할 것이며, 성관계를 하고 있지 않은 커플의 성적 에너지는
어떻게 될 것인지가 정말로 중대한 문제가 되었다.

우리가 이 책을 위해 인터뷰한 여성들은 정말로 서로
사랑하는 것처럼 보였다. 이들은 '우리는 사랑하는 사이'라는
느낌을 얘기해주었다. 그렇지만 각 사례에서 섹슈얼리티는,
'에로스'는 없었다. 즉 보스턴 결혼에 관한 우리의 정의는 해당
관계에서 섹슈얼리티의 배제를 기초로 하고 있는 것이다.

문화적으로 섹슈얼리티를 생활에서 분리함으로써
일어나는 여러 문제에 한 가지를 덧붙이자면, 많은 여자가 성적
학대를 경험하고 있다는 현실을 들 수 있다. 이들에게는 어린
나이에 섹스가 폭력과 결부되고 성인기에 들어서도 섹스와
폭력의 연결은 이어진다. 섹스는 무기로 이용되는데, 대부분
남자에 의해, 여자를 대상으로다. 대다수 여자가 개인적으로

경험하는 성폭력은 거의 남자가 여자를 표적으로 행하며 강간, 가족 내 성착취(친족 성폭력), 성을 매개로 한 괴롭힘(성추행), 구타 등 폭행의 형태로 벌어진다. 그러나 성을 매개로 여성적인 것을 말살하려는 이 시도는 '모든' 여자를 대상으로 좀 더 간접적인 방식으로도 일어난다. 즉 텔레비전에서 성폭력을 보게 되고, 이웃에게 일어난 성폭력에 관해서 읽게 되고, 성폭력을 '불러들이지' 않도록 행동 자체(밤에 혼자 다니는 것, 특정한 옷을 입는 것 따위)를 스스로 속박하라는 경고를 받는다. 이런 식으로 모든 여자가 섹슈얼리티를 박탈당하게 됐다.

사랑을 나누는 합당한 방법이 하나뿐이고 나머지는 모두 무효일 리 없다. 섹슈얼리티는 육체와 관련된 것이며, 자신의 몸으로 존재하는 것과 관련된다. 섹슈얼리티를 빼앗기는 것은 우리의 다른 본능들을 거의 다 빼앗기는 것이다. 이성애 결혼이라는 속박이 없고 아이가 없는 경우도 많아 자유롭게 경력을 쌓고 있는 우리 세대의 많은 레즈비언이 그저 아버지의 딸들이 되는 데 그친다. 여성의 현실로부터, 그리고 본능으로부터 우리는 멀어졌다. 우리 여성이 빼앗긴 섹슈얼리티를 되찾기 위해서는 상당한 통찰력과 많은 노력이 필요하다.

성적 합일에 대한 어떠한 형태의 욕동이든 이는 대다수 살아 있는 존재의 본능 중 하나다. 그리고 여자들은 이를 빼앗겼다. 섹슈얼리티의 이러한 결핍이 무슨 그 사람의 신경증 반영이라는 등 여자들 탓으로 돌리지 말아야 한다. 이것은 질병의 범주에 들어갈 문제가 아닌 것이다. 어쨌거나 나는 우리의 섹슈얼리티를 반드시 되찾아야 한다고 본다. 잊었던 여신을, 타고난 권리인 본능적 본성을 '되-새기는'[d] 것은 우리 자신을 위해서다.

보스턴 결혼

당신도 나처럼 섹슈얼리티가 인간 본성의 일부라고 믿는다면, 저 본능에 수반되는 어떤 에너지가 있다는 결론을 내릴 수밖에 없을 것이다. 성적으로 표현하지 않는 관계에서 그 에너지는 어디로 갈까? 승화할까? 그것이 약물·알코올·음식·일 중독으로 나타나지는 않을까? 관계를 유지하던 많은 레즈비언이 표현되지 못한 성적 에너지를 자기 애인이 아닌 다른 여자들과 사랑에 빠지는 데 쏟으면서 이전의 관계를 끝내는 경향을 보인다. 그 열정은 다른 관계로 옮겨가며 재점화되고 다시 살아난다. 이전의 관계들은 쌍방 간의 책임감, 소통, 신뢰감, 사랑과 같은 특성을 갖추고 있던 경우가 많은데, 이는 많은 여성 이성애자가 탐낼 만한 관계의 특성들이기도 하다.

이 본능적 에너지를 창조적 행위를 향해 의식적으로 쏟는 것과 이 에너지가 무의식적으로 떠돌아다니도록, 더 나쁘게는 불건전한 행동이나 결정으로 자신을 몰아가도록 내버려두는

---

[d]   re-member, 잘린 팔다리를 다시 합치는(↔ dis-member).

것에는 아주 큰 차이가 있다. 예를 들어 의식적으로 선택한 금욕은 온전하고 건강한 생활 방식일 수 있다. 금욕 생활이라는 선택 이면에 놓인 동기를 자각하고 있는 여자들은 의식적이고 자발적인 결정을 내리고 있는 것이다. 금욕은 정신이나 건강, 신체 등을 근거로서 고려한 선호일 수 있고, 리비도를 집중해 창작에 매진하겠다는 결심의 반영일 수도 있다. 하지만 의식적 선택이 아닌 경우에는 성적 에너지가 초점을 잃게 된다. 많은 레즈비언이 상대방이 흥미를 잃어버린 탓을 하거나 죄책감을 느끼면서 스스로 '성적 매력이 없다'는 생각에서 오는 자존감 하락에 괴로워한다. 이들은 결국 이 주제로 이야기를 하지 않게 된다. 아니면 그저 관계의 성적 측면이 시든 뒤에 두 사람 다 자신들이 '애인' 사이가 맞는지를 의심스러워하게 될 수도 있다.

보통 관계 초반에 보이는 성적 행위와 열정의 수준은 시간이 흐르면 대체로 전과 같은 정도로는 나타나지 않게 된다. 마이클 리보위츠는 이 최초의 끌림에 작용하는 화학물질, 호르몬, 페로몬 변수들을 논하면서, 새로운 관계의 열정을 암페타민으로 유도되는 흥분 상태에 비교해 보았다. 관계가 성숙함에 따라 성적 열정의 수준은 차오르거나 기울 수 있다. 간혹 이것이 외부 사건과 상관이 있을 수도 있으나 자체적, 내재적 주기성을 띠고 있는 것처럼 보이는 경우가 흔하다. 그러나 관계 안에는 성적 열정에 대한 어느 정도의 역치, 어떤 기대, 받아들일 수 있는 수준이 각자에게 있기 마련(이 기대라는 것이 꼭 섹스가 아니라 해도)이다. 관계란 한쪽이 자기 욕구가 충족되지 못한다고 느낄 때 깨지는 경우가 많다. 그가 애인과 이런 욕구들을 두고 얘기를 나눠본 적이 한 번도 없었더라도 말이다.

레즈비언들의 보스턴 결혼에 대해 고찰하면서 우리는 인터뷰한 여성들이 행복한 정도와 관계를 받아들이는 수준이 모두 제각각임을 알 수 있었다. 상담사를 위한 사례 연구집에 실었던 글에서는 괴로워하며 헤어지는 중인 커플을 묘사하기도 했으나, 이 책에서 인터뷰에 참여한 사람들은 대부분 자신들의 관계에 상당히 만족했다.

5년간 지속된 내 보스턴 결혼을 되돌아보건대, 그것은 내게 무의식적이고, 불행하며, 건강하지 못한 관계였다는 결론을 내릴 수밖에 없다. 세월이 흐르고 보니 나의 불안, 동성애혐오, 상대와 연결되어 있음을 느끼고 싶은 욕구 등이 나를 다분히 슬프고 파괴적이며 불안을 자극하는 관계에 머무르게 했음을, 즐거운 감정이나 자아 발전의 기회 제공과 같은 건강한 관계의 특징은 볼 수 없었음을 이제는 알겠다. 관계란, 집단이 합의한 이름이 있든 없든, 관계다. 보스턴 결혼이라는 용어를 쓰는 것은 어떤 형태의 관계를 분류해내기 위함도, 질병의 범주로 넣고자 함도 아니다. 오히려 레즈비언 문화의 어휘를 확장하려는 데에 그 뜻이 있다. 여태까지 우리의 언어 체계로는 기술되지 못했지만 어떻게든 존재해왔으며 앞으로도 존재할 무형의 관계들까지 담지할 수 있는 표현으로 말이다.

나의 의견을 밝히자면, 보스턴 결혼(또는 다른 어떤 유의 관계)이 상대적으로 바람직하고 건강한지는 결국 그것이 의식적인가의 문제다. 해당 관계에 있을 때 여성 개인으로서 상대방과 성애가 없는 상태이고자 하는 자신의 욕구와 동기들을 자각하고 있는가? 자기 본능과 본성을 막고 있는가? 만약 그렇다면, 자신의 성적 본능을 가로막으면서 다른 본능들도 막고 있는가? 자신의 관능적 본성에 수반된 에너지를 다른 통로들로 방향 지어주고 있는가? 이것이 자신에게 좋은, 건강한 선택인가? 가장 중요하게는, 자기 자신을 알고 있으며 이 자각과 의식으로써 내린 선택인가?

탐구들

3장

19세기
보스턴 결혼이
지금에 말해주는 것

19세기 말경 『애틀랜틱 먼슬리』의 편집장이던 마크 디울프 하우는 그의 친구들 가운데 작가 세라 오른 주잇과 애니 필즈처럼 눈에 띄는 여성 커플을 여럿 꼽았다. 이 여자들은 대체로 페미니스트였으며 십중팔구 자기 일을 가지고 있거나 남자들로부터 경제적으로 독립했고, 쌍을 이뤄 오랜 기간 헌신적인 관계로 함께 사는 경향이 있었다. 하우가 생각하기에

그 관계는 모든 의미에서 결혼으로 볼 수 있었다. 이 한 쌍의
여자들은 한 몸 같았다. 이들은 한집에 살 뿐 아니라 어울리는
친구들도 공통이고, 휴가도 같이 다녔고, 상대의 삶에 전적으로
결속되어 있었으며 서로 헌신적이었다.

하우와 당시 사람들의 생각에는 이들이 성적인 관계를
가졌는지 검증할 필요가 없었다. 이들은 남편과 출산에 대한
의무 이외의 성적 표현을 겨냥한 사회의 비난을 잘 알고 있었고,
그것을 내면화한 존경받는 중산층 여성들로서 서로 성관계를
맺지 않는다는 것이 의심할 여지 없이 당연하게 여겨졌다.(많은
경우 이 추측이 맞았을 것이다.) 성적 취향의 측면에서 분명
사람마다 달랐을 가능성이 있지만 그런 부분은 무시되었다. 가정
교육을 잘 받은 여자 혼자서 저절로 성욕이 생겨날 리가 없으며
이들은 남성에게 반응만 할 수 있다고 전제한 것이다. 그러나 이
커플들 사이에 분명히 성관계가 없다는 점과 별개로, 하우에게는
그 커플들을 "부부(a union)였다. 이것보다 어울리는 단어가
없다"라고 말하는 것이 허용됐다.[1]

'보스턴 결혼'이라는 명칭의 시발점이 된 헨리 제임스의
소설『보스턴 사람들』(1885)은 19세기 후반 미국 도시 지역에
이런 관계가 널리 퍼져 있었음을 증언한다. 이 소설에서 헨리
제임스는 서로에게 헌신하는 여자 커플을 무수히 등장시킨다.
제임스는 자기 소설의 특징을 "뉴잉글랜드에서 아주 흔하던
여자들끼리의 우정 가운데 하나[에 관한] (…) 아주 '미국적인'
이야기"라고 요약한다.[2] 실제로 이런 관계는 '보스턴 결혼'이라고
불리기 시작했다. 아직 여성 동성 관계가 '레즈비언'으로

널리 낙인찍히는 시대가 아니던 19세기 후반, 자기 일을 가진
여성들에게 이 '결혼'은 굉장히 합리적으로 다가왔다. 이런
관계는 여성에게 같이 다니고, 돌봐주고, 마음 맞는 사람과
교감을 나눌 수 있는 만남과 로맨스(그리고 의심할 바 없이
일부 관계에서는, 섹스)를 제공해주었다. 여기에는 인생에
'중요한 타인'을 둠으로써 얻는 이점은 전부 있으나 이성애에
따라붙는 짐, 다시 말해 진취적 직업 여성의 삶을 이룰 수 없게
만드는 제약들은 없었다. 많은 중산층 여자에게 이는 백 년 넘게
합리적인 선택지였다.

　　　19세기 당시 여성 참여의 길이 막 열리고 있던 직업군에서
일하는 선택지를 진지하게 고려하는 여자라면 수차례의 임신과
대가구 건사의 책무를 질 상황에 매여서는 안 된다는 것은 분명
많은 이에게 이해하기 어려운 얘기가 아니었다. 그렇다면,
'독신'이 제일 좋았다. 독신 여성이 이성과의 정사를 통해
외로움을 달래는 것은 도덕 규범에 어긋났지만 친한 여성 친구와
나누는 교유는 굳이 마다할 이유가 없었다.[3]

　　　긴밀한 여성 간 우정은 옛 시대로부터 내려오는 고귀한
역사를 가지고 있다. 로맨틱한 우정이라는 관례가 서구권에서
보인 발전을 따로 추적하자, 적어도 르네상스 시대까지 거슬러
올라갔다.[4] 서구권을 제외한, 예컨대 중국, 인도, 아프리카에서도
이 서구 관례와 대응되는 유사체로 보이는 사례들을 발견할 수
있다.[5] 로맨틱한 우정은 서로 다른 시대(와 장소)에서 가능한
것으로 널리 퍼져 있었으나, 서구의 성과학자들은 여성 간
우정을 '레즈비언'이라는 종으로 정의 내리고 이를 대중의 의식에

퍼트려놓기 시작했다. '레즈비언'은 로맨틱한 우정 관계에
전제되는, 높이 기려지던 '고귀한 순수성'을 의심쩍게 만드는
성 지향성을 의미했다. 또한 '레즈비언'이라는 범주의 출현은
여자들을 사랑하는 여자들에게 자신의 애정을(그 결과 자기
자신까지도) 비정상으로 규정하는 새로운 분류를 받아들이도록
강제하면서 이들을 다른 여성들로부터 분리했다.

   그러나 세상이 여성들의 강렬한 애정을 언제나 그런
식으로 보지는 않았다는 증거는 차고 넘친다. 역사적으로 젊은
여자들에게는 다른 여자들과 입맞춤을 나누고 서로 어루만지고
같이 자고 벅찬 사랑을 말하고 영원한 신의[a]를 약속하는
관계가 흔히 허용됐다. 이런 관계들이 실제로 어느 정도로
성애적이었는지를 단정하기란 불가능하다. 개인별 성적 취향의
스펙트럼을 고려할 때 이들 중 실제 성기 접촉을 동반한 관능적
관계인 경우가 전혀 없었다고 믿기는 어려우며, 일부 역사 속
기록 역시 확실히 그러했음을 입증한다.[6] 하지만 나는 이들이
대부분 그런 사이가 아니었다고 본다. 앞서 이야기한 저 로맨틱한
친구들과 동시대에 살던 다른 사람들이 그렇게 믿은 것과 같은
까닭에서다. 성욕의 잠재력에 관한 일반적인 생물학적 설명
방식은 존재하나, 개인이 사회와 나누는 상호작용과 개별 환경이
성욕의 표현 범위를 결정 짓는 경우가 그렇지 않은 경우보다
훨씬 더 많다. 예를 들어 1950년대에는 킨제이가 면담한 여성

---

[a]   faithfulness. 이성 간에는 정절로도 해석되는 개념임을 감안하면 배타적인
   관계를 암시할 수 있다.

가운데 20퍼센트가 19세 무렵에 삽입 성교를 해봤다고 했는데, 1971년에는 대조군 표본 수치가 거의 50퍼센트에 가깝게 올랐다.[7] 변한 것은 명백히 성욕의 생물학이 아닌, 더 많은 여자가 욕망을 의식하고 그 욕망에 따라 행동하도록 허용(때로는 심지어 강요)하는 사회인 것이다. 이성 간, 동성 간 성행위 사이에서도 비슷한 변화가 도출될 수 있을 것이다.

19세기에는 여자들이 섹스와 관련된 것을 부정하도록 장려하는 분위기가 1950년대보다 훨씬 심했다. 이들은 좋은 여자에게는 자발적인 성적 욕동이 없다고 믿게끔 자랐다. 이들은 단순히 부부 합방과 번식의 의무를 수행할 뿐이었다. 만약 결혼을 하지 않았거나 남편들의 욕구를 고려해야 한다는 압력을 받지 않는다면, 여자들은 성적인 존재가 아니었다. 이성애 경향이 있든 동성애 경향이 있든, 섹슈얼리티에 가해지는 제재들에 맞서 싸운 여자들보다는 그것들을 내면화한 여자들이 더 많았을 것이다. 그래서 당시 대다수 여자는 성애와 별 상관이 없도록 사회적으로 구성되었다.

성적인 측면이 매우 강조되는 지금의 관점으로는 우리가 본능처럼 생각하는 부분을 여자들이 부정할 수도 있었으리라는 점이 믿기 어려울 수 있다. 그러나 킨제이의 통계는 1950년대에도 젊은 여자들이 '성 충동'을 얼마나 부정하고 있었는지를 보여준다. 그래서 결론은 동어 반복에 가깝다. 성적 측면에서 허용 범위가 넓은 사회에서는 여자들이 (이성애든 동성애든) 성적 표현을 하는 경향을 보인다. 성을 억압하는 사회에서는 여자들이 그 억압을 더 내면화하며 혼인상의 '의무'를 제외한 성관계는 덜 하는 경향이 있다. 따라서 19세기 보스턴 결혼이나 그 이전 시대의 로맨틱한 우정이 섹스로 표현되는 일은 아마 거의 없었을 것이다.

그런데 이러한 관계들이 성적인 것이든 아니든 대개 아주 강렬한 관계였음에도 사회적으로 용인됐다는 사실은 분명하다. 18세기 말의 프랑스 작가 마담 드스탈과 그가 사랑했던 쥘리에트 레카미에의 로맨틱한 우정의 기록은 출판이 되어 거리낌 없이 후대를 위해 보존되었는데, 여성 간의 강렬한 애정이 사회적으로 허용됨을 두 사람이 당연시한다는 사실을 보여준다. 예를 들어 드스탈은 레카미에에게 다음과 같이 여러 차례 썼다.

> 우정의 그것을 뛰어넘는 사랑으로 나는 당신을 사랑해. 내가 무릎을 꿇는 것은 내 마음을 다 바쳐 당신을 품에 안기 위함이야.

> 당신은 내 인생에서 맨 앞자리를 차지하고 있어. (…) 당신을 만났을 때, 당신에게 사랑받음으로써 운명이 이뤄질 것 같았어. 내가 당신을 만나도록 정해져 있던 거라면, 사실 그것만으로도 충분한 것 같아. (…) 당신은 [내 마음의] 주인이야. 그러니 나를 고통스럽게 하는 일은 없을 거라고 말해줘. 지금 이 순간 당신은 내게 끔찍한 고통을 줄 힘을 가지고 있어.

> 안녕, 내 소중하고 사랑스러운 이여. 나는 심장 속에

당신을 새겨넣었어. (…) 내 천사, 당신은 편지 끝에
'사랑해'라고 썼지. 이 말을 읽으며 느끼는 내 감정이
당신이 내 심장 속에 있다는 걸 믿게 할 거야.[8]

다른 시대에는 허용이 되던 이런 관계에 어째서 지금은 낙인이
찍히는가? 수 세기가 넘는 동안 남성들이 이런 관계를 심각하게
받아들이지 않았기 때문이라는 것이 하나의 대답이 될 것이다.
이런 관계를 심각하게 받아들이게 되면 감히 건드릴 수 없는
범세계적 남성우월주의(여자는 남자로부터 독립된 존재일
수 없다는 관념을 강요하는)에 타격이 될 수 있어서만은
아니다. 로맨틱한 우정이 사회 조직에 위협으로 여겨지지
않았던 일차적인 이유는 이 로맨틱한 우정을 주로 찾아볼 수
있던 중간 계급과 상류층에서는 19세기 후반까지 다른 이유는
차치하고서라도 여자가 경제적으로 살아남으려면 결혼을
할 수밖에 없다고 여겨졌기 때문이다. 달리 말해 그런 관계는
한시적이거나 적어도 결혼에 견줘서는 부차적으로 비친 것이다.
    또한 그런 관계는 사회적으로 인정받는 목적으로도
도움이 되었다. '정숙한' 여자는 결혼을 제외하면 남자와의
접점을 최소화할 책임이 있었다. 평판에 흠이 나지 않게
하려면 여성은 자기 애정을 어디다 둘지 주의해야만 했다.
여자의 정조에는 어떤 오명도 허용되지 않았다. 하지만 사회가
여자들에게 남편의 가정으로 실려 갈 때까지 아무도 사랑하지
말고 어떤 감정도 희열도 그 무엇도 느끼지 말라고 요구하는
것은 비현실적이었다. 다른 여자와 나누는 로맨틱한 우정은 그런

감정적 요구들을 충족시켜줄 수 있었으며 또한 이미 썼듯 죄가 되지 않고 무해하다고 간주됐다. 젊은 여자의 순결(보통 엄청난 가치를 가진 것으로 여겨진)에 그런 관계는 위협이 되기는커녕 여자가 결혼할 때까지 여러 가지 문제에 말려들지 않게 지켜준다고 여겨졌다. 헨리 워즈워스 롱펠로는 1849년도 소설 『카바나』에서 젊은 여자들 사이의 그런 관계들을 "소녀 시절에 여자 인생의 위대한 드라마(결혼)를 예행연습"하는 것으로 묘사했다. 비슷하게 올리버 웬들 홈스의 주제넘은 감이 없지 않은 관찰에 따르면, 1885년도 소설 『지독한 적의』는 "소녀들의 우정은 소녀들이 언젠가는 맞이하여 그들을 어릴 적의 친밀감과 작별시킬 더 가까운 관계의 모습을 미리 보여준다"고 쓰고 있다.

성과학자들은 1870년대에 '레즈비언'이라는 범주를 만들어내기 시작했다. 비슷한 시기(완전히 같은 시기는 아니다)에 여자들에게 경제적·사회적 독립의 가능성이 열리고 있었다. 몇십 년간 중간 계급 여자들이 노동 인구로 들어오기 시작했으나 아직 위협적인 숫자는 아니었다. 이 단계에서는 성과학자들의 새로운 선언이 그다지 대중적인 지식으로 자리 잡지 못했다. 그래서 예전의 로맨틱한 우정이 여자들의 경제적 독립으로 수정된 19세기 말의 '보스턴 결혼'은 한동안 낙인찍히는 일 없이 발달하고 번창할 수 있었다.

20세기 초입 10년 사이에 여성끼리의 사랑을 비정상으로 규정한 성과학자들의 분류가 대중의 의식 속에 침투했다는 증거가 있다.[9] 여자들 간의 강력한 애정 관계가 더는 사회적으로 용인되지 않고 '로맨틱한 우정'이니 '보스턴 결혼' 같은 무해해

보이는 이름표도 허용되지 않게 되었다. 다른 여자들을 사랑하는 여자들은 일반적으로 '레즈비언'이라는 이름표를 받아들이도록 강요당했다. 마크 디울프 하우는 여자들의 관계에 대한 이 엄청난 의식 변화를 잘 보여준다. 하우는 보스턴 결혼을 지켜보고 예찬한 사람이었다. 『애틀랜틱 먼슬리』 편집자 제임스 필즈의 친구로서, 하우는 과부가 된 그의 아내 애니와 친구가 됐고 애니의 전기 작가이자 조언자가 됐다. 하우는 1881년 제임스 필즈가 죽기 직전에 자신보다 훨씬 젊은 부인 애니의 삶에 닥쳐올 빈자리를 채워주는 데 세라 오른 주잇이 이상적인 친구라고 생각했으며 두 사람의 관계를 격려해줬다는 사실을 알고 있었다. 주잇과 애니 필즈는 보스턴에서 거의 삼십 년간, 1909년 주잇이 죽을 때까지 함께 살았다. 가끔씩 주잇은 집필 작업을 위해 메인 주로 혼자 떠났다. 그렇지만 둘은 사랑이 넘치는 서신을 교환했다.[10] 마치 드스탈과 레카미에처럼, 다른 셀 수 없이 많은 여성 커플처럼 주잇과 필즈는 그 편지들을 후대에 남겼으며 자신들의 헌신과 사랑의 표현을 숨기려 하지 않았다.

여긴 다시 책상 앞이야. 모든 것이 한껏 자연스러워. 이토록 큰 사랑으로 당신에게 첫번째 편지를 쓰면서, 당신의 사랑스러운 목소리를 듣고 당신의 사랑스러운 얼굴을 보면서 일어나지 못하게 된 지 일곱 달 하고도 첫 번째 아침이 되었다는 것을 떠올리고 있어. 너무 그리워. 하지만 오래 헤어져 있지 않을 거라고 생각하니 위안이 돼. (⋯) 내일이면 당신과 함께 있게 되겠지. 사랑스러운 당신의

생일이잖아. 목요일 저녁을 얼마나 기다렸는지. 별이
빛나든 안개가 끼든 상관없어. 그래, 내 사랑, 내가 마지막
스케치를 가져갈 거야. 당신 생각에 내가 여기다 공을 더
들이는 게 좋겠다고 하면 마지막으로 손을 좀 볼게. 난 지금
좀 색채를 부여하고 싶어. 역동적으로 만들고 싶어. 그리고
입맞춤을 해주고 싶어. (…) 잘 자길, 사랑하는 당신을 신이
축복하길.[11]

그러나 20세기의 의식은 19세기와 달랐다. 주잇이 죽고 몇 년
뒤인 1911년 애니는 하우에게 주잇이 자신에게 보낸 편지를
책으로 펴내고 싶다고 털어놓았다. 하우는 1922년, 프로이트
의식의 절정기에 그 일을 되짚으며 자신이 "편집자로서 [애니의]
열정을 제지했다"고 주장했다.[12] 하우는 애니에게 둘 사이의
애정을 드러내는 내용 중 5분의 4를 빼라고 했다. "그 책이 미스
주잇과 개인적으로 전혀 상관이 없는 독자에게 줄 인상을 고려할
때 (…) 나는 의심스럽다. (…) 온갖 사람이 그들의 이야기를 잘못
읽을 텐데 그것을 당신이 좋아할까."[13] 분명 19세기에는 그저
평범하고 적절한 행동이자 애정 표현으로 여겨지던 것들이
갑자기 20세기의 흐름 속에서 비정상이 돼버렸다. 그 관계의
본질은 아무것도 변하지 않았는데도 말이다.

　　1920년대가 되면서 여자들은 그들 관계를 '보스턴
결혼'으로 부를 수 있는 사치를(아니 차라리, 안전을) 더는
누리지 못했다. 보스턴 결혼에 대한 19세기 대중의 짐작과
같이 이들이 비성애적 관계였던 경우에도 마찬가지다.

1920년대 (특히 프로이트와 정신분석이라는 유행을 거쳐)
성과학이 인기를 더해가고 1928년 래드클리프 홀의 문제작
『고독의 우물』이 출판되었으며[b] 1920년대 어느 정도 눈에
띄는 동성애 하위문화가 유럽과 미국 양쪽에서 나타나면서,
여자 둘이 몹시 친한 관계를 누리면서 동성애로 의심받지
않는다는 것은 사실상 불가능하게 됐다. 완다 프레이컨 네프가
1928년 『우리는 다이애나를 노래해』라는 소설에서 관찰한
대로 19세기 후반 로맨틱한 우정의 작은 천국이던 여자대학교
교정에서조차 "두 젊은 여성 간의 친밀함은 날카로운 의심에
찬 눈초리로 주시받았다. 같은 수업을 듣는 학생들 가운데
누군가는 여성스러운 상대를 찾는 남성적인, 양성애자 타입의
소녀를 찾아내려 했고 또 누군가는 그들의 헌신을 조롱했다".
'로맨틱한 우정' '보스턴 결혼'과 같은 용어는 '변태' '도착' '동성애'
'레즈비어니즘'이라는 용어에 자리를 내주고 사라져간 것이다.

　　　이 같은 태도 변화는 성적 가능성에 대한 의식이
높아졌다는 사실만으로는 설명될 수 없다. 여성-여성 관계의
관례가 이전에는 사회적 위협이 될 수 없었지만 1920년대쯤에는
그 위상에 변화가 생겼다. 페미니즘이 거둔 다양한 성공은 이제
노동 인구로서 더 많은 여자가 경제적으로 독립할 수 있다는
사실을 뜻했다. 앞서 나가는 극소수의 여자들만이 아니라
아주 많은 여자가, 더는 생존을 위한 결혼을 하지 않아도 됐다.

---

[b]　현대 영문학사 최초 레즈비언 소설로 출간 당시 금서 처분되었고 다시
　　출판이 허용된 후 막대한 성공을 거뒀다.

경제 문제가 여자들을 결혼으로 끌어들이지 못하고 여자들이 다른 여자들과의 관계를 통해 완벽하게 만족한다면, 오랫동안 페미니즘의 공격에 맞서다 위기에 처한 이성애 결혼이라는 제도는 어찌 되겠는가? 여성-여성 관계를 비정상으로 낙인찍기는 곧 이성애를 변호하는 무기가 됐다.

낙인찍기가 여성-여성 관계에 끼친 영향은 복합적이다. 한쪽에서는 그 영향이 매우 파괴적이었다. '레즈비언'이라는 이름표를 받아들일 수 없던 여자들에게 이는 수세기에 걸쳐 여자들이 누려온 강렬한 동성 간 감정적 결속의 가능성을 스스로 부정해야만 한다는 뜻이었기 때문이다. 만약 '레즈비언'만이 다른 여자를 사랑하고 자신은 레즈비언이 아니라 한다면, 다른 여자를 향해 그 어떤 강렬한 감정을 경험하게 되더라도 이것을 억눌러야만 했다. 이런 의미에서 1920년대 여자들에게 허용된 운신의 폭은 이들의 선조 격인 여자들이 누린 것보다 훨씬 좁았다.

한편으로는 '여성 동성애' 개념의 도입으로 여자들이 자신들의 동성 관계를 진지하게 받아들일 수 있는 훨씬 큰 자유가 생겼다. 자신들의 관계를 계속 끝까지 함께할 수 있는 관계로 볼 수 있게 된 것이다. 그리고 '레즈비언'이라는 이름표를 받아들인다면 다른 여자를 향한 사랑을 단초로 하나의 생활 양식이나 나아가 하위문화까지도 형성할 수 있게 되었다. 이전에는 대체로 불가능했던 부분이다.

하지만 한번 '레즈비언'이라는 이름표를 받아들이고 레즈비언 하위문화에 자리 잡으면, 다른 압력에 시달렸다.

이는 다른 여성들을 향한 사랑과 관련되기는 하나 이전까지는 존재하지 않았던 문제로서, 정체성이 낙인찍히는 것과도 상당히 다른 종류의 압력이었다. 근대의 새로운 통찰에 따르면 모든 인간은, 심지어 여성과 아동까지도 성적인 존재다.(앞서 기술했듯 이는 유럽과 미국 역사 대부분의 시대에 격렬히 부정되었을 사고방식이다.) 이전 세기나 그보다 앞선 시대의 전제를 완전히 뒤엎고, 마담 드스탈과 세라 오른 주잇의 편지에서 드러나는 것과 같은 정열을 불러일으키는 종류의 관계는 예외 없이 성적 요소가 함께할 거라는 추측이 널리 퍼졌다. 그리고 당사자인 여자들이 그런 전제를 만들어내는 경우도—그들의 충동이 그들을 에로틱한 방향으로 이끌었든 그렇지 않든 간에—왕왕 있었을 것이다. 즉 스스로 다른 여성과 강력한 결속을 경험했다고 인정하면 '레즈비언'이라는 이름표를 받아들일 수밖에 없는 것이다. 또한 '레즈비언'은 여성-여성 간 '성적' 관계를 암시한다고 하니, 그것을 수행해야 한다는 내면화된 압력(스스로에 대해 감정적으로 일관성 있는 시각을 취하기 위해서라도)이 존재했다.

일반적으로 말하자면 섹슈얼리티의 보편성을 주장한 20세기 정신분석 이론이나 그 대중적 해석은 사람마다 다른 에로틱한 관심이나 욕망의 수준을 변별해내는 데 실패했다.(이런 맥락에서 그 이론은, 창녀가 아닌 모든 여성에게 자발적인 성욕이 거의 또는 아예 없다는 가정으로 개인차 변별에 실패한 19세기의 시각과 똑같이 허술했다.[14]) '레즈비언들'은 '다른 여자들과 섹스하는 데 관심 있는 여자들'로 축소됐다. 이전에 존재했던

'로맨틱한 우정'이나 '보스턴 결혼' 같은 범주들이 인정받지 못하게 된 것이다. 순수하게 플라토닉하던 강렬한 여성 동성애가 이제는 강렬한 플라토닉 이성애 따위처럼, 상상조차 어려운 형용모순이 되어버렸다.

　　게다가 에로틱한 욕망이 거의 없던 '레즈비언들'은 이제 '성적 억압'이라는 전에 없던 개념에 관해 질문해야 하게 됐다. 즉, 자연스러운 '성적 욕동'을 '억제하는' 어떤 '트라우마'가 남았기 때문에 성적으로 동하지 않는 것인지도 모른다! 성적인 측면의 '억압과 억제' 때문에 '신경증'적인 여자가 된 것일까? ……와 같은 질문이다. 역설적이게도 여성의 섹슈얼리티를 향한 사회의 태도는 정반대 방향으로 뒤집히는 과정을 거치게 된다. 이전에 여성은 스스로의 성감을 부적절하고 비정상적인 것으로서 걱정해야 했고 혹시 어떤 성적 경험이 있다 하더라도 그것을 숨겨야 했다. 그런데 성과학 시대 이후 여성은 성감의 부재를 부적절하고 비정상적이라고 걱정해야 하게 됐고, 현대가 구성해낸 또 다른 개념인 무성애라든가 '억압된 성적 반응' 같은 문제를 감춰야만 하게 된 것이다. 과거에 여자는 결혼 생활과 관계없는 성적인 관계에 빠지면 불안해하거나 죄책감을 느끼도록 교육받았다. 현대의 여자는 성적인 관계를 맺지 '않는' 경우 불안과 죄책감을 느끼게끔(적어도 자기 자신에게), 다시 말해 스스로가 욕구를 충분히 표현하지 못하고 있으며 자신의 신체 및 정신 건강을 위험에 빠뜨린다고 느끼게끔 만들어졌다. 통설상 성적 쾌락은 무슨 의료적 필수 조건 같은 것이 됐다. 현 시대 여성에게 안팎으로 가해지는 성적이어야 한다는 압력은,

성적이어서는 안 된다던 다른 시대의 압력만큼이나 강제적이다.
그리고 이 강한 압력은 적어도 여성 이성애자들에게 가해지는
만큼 레즈비언들에게도 행사된다.

　　　　사실 성애적 존재여야 한다는 압력은 레즈비언들에게
훨씬 강하다. 1960~1970년대의 성 혁명 때까지 사회는 20세기의
이성애자 여성들에게 이중적인 메시지를 보냈고 이 점은 앞서
인용한 킨제이 보고서의 통계가 드러내준다. 한쪽에서는
성적 억압이 나쁜 것이라고 말하면서 다른 쪽에서는 여자들이
'나쁜 여자'가 되지 않도록, '착한 여자'는 감히 성적인 표현을
하지 않는다고 말한 것이다. 레즈비언들에게는 이런 갈등이
존재하지 않았다. 정반대로, 에스터 뉴턴이 자신의 에세이『남자
같은 레즈비언이라는 신화』에서 지적하듯 여자가 레즈비언이
됨으로써 누릴 수 있는 한 가지 이점은 "자신의 섹슈얼리티를
충분히 주장할" 특권이다.[15] 다시 말해 레즈비언은 여자의
몸에 갇힌 남자로 상정되므로 레즈비언은 남자들만큼 성욕이
강하다고 주장할 일종의 인가를 얻는다는 말이다. 그런데
그 권리를 주장하는 데 별 관심이 없다면 그래도 그는 정말
레즈비언일까? 레즈비언이 된다는 것은 성적인 측면에서의
자기주장을 인가받음과 동시에 그 주장을 피력하라는 압력을
받는다는 의미였고, 지금도 여전히 그렇다.

　　　　이런 인가는 많은 여자에게 경이로운 자유를 선사했다.
한편 인가가 아닌 압력으로 보는 다른 이들은 헷갈렸다. 스스로
레즈비언 관계를 맺고 있다고 정체화하면서도 이 용어를 19세기
'보스턴 결혼'의 의미로 쓰고 싶어하는 사람들에게는 특히나

헷갈릴 수 있었다. 이런 사람들이 그 관계에 가치를 두는 까닭은 이것이 돌봄·교유·실질적인 재정과 가사 분담·애정·배려 등, 성기를 이용한 섹스를 뺀 전부를 제공한다는 점에 있다. 이토록 많은 영역에서 성공적인 관계임에도 당사자들은 무언가 빠졌다는 느낌을 받을 수 있다. 현대의 대중적 통찰(끊임없이 주입되기에 피할 도리가 없는)이 인간의 안녕에 섹스가 핵심이라고 이르는 까닭이다.

어쩌면 이 같은 압력이 레즈비언들 사이에서 연속적 일대일 관계[c]가 자주 관찰되는 이유를 설명해줄 수도 있겠다. 요즘 양상을 보면, 레즈비언으로 정체화한 두 사람의 일대일 관계는 초기에는 성적인 관계를 형성하는 경향이 있다.(하위문화에서 배우게 되는 대로 '레즈비언'이라는 이름표는 성적 행동을 가리키므로 이것은 필연적이다.) 그리고 다년간 동거를 통해 두 사람이 정서적 융합을 이루면서 성 접촉은 거의 예외 없이 줄어들다가 결국 틀에 박힌 가정 내 일과로 자리 잡는다. 그러면 그중 한 사람이 다른 데서 성적인 관계를 맺게 된다. 기존 관계는 끝나고 새로운 일대일 관계가 시작된다. 이런 양상으로 반복이 이루어진다. 이런 양상에는 '진짜' 레즈비언 관계라면 몇 년이 지나든지 계속 성애적 속성이 있어야 한다는 전제가 깔려 있으며, 이 전제는 종종 압력으로 작용하기도 한다.

---

[c]　Serial monogamy(연속 단혼제). 원서가 출간된 시대에는 이것이 레즈비언 집단의 특징처럼 여겨졌을 수 있으나, 복혼을 인정하지 않는 현대 이성애 단혼제 사회의 경향에 관한 기술로 더 자주 쓰이게 된 지 오래다. 단, 동성혼을 인정하지 않는 현행법을 고려해 '일대일 관계'로 옮겼다.

현실은 그런 전제의 반대에 좀 더 가깝다. 필립 블룸스타인과 페퍼 슈워츠의 1983년 연구는 지속 기간이 최소 2년인 관계에 있던 레즈비언 커플 가운데 3분의 1만이 일주일에 한 번 이상 섹스한다고 발표했다(이성애 커플 대조군은 3분의 2). 이 연구에서 더 인상적인 것은 10년 이상 장기 관계에 있는 레즈비언들 가운데 거의 절반이 '한 달에 한 번 미만' 섹스한다는 통계였다(이성애 커플 대조군은 15퍼센트).[16] 생물학적 이유이든 혹은 많은 여자로 하여금 섹스에 양가감정을 품게 하는 사회화 과정의 흔적 때문이든 아니면 다른 까닭도 무수히 많을 수 있겠으나, 어쨌든 여자-여자 관계는 대체로 남자가 연루된 관계보다 섹스를 덜 하는 경향을 보인다.

1983년의 위 통계는 나중에 행해진 수전 존슨의 연구 『지구력—오래가는 레즈비언 커플들』에서도 확인된다. 존슨은 최소 10년간 함께 산 표본 커플들의 92.3퍼센트가 관계 시작 후 성 접촉 빈도가 줄어들었다고 보고했다고 밝혔다. 존슨의 표본에서 거의 60퍼센트가 한 달에 한 번 이하로 섹스했고, 거의 20퍼센트는 설문이 이뤄진 해에 어떤 유형의 섹스도 하지 않았다.[17] '지구력'의 한 가지 비밀은, 성애를 종용하는 20세기의 압력에도 불구하고, 대개 성적인 사이가 아니었을 것으로 추정되는 19세기 보스턴 결혼만큼이나 비성애적인 그들 관계에 대다수가 만족할 수 있었다는 점일지도 모른다.

레즈비언들이 이성애 커플들보다 장기 관계에서 성생활을 유지하기 어려운 것처럼 보이는 데는 여러 가지 이유가 있다. 가장 눈에 띄는 점은, 레즈비언 관계에서는

남성(남자다움으로 유도되는 과정의 일부로서 섹스에 있어
공격적이 되도록 훈련된)이 없다는 것이다. 여자들은 성적으로
주도하는 쪽에 서는 법을 의식적으로 배워야만 하는데,
우리 사회는 그런 교육을 거의 지원하지 않는다. 난감하기도
하겠거니와 한번 초기 열정의 기세가 사라지고 나면 여자로서
주도하는 역할을 유지하기가 쉽지 않다. 더 어려운 지점은,
여자들에게 남성 발기처럼 성적 흥분을 부정하기 어려운 신호가
눈에 띄지 않는다는 것이다. 그렇기에 성욕이 충분히 무르익지
않았을 때라면 성기 접촉으로 이어지지 않는 경우가 흔하다.
성애 관계에서 초반의 흥분이 지나고 난 뒤에는 성생활이 힘을 덜
들이는 포옹 정도로 대체되기 쉬워지는 것이다.

　　섹슈얼리티를 표현할 권리를 힘겹게 싸워 얻어낸
레즈비언들에게 이런 현실은 직면하기 힘들다. 1980년대
부치-펨 관계의 부활과 레즈비언 사디즘/마조히즘을 향한
흥미는 어쩌면 장기 레즈비언 관계에서 섹스가 사라지는 현상인
소위 '레즈비언 잠자리 사망'[d]을 극복하려는 시도들로 볼 수 있을
것이다.[18] '잠자리 사망'은 레즈비언들이 파트너와 융합하려는
경향 때문에 서로 간의 장벽이나 차이—때로 가장 강력한 성욕

---

[d]　　블럼스타인과 슈워츠의 책 『미국의 커플들』에서 레즈비언 커플이 성관계를
하지 않게 된 상태를 가리켜 슈워츠가 쓴 용어로, 대개 부정적 뉘앙스를
띤다. 이 책은 레즈비언 커플이 여-남 커플이나 남-남 커플에 비해 섹스를 덜
한다는 연구를 제시하지만 이후 여러 연구 조사에서 반박 결과가 나오면서
레즈비언에 한하여 '잠자리 사망'이라 칭할 만한 현상이 실재하는가에는
논란이 있다.

자극제가 되는—를 파괴해버린 결과라 여겨졌다. 그러나 저런 시도들이 성공했다는 통계적 증거는 없다.

레즈비언들도 아마 대부분의 여성처럼 두 가지 상호 배타적인 부분, 즉 오래가는 일대일 관계와 만족스러운 현재 진행형 성적 관계를 [동시에] 갈망하는 경우가 흔한 듯하다. 하지만 통계는 이런 조합이 거의 불가능하며 오래가는 레즈비언 관계들은 일반적으로 이 같은 이중적 요구에 부응하지 못함을 확인해준다.

19세기 보스턴 결혼은 이런 모순적인 요구들에 대처할 필요가 없었다. 여기서 추정한 바와 같이 보스턴 결혼 당사자들이 대체로 포옹, 스킨십, 감정적 지지가 관계에 있어 본질적 부분이며 섹스는 그렇지 않다고 간주하는 경우가 많았다면 말이다. 아마도 바로 이 점이 어째서 19세기에는 연속적 일대일 관계가 더 드물었는지 설명해줄 수 있을 것이다. 보스턴 결혼 관계에 있었던 다수의 여자가 잡을 수 없는 끊임없는 갈망을 쫓지는 않았을 것이다. 그렇기에 성기 접촉 없는 정서적 관계 속에 존재하는 가치를 소중히 여기고 지켜가는 일이 우리 세대 레즈비언보다 훨씬 자유로웠다.

여자를 사랑하는 20세기 후반의 여자들에게 있어 동시대 여성-여성 관계의 일부가 19세기 보스턴 결혼처럼 비성애적이라는 사실은 무척 받아들이기가 어렵게 되었다. 역설적인 것은, 『지구력』에서 존슨은 장기 레즈비언 관계에 관한 자신의 연구 표본 대부분이 그다지 성적인 사이가 아니라고 밝히고 있는데 그러면서도 저자 자신조차 진정한 레즈비언 관계가 꼭 성기를 이용한 성적 표현을 요하지는 않는다는 점을 받아들이지 못한다. 존슨의 책 첫 장에는 93세 여성 두 명이 등장하는데, 이들은 65년간 함께 살아왔으며 여전히 요양원에서 방 하나를 나눠 쓰고 있다. 지난 세월 내내 이 여성들은 돈을 공동 관리하고, 부동산을 함께 샀으며, 한쪽의 아픈 어머니를 모셨고, 요리나 운전 같은 일상적인 일을 분담했다. 이들은 아직도 서로에게 품은 사랑 그리고 함께해온 "멋진 삶"을 이야기하며 이것이 끝나가고 있다는 생각에 눈물을 흘렸다.[19]

그렇지만 존슨은 이 관계에서 두 사람에게 성애적 시기가 없었으므로 레즈비언 관계가 아니라고 주장한다. 하지만 존슨의 장기 레즈비언 관계 표본에 속한 많은 여자가 여러 해 동안 섹스를 하지 않았고, 일부는 관계 초기에조차 거의 안 했다. (레즈비언들이 그렇게나 많이들 원한다는) 오래가는 레즈비언 관계 대부분에서 섹스를 거의 하지 않는 경우가 그토록 흔할 뿐만 아니라 성애 자체가 없을지도 모른다면, 레즈비언 관계의 필수 조건이 성기 접촉으로 구성되는 섹슈얼리티라고 말하는 것은 부정확하지 않을까. 어쩌면 우리는 19세기에서 무언가를 배워야만 한다. 여자와 여자 사이의 헌신적 사랑의 의미와 구조에 관한 우리의 관념을 확장하는 데 도움을 줄 것이다.

그다지 또는 전혀 성적인 사이가 아닌 여자끼리의 장기적 애정 관계를 표현하는 말로서 '보스턴 결혼'이라는 용어를 되살려냄으로써 얻게 되는 효용이 있을 것이다. 이 용어는 여자들에게 저 정체 모를 성적 열정—커플이 깨지는 이유로 흔히 내세워지는—을 좇으라 하는 20세기의 압력을 넘어, 자신의 관계를 달리 볼 길을 제시할 수 있다. 이 범주를 다시 만듦으로써 많은 이가 자기 자신이나 다른 사람들에게 스스로가 맺은 관계를 설명할 방법을 얻을 수 있는 것이다. 상당히 최근에 와서야 마치 본질적인 것인 양 사회적으로 구성된 무언가가 포함되지 않았다고 해서 우리의 관계에 문제가 있는 것은 아니라고, 오히려 우리의 관계는 명예로운 역사를 가진, 해볼 만한 연대체라고 말이다.

당사자들은 들어본 적도 없을 '레즈비언'이라는 용어를 보스턴 결혼을 했던 19세기 여성들에게 쓴 것은 시대착오적인 면이 있겠으나, 성애가 사라진 (또는 성애적 시기가 전혀 없던) 현대의 헌신적 관계를 '신新 보스턴 결혼'이라 부르는 것에는 더 합당한 이유가 있다. 이 표현은 마크 디울프 하우가 썼듯 성적인 면만 제외하고 모든 점에서 '부부'인 레즈비언 관계를 위한 하나의 범주를 제공한다. 나아가 이 같은 관계를 다양한 가능성을 품은 레즈비언 생활 스펙트럼의 일부분으로 인식할 수 있도록 해주며, 레즈비언 공동체 안에서 평범한 관계 맺음의 한 방식으로 인정받을 수 있게 해주는 것이다.

나는 오르가슴 집착이 싫다 —섹스에서 자유로운 관계의 모범을 찾아서[1]

눈앞의 도서관 서가 속 케케묵은 큰 책들 사이에 끼어 있는 『성의 정신병리학』은 마치 연금술 책처럼 보였다. 중세시대 같다는 느낌은 책을 펼치자마자 눈에 들어온 첫 문단 덕에 한층 더해졌다.

이 동성애자들의 성생활은 (…) 정상적인 이성애 성생활과
완전히 같다. 그러나 자연스러운 느낌의 정반대이기
때문에 그것은 희화화되며, 이들 각자가 (…) 도를 넘은
성욕에 굴할수록 더 우스꽝스러워진다.[2]

이 문단 옆 여백에 "우매함, 동성애혐오! 지금은 그렇게 보지
않음"이라고 휘갈겨 쓰여 있었다. 짜증이 난 다른 독자는
못마땅한 듯 "헛소리. 게이들도 다른 사람들이랑 똑같이
건강하고 행복하거든"이라고 적어놓았다. 그렇게 휘갈겨놓은
감상적 허세는 나에게 거의 본문만큼이나 이상스러웠다.

임상 진료에서 막다른 길에 맞닥뜨린 나는 빠져나갈
길을 도서관에서 찾고 있었다. 좀처럼 붙잡을 수 없고 합을 못
맞추는 내담자 커플들의 성적 욕망에 나는 답을 제공할 능력이
없었던 것이다. 이 수십 쌍의 커플은 내 상담소까지 오기 전
이미 다양한 자가 치료법에 지쳐 있었다. 이국적 휴가, 에로틱한
데이트, 전동기구, 값비싼 수정, 케겔 운동, 차크라 조절법……
그러다 결국, 내키지 않는 분위기를 돌파해보려 그저 두 주먹을
꼭 쥐기까지 말이다.

나도 잠들어 있는 리비도에 다양한 종류의 치료법을
제안해봤다. 의사소통 훈련과 연계시킨 감각적 마사지를
해보라고 숙제를 내줬다. 자극하고, 도발하고, 지지해줬다.
이들이 처한 교착 상태가 불러올 결과에 관한 공포를 탐색하고,
가려진 힘의 불균형을 들춰보았다. 개인의 경계가 무너진다는
데 대한 저항의 내력을 한 사람씩 따로 짚어보았다. 개인 상담을

해보라고도 했다.

　　　이런 전략 가운데 어떤 것들은 효과가 있었다. 잠시 동안은 그랬다. 하지만 불타오르던 첫 몇 달이 그들에게 살짝 돌아왔다 싶으면, 곧 도로 가버리는 경우가 대부분이었다.

　　　마침내 결론을 내렸다. 문제는 관계나 욕망에 있는 것이 아니라 남근 중심성을 깔고 있는 섹슈얼리티 처방 지침에 있었다. 그런 지침도 레즈비언 섹스에 영향을 미친다. 분명히 레즈비언들은 남근 중심적 삽입 성교라는 구식 모델에 변형을 시도하고, 사소한 부분까지 공들여보기도 하고, 그것을 에로틱하게 흉내 내보거나, 열심히 회피해보기까지 했다. 간단히 말해서 우리는 그것을 완전히 버리는 것 말고는 모두 해봤다. 섹스라는 '남근 숭배적으로 발동되는 행위'를 수행하려는 우리의 시도들, 한술 더 떠 다양화하려는 시도들이 실은 모종의 착각에 의해 벌어진 실수로서 편협하고 우리와 무관한 틀에 근거하고 있다는 점을 보여줄 수만 있다면, 접촉, 친밀성, 재미 등을 새로운 여성의 쾌락 형식들로 재조정하기 시작할 수 있을 것이다. 이 과정에서 성기 접촉은 친밀성을 가리키는 가장 주요한 기표가 아니라 부수적 속성이 될 것이다. 친밀성의 새로운 형식들, 예컨대 유희성, 특별한 라포르[a] 등은 성기 접촉을 포함할 수도 있겠지만, 포함하지 않을 수도 있는 것이다.

---

[a]　　상담심리학이나 의학적 맥락에서, 아주 긴밀한 공조·교감을 하고 깊은 신뢰와 이해를 나누는 상태를 가리킨다.

부적절한 섹슈얼리티 관념을 지워나감으로써 '섹스리스'이기 때문에 표준에 못 미치는 것으로 여겨지는 관계들도 복권될 수 있을 것이다. 이 친밀성의 멋진 신세계에서라면, 여성 간 관계에서 중요한 것들을 한데 묶어 나타내주는 지표로서의 성기 접촉은 그 위상이 격하될 수 있지 않을까. 이러한 재평가를 통해 지금은 겉으로 드러나지 않는 친밀성의 다른 양식이 출현할 수도 있다.

이와 같은 결론에 이르기 위해서는 증거가 필요했다. 도서관의 크라프트에빙에서 시작해 동성애자 문헌 컬렉션을 훑어나가던 중, 19세기에서 20세기로 넘어가던 무렵 어느 레즈비언의 일기 속에서 다음 이야기와 마주치게 되었다.

우리가 섹스에 깊이 빠져 있기는 했지만, 마음속으로 제일 중요하게 생각하는 것은 결코 아니었다. 그것은 건강 유지를 위해 우리 둘의 삶에서 너무 오래 막힌 채로 가득 차올라 있던 감정을 쏟아내는 배출구일 따름이었다. 그렇게 해서 풀어내고 나면 훨씬 능률이 오르는 느낌을 받았다. 우리가 연락하던 사람들 중 일부는 [섹스에] 지나칠 정도로 빠졌었는데, 생기를 잃고 몸이 약해지며 결국 기진하게 된다는 증거를 보았다.[3]

일기를 쓴 메리 케이셀에게 섹스는 명백히 순수하게 기능적인, 배출을 위한 능력이었으며 모자라거나 지나치게 쓰이면 다른 '더 높은' 목표들이나 일을 방해할 수도 있는 것이었다. 나는 화장실로 향하며 따져보았다. 이것이 결정적인 증거일까? 자기 정체성을 인정하고 사는 레즈비언들 사이에서조차 섹스는 남근 중심적 현실을 전적으로 반영할 뿐이었다는 증거? 그의 설명은 한 세기 전 이성애를 지배하던 언어와 규범들로 가득하다. 레즈비언 섹스에 관한 그의 기술에서 레즈비언만의 고유한 뭔가를 찾아내려면 고생깨나 할 것이다.

　　　화장실에 들어가니 보인 낙서 하나에 눈이 뜨였다. "나치 이성애자나 엘리트주의 꼰대 동성애자 아무나 제발 설명 좀 해줄래? 내가—아니 누가 됐든—누구랑 자는지 인간들이 왜 이리 관심이 많냐?"

　　　나는 좀 어찔해졌다. 몇 분 만에 한 세기의 변화를 쭉 여행한 것 같았다. "이 동성애자들"에 관한 크라프트에빙의 경멸에 찬 '과학적' 엄밀함은 케이샐의 "세상 그 어떤 유형의 관계보다도 가장 순수하고 이상적인 결합"[4]을 위한 요리법에 녹아 들어갔고, 이것은 이제 개인 특유의 사적 욕망 표현을 지배하는 모든 종류의 규범에서 벗어나겠다 외치는 포스트모던 시대 화장실 해방 선언에 자리를 내줄 차례가 된 것이다. 결론이 났다. 어떤 시대든 그 시대의 담론들로부터 독립적인 레즈비언 섹스를 정의하기란 불가능한 일이다. 이 뜻밖의 발견보다도 강력했던 것은 변화의 구조를 일별한 경험이었다. 도서관에서 내게 일어난 일은, 소규모로나마 분명 크라프트에빙의 의견과 화장실 문짝 선언문 사이의 한 세기 동안 일어난 일이라는 것을 깨달았다. 머릿속으로 크라프트에빙의 책 여백에 휘갈겨 쓰인 낙서에 주석을 덧붙였다. 『성의 정신병리학』 그 자체가 이전

문헌에 관한 주석이었다. 나는 작가와 독자 사이, 내담자와
상담사 사이, 비정상과 '정상' 사이에서 파편화된 대위법적
대화에 참여한 무수한 사람 중 하나가 됐다. 책에서, 그 책의
여백에서, 화장실 문에서 나의 연구까지 이어진 길을 따라와보니,
그런 앎의 조각들이 수십 수백 년간 모여서 패러다임을
전환했다는 것을 깨닫는다. 나름대로 섹스를 확실하게
정의해보고 싶은 마음은 크나, 몇 가지 관찰을 담은 이 기록이
언젠가 완성될 여성 친밀성에 관한 새로운 얼개의 임계질량에
얼마간 보탬이 되기를 바라는 정도로 만족하고자 한다.

모든 것은 성기로 통한다?

섹스에 관한 재정의 작업에서 이 같은 점층적 접근법을 취해야
할 이유가 또 있다. 인생에서 (섹스라는) 에로틱한 열정의
중요성을 끝내 우회할 방법이 대체 있기는 한가? 긴 시간을
돌아보면 나의 정체성, 주거 환경, 일에서 일어난 가장 극적인
변화는 상당 부분 당시 내가 사랑하던 사람과 가까워지려는
시도에서 비롯했다. 어떻게 그런 열정이 내 삶에서 최고의
특별석을 차지하게 됐는가를 밝혀낼 수 있다면, 섹스의 남근
중심적 모형이 가진 권력의 작용을 좀 더 정확히 간파할 수 있지
않을까.
　　신경학적, 실존적, 심리학적 측면에서 몇 가지 요소를
들어보겠다. 다음과 같은 요소들의 조합으로써 성적 열정이 왜

기억에 남는지 그리고 강조되는지 설명될 수 있을 것이다.

쾌락.　　성기 중심인 경우가 많다. 호모 사피엔스들에게는
　　　　　번식상 우세를 (그리고 슬기로운 호모들에게는
　　　　　에로틱한 짜릿함을) 선사하는 잘 발달한 말초신경
　　　　　덕분.

놀라움.　일상의 틈에서 오는 놀라움. 살갗 안팎 어디서든 무슨
　　　　　일이 일어날지 예측할 수 없게 된다. 나 또한 애인의
　　　　　눈길에 따라 놀랍도록 다양하게 변모한다.

흥분.　　젠더 혹은 다른 상황 때문에 '금 밖에' 위치한 사랑을
　　　　　하면서 느끼는 불안의 부산물인 듯하다.

강렬함.　상대와 '합일'된 느낌에서 오는 것으로 보인다. 내가
　　　　　심리학적으로 사고하는 사람이라서 그럴 수도 있지만,
　　　　　그 같은 지복의 순간은 내 어린 시절을 되살려내는 것
　　　　　같다. 나를 버렸다고 생각한 양육자와의 재결합이나,
　　　　　단순히 영아-양육자 간 융합의 반복 같은.

만족.　　내가 개인적으로 '가치 있다'고 느끼는 동시에
　　　　　보편적으로도 그렇게 평가받는 뭔가를 하는 데서
　　　　　온다.

생리학과 심리학을 아주 긴밀히 결합해보면, 섹스가 두드러진
기억으로 남을 만한 것이라는 데에는 하등 놀라울 것이 없다.

그리고 만약 내가 '그것'의 유사체인 무언가를 하면서 해묵은 상처들을 치유하고 내 신경 체계를 재조정하고 애인을 여신으로 다시 태어나게 하며 내 더듬거림을 은총의 순간으로 바꿀 수 있다면, 뭐하러 그것이 남근주의적 행위니 뭐니 하며 따지고 있겠는가. 어느 내담자에게 내가 '그것을 하려는' 시도(와 실패)를 멈춰야 한다고 주장했을 때 내담자가 "내가 원하는 것은 그저 방종한 성생활인데 당신은 내가 아예 섹스를 버리길 바라고 있군요"라고 항의한 것도 납득할 만한 일이다.

섹스는 남근주의적 행위일 수 있다. 그러나 섹스는 레즈비언 황홀경으로 가는 암호일 수도 있다.

친구들 그리고 다른 애인들

우리의 관계를 유형 짓고 등급 매기는 섹스 권력에 맞선 도전은 친밀성의 다른 형식을 찾아내는 데 달려 있다고 볼 수 있다. 성기 중심성을 대체하기는 힘들지도 모르겠지만, 상당한 수준의 자극·쾌락·건강을 도출할 수 있는 대안 형식을 찾아내야 하는 것이다. 얼핏 보기에는 친한 친구나 예전 애인과의 유대가 성기 결합에 바탕한 친밀성에 못지않을 것 같지만, 이 관계들 역시 섹스에 따라 구조화되어 있는 것으로 보인다. 섹스를 안 하는 사이, 섹스를 했던 사이 같은 식이다.

새로운 형식의 친밀성이 자리할 가장 유망한 영역은 경계 지대, 즉 친구/애인/전 애인이라는 범주로 나뉘지 않으면서도 이 범주들 각각에 들어 있는 요소를 갖춘 관계에서 찾을 수 있을 것으로 보인다. 이런 관계를 찾아보고자 나는 내가 만난 여성들에게 그들의 친밀 결연에 관해 물어보기 시작했다. 친구들과 친구의 친구들을 대상으로 설문 조사를 했다. 주변을 이런 식으로 훑은 끝에 간단한 범주화를 거부하는 친밀 관계를 맺고 있는 꽤 많은 여자를 만날 수 있었다.

그렇게 만난 관계들에서 가장 놀라웠던 점은 자의식 없는 당사자들의 태도였다. 나는 틀에 박힌 듯한 레즈비언 커플과 인터뷰를 많이 해보았다. 전형적으로 그 커플들은 자기들이 구현하고 싶은 이미지를 의식하면서 "우린 정말 많이 공부하고 실행해봤기 때문에 이제 제대로 돌아가는 단계까지 왔어요"라든가 "위기가 없진 않지만 우리는 다르게 대처하고 있어요" 같은 말을 자주 한다. 한데 내가 인터뷰한 이들은 자신들의 교제를 그렇게 친밀한 것으로 생각하지 않던 때부터 다른 사람들이 자신들을 신기해하는 것에 놀라워했다. 한 참여자는 "이 관계의 가장 좋은 부분은 우리가 함께하면서 그때그때 만들어나간다는 점이었어요. 우리는 정해진 기대가 없었기 때문에 관계가 관계 자체의 속도로 발전했고, 상대의 요구에 맞추지 못해서 실망하는 일은 없었어요"라고 했다. 이들은 낡고 정의된 경로에서 벗어남으로써 친밀성의 새로운 형식을 만들어냈을 뿐만 아니라, 전통적인 친밀성마저 퇴색시키는 '해야만 하는 것들'의 교조주의에서 벗어날 수 있었다.

신코와 트레이—아피다멘토[5]

신코와 트레이는 15년간 친밀한 사이로 지냈다. 둘 다
동성애자임에도 이들의 유대는 에로틱해진 적이 없다. 한번은
취해서 키스를 했지만 킬킬거리다가 끝나버렸다. 애인들을
사귀기도 헤어지기도 했다. 지금은 트레이의 애인과 신코의
두 살짜리 아이, 개 한 마리, 고양이 두 마리가 가정을 꾸리고
있다. 이들은 1975년 직업 연수에서 만났고 서로 끌렸다. 관계는
몇 년에 걸쳐 두 사람이 서로의 삶에 들락날락하면서 빠르게
진전됐다. 대체로 한쪽이 힘든 이별 뒤에 피난처가 필요해지면
잠시 상대의 집으로 옮겨 와서 지내는 식이었다. 깨닫지
못하는 사이에 점차 둘은 서로에게 없어서는 안 될 존재가
됐다. 10년 전에 이들은 함께 집을 샀다. 이것이 전환점이었다.
트레이는 말했다. "신코는 내 두 배가 넘는 돈을 냈어요. 굉장히
믿음직스럽게 처리를 했어요. (…) 내가 우리 가족한테서 배운
것하고는 너무도 다르게 말이죠. 그의 넉넉한 마음 씀씀이가
저한테는 굉장히 인상 깊었죠."

　　　모든 충고를 무시하고 이들은 서류에 그들이 헤어질
경우에 대비하는 내용을 전혀 쓰지 않았다. 누구도 상대방
때문에 그 집에서 나가야 하는 일은 있어서는 안 된다고
생각하고 있었다. 한쪽이 죽으면 남은 쪽이 집을 물려받을
것이다.

트레이　　물론 애인을 사랑하죠. 그렇지만 신코는 (…) 뭐랄까
　　　　　(…) 난 이 사람이 자랑스러워요. 이상적이라고

80　　탐구들

생각합니다. 내가 이 사람 친구로 알려진다는 것이 자랑스럽고, 그 사실이 나를 더 나은 사람이 되게 하고요. 내가 실수할 때 신코는 더 큰 사람, 강한 사람이 돼줄 수 있고, 나를 다독여줄 수 있어요.

신코   그리고 나는 네게서 무조건적 사랑을 받지. (…) 뭐, 무조건적이진 않지만 내가 받을 수 있는 최대한으로. 다른 사람한테는 안 보여주는 모습들을 너한테는 보여줄 수 있어. (…) 거기서 너는 좋은 부분을 봐주겠지. (…) 네 덕분에 나 혼자였다면 절대 시작도 안 했을 프로젝트에 몸담게 됐어. 나 혼자서는 집을 사지 않았을 거야.

트레이   신코 때문에 나는 정치 활동에 참여하게 됐어요. 매 맞는 여성을 위한 센터에서 일하고, 레즈비언 자녀 양육권 투쟁도 하고 있어요.

이탈리아 페미니스트들은 이런 종류의 유대를 '아피다멘토' 또는 '의탁'이라고 부른다.[b] 의탁에 기초한 관계라는 이 개념은 우정이나 성적 유대와는 다른데, 왜냐하면 여성-여성 간

---

[b]   아피다멘토(Affidamento)는 이탈리아 페미니즘에서 중심 개념 가운데 하나다. 한 여자가 다른 여자에게 의탁함으로써, 의탁을 받은 사람은 그의 지도자이자 멘토, 참조점이 된다(Sonya Andermahr, Terry Lovell, Carol Wolkowitz, 『A Concise Glossary of Feminist Theory』, 115쪽 'Italian feminism' 항목 참조).

관계에서는 관습적으로 부정돼오던 불평등을 인정하고 그 위에 세운 관계이기 때문이다.

둘 간의 차이가 언제나 상호보완적인 것은 아니다. 가끔 트레이와 신코는 상대방의 친구나 애인 선택을 마음에 들어하지 않는다. 이들은 집안일을 하는 방식이 서로 달라서 주기적으로 말다툼을 벌인다. 위기는 이들이 합치고 두 해 뒤에 찾아왔다. 트레이는 말싸움에서 신코가 이길 것 같자 쪽지를 남기기 시작했다. "제발 설거지할 때 은식기 좀 확실히 닦아. (…) 숟가락 다섯 개씩은 내가 다시 닦아야 하잖아."

신코   내가 바닥에 빵 쪼가리를 좀 흘렸다고 이 사람이 나를 완전 역겨워하면서 쳐다보더라고요. 열 받았죠.

트레이   너 칼 던졌잖아.

신코   냄비 손잡이였거든.

트레이   칼이었어. 날 향해서 던진 건 아니었지만.

그러고 나서도 이들은 몇 시간 동안 이야기를 했다. 그 문제는 결국 해결하지 못했지만 대신 새로운 싸움의 방정식을 합의해냈다.

트레이   나 쪽지 그만 쓰기로 했어요.

신코   얘 지금 한참 고집 피우고 있었거든요.

의논을 하기도 하고 그냥 지나가는 얘기를 던지기도 하면서,
우리의 대화는 좀처럼 멈출 줄 몰랐다. 트레이 애인, 신코의
아이, 친구, 프로젝트 동료, 반려동물들, 아이 돌봄 모임의
회원까지 그 방 안에 끌어들이면서 계속되었던 것이다. 분명
트레이와 신코의 관계는 각자의 이름을 또렷이 드러내면서도
겹쳐지고 경쟁하며 상호보완하는 선들로 이루어진, 친밀성의
정교한 선조세공품에 담겨 있었다.

펄과 레벨—컴퓨터광 콤비

두 사람 다 과거가 화려했다. 이들은 결혼했고, 이혼했고,
교사로, 판매원으로 일했었다. 한 사람은 집집이 돌면서 칼
세트를 팔러 다니고 다른 한 사람은 버클리의 텔레그래프에서
인형에 솜 채우는 일을 했다. 그런 길을 거쳐 이들은 몇 개의
컴퓨터 강좌를 들은 뒤 직장을 잡았다. 레벨은 전문대에서
강의를 하고 펄은 한 회사에서 시스템 분석가로 일하게
되었다. 둘은 어느 여성 컴퓨터 단체에서 만나 점심을 먹다가
충동적으로, 소프트웨어 교육 및 개발 전문가로 같이 일하자며
회사용 서신 양식부터 디자인해 찍기로 했다. 펄이 아는 사람이
어느 대기업을 연결해줬고 그렇게 둘의 회사가 탄생했다.
일의 규모를 감당하지 못하게 되자 이들은 도움을 요청하며
애인들을 고용했다. 펄과 레벨은 각자의 애인에게 아주
만족하고 있고 애인들도 이제 회사의 구성원이 되었지만, 펄과

레벨이 주장하듯, 회사 공동 창립자 둘 사이에 통하는 마법 같은 유대를 제공하지는 못했다. 펄은 만약 그런 유대감을 자기 애인한테 바랐다면 좌절하고 화가 났을 것이라고 한다. 레벨은 펄이 애인과의 사이에서는 발생하지 않는 자극을 준다고 말한다. 이들은 맨 처음 둘 사이에 에로틱하게 발전할 수도 있는 어떤 떨림이 있었다는 데에 동의한다. 이들에게는 더 소중한 무언가가 있었고, 그것을 망치고 싶지 않았던 듯하다.

펄   내가 놀 때랑 똑같이 놀고, 내가 아는 걸 똑같이 아는
        그런 놀이 상대를 찾은 것 같다고 할까요.

레벨   다른 어떤 사람과도 불가능할 정도로 서로 통할 수
        있다는 건 굉장한 일이에요. (⋯) 우린 상대방이 문장을
        끝내기도 전에 뭐라고 말하려 하는 건지 알아요. (⋯)
        거의 텔레파시처럼 논리를 뛰어넘죠.

그들 사이에는 이 같은 조율이 이루어지기에, 그 어떤 개입도 거부한다.

펄   우리는 아주 풀기 어려운 퍼즐에 몇 시간씩 매달려
        있기도 해요. 아주 흥미진진한데, 동시에 굉장히
        편해져요. 사회생활이 필요한 다른 일이 있을 때
        억지로 끌려 나가는 기분이 너무 싫고 무슨 대화를
        해도 비교가 되다 보니 심심한 거예요. 레벨 곁으로

돌아오기 전까지, 우리가 골몰해 있던 문제들로
돌아오기 전까지는 그냥 지루하기만 해요.

이런 친밀성은 함께 직업 세계의 적과 맞서면서 강해진다.

레벨   회사에서는, 뚱뚱하고 가슴 달린 흑인이
        프로그래밍을 할 리가 없다고 여길 거라 생각해요.

펄   가끔 내가 지금 같은 특징을 가진 채로 키가 180이
        넘는 남자였으면 이런 데 계속 신경 쓸 필요가 없었을
        거라는 생각이 들거든요. (…) 내 머리 모양이 어때
        보이는지, 하이힐 신고 다니다가 넘어지지 않을지,
        셔츠 단추가 떨어지지는 않을지 같은 걱정 말이에요.

처음에 이들은 옷을 편하게 입었는데, 회사 계약자들로부터
옷을 차려입어야 한다는 말을 들었다. 남성 동료들에게는 그런
지시 사항이 없었다. 이 때문에 두 사람은 새로운 계획을 짰다.
기업 대면 자리에 그렇게까지 연연하지 않는 사람들을 고용해
교육을 맡긴다면 두 사람은 진정으로 바라는 것 즉 새로운
소프트웨어 개발에 몰두할 수 있게 될 것이다.
     이야기 중에 잠깐 레벨의 애인이 문을 두드리더니 유인물
이야기를 하려고 들어왔다. 그다음에는 펄의 파트너가 방해해서
미안하다며 우편물 목록에 관해 물어보러 들어왔다. 이 세상에서
펄과 레벨의 친밀성은 전반적으로 비가시적이고 인정되기

어려운 것일 수 있다. 그러나 분명 두 사람의 애인들은 이렇게
들락날락하면서 이 친밀성을 목격하고 또 존중하고 있었다.

펄은 그들이 언제나 바쁘다고 말했다. 너무 바빠서
자신들의 상황에 관해 심각하게 생각해볼 여유도 없을 정도다.
"이게 바로 옛날에는 결혼이 오래갔던 이유예요"라고 펄이
말했다. "일을 너무 열심히 하느라 자기들이 행복한지 아닌지
생각할 시간이 없던 거죠."

비제이와 제이미 — 가족 즉흥극

비제이(37세)는 제이미(1세)를 파티에서 만났다. 둘 사이에
라포르는 즉각적으로 형성되었다. 제이미의 모친은
이성애자였는데 그는 혼자 엄마 노릇 하는 부담에 관해
털어놓기 시작했다. 비제이는 제이미의 모친과 몇 번이나
통화하고 나서야, 자신의 진정성을 납득시키고 그가 언제나
"아기 돌보는 데 최고"였다는 사실을 믿게 만들 수 있었다.
당시 제이미는 배앓이를 하고 있었고 제이미의 모친은 어쩔 줄
모르는 상황이었다. 한 해 동안 비제이가 유능하고 헌신적인
모습을 보인 끝에 제이미의 모친은 비제이에게 집으로
들어와 살아달라고 했다. 셋은 그 뒤 8년 동안 함께 살았다.
양육에서 제이미의 모친은 음악과 공부를 담당했고 비제이는
'장난스러운' 운동 등을 맡았다. 비제이는 그들이 자신의
'가족'이며 이 평범치 않은 식구에 적응하지 못한다면 헤어질

수밖에 없음을 애인들에게 분명히 밝혔다. 어느 애인과 지낼 적에는 제이미한테 엄마가 셋이었다. 가족이나 친구들은 자꾸 비제이와 제이미의 엄마를 최우선적 친밀 관계[이 맥락에서는 애인 사이]로 오해했다. 사실 이들은 가장 가깝다고 해봤자 단순히 서로 믿고 존중할 뿐으로, 심지어 친구로서도 친한 사이가 아니었다. 제이미가 커가면서 집이 좁아졌다. 3년 전 비제이는 몇 블록 떨어진 곳에 자기 집을 사기로 했다. 제이미는 일주일에 몇 번씩 학교 수업을 마치고 놀러 와 자고 간다. 둘은 숙제를 같이 하고, 뛰어다니고 쫓아다니면서 함께 논다. 열한 살이 된 제이미는 여전히 눈치 보지 않고 애교를 부리며 비제이에게 팔다리를 걸치기도 하는 사춘기 전의 호리호리한 아이다. 제이미는 비제이를 깊이 믿고 귀찮게도 하며 대체로 아주 좋아한다. 제이미의 모친이 최근 유방암으로 수술을 했고 그 뒤로 이 공동 양육 계획은 훨씬 더 중요해졌다. 비제이는 이제 전혀 예상해본 적 없던 일이 벌어질 가능성을 심각하게 따져보아야 했다. 일인 양육자가 된다는 것 말이다. 그런 상황이 오고야 만다면 비제이는 잘 해낼 것이다.

어버이 노릇이 나한테는 아주 자연스럽게 다가왔어요. 인내심과 힘이 바닥나버리는 때도 있지만, 그걸 걱정하지는 않아요. 내가 어떻게 해야 할지 언제나 알고 있으니까요. 아이들은 요구하는 게 굉장히 많아요. 애들은 '상대가 어떤지'는 신경을 안 써요. (…) 그냥 같이 있어주기만을 바라죠.

비제이는 내게 옛날 애기를 조금 해주었다. 비제이의 부친은 훌륭한 아버지였다. "나는 의구심에 빠질 때마다, 아버지라면 했을 법한 걸 해요. 그러면 틀림없이 해결되더라고요." 부친이 죽었을 때 비제이의 상실감은 헤아릴 수 없을 정도였다. 비제이가 제이미와 나누고 있는 이 편안한 친밀감은 비제이가 어린 시절 부친과 보낸 전원 생활에 화응하는 부분이 있다. 비제이는 이렇게 말한다. "제이미와 내가 맺고 있는 관계는, 전에 만난 그 어떤 애인과의 관계보다 훨씬 더 충만한 것이랍니다."

해나와 메어―아프로디테도 뭔지 모를 사이

해나와 메어는 같이 산 지 3년 됐다. 이들은 다섯 해 전에 딱 한 번 섹스를 했다. 해나가 다른 애인과 살 적에 몰래 둘이서 만났을 때였다. 해나는 당시를 행복하게 추억하지만, 메어와 함께 살 집에 들어오면서 둘의 관계를 또 다른 토대 위에 세우기로 결심했다.

> 에로스는 내게 모든 것을 포함하는 것이에요. (…) 사랑의 대양이지요. (…) 아프로디테가 파도 사이에서 태어나는 곳이요. 그 순간 나는 변화하고 있어요. 희열에 넘치는 그 모든 힘을 하이킹하고 춤추고 사람들과 어울리는 데 쓰고 있어요. 백열과 같은 뜨거움은 아니더라도 행복해요. 온전하다는 느낌이에요. 메어와 함께 있다는 느낌이고요.

우리는 '같이 잠 자는 사이'예요. (…) 죽을 때까지 함께일 것 같은데, 그러면 주변 사람 전부를 속이는 셈이 될까요. 우리는 애인이면서 애인 아닌 사이예요. 지난 두 해 동안 다른 애인도 두셋 있었는데, 집에서의 이 상태를 벗어나고 싶지가 않더라고요. (…) 메어 때문이죠.

해나와 메어는 서로 만지고 입맞춤도 한다. 날마다 같이 산책하고 수다 떨고 밥 먹는다. 이전 애인들과의 관계(해나 얘기로는 충분히 떨어져 있기도, 붙어 있기도 힘든 관계였다고 한다)와는 대조적으로, 서로를 충분히 지지해주면서 거리를 두고 있다. "'혼자 있게 해줘. 내 등에서 떨어져' 같은 말을 해도 우리는 치명적으로 상처받고 그러지 않아요. 여태까지 이런 관계는 맺어본 적이 없어요."

인터뷰 도중 이 독립성을 생생하게 체감할 기회가 있었다. 자전거를 타러 나갔던 메어가 다시 친구를 만나기 전 옷을 갈아입으려고 집에 왔다. 우리는 인사를 나눴고 메어는 자기 방으로 갔다. 부스럭거리는 소리가 몇 분간 들리니(아파트가 작아서 꽤 소리가 잘 들렸다) 해나는 메어에게 더 오래 있을 거냐고 물어봤다. "당신이 계속 엿듣고 있으면 내가 개인적인 이야기를 다 털어놓을 수가 없잖아." 그러자 메어가 모습을 드러내더니 씩 웃고는 안녕 하고 손 흔들며 떠났다.

이들은 관심사와 가치를 공유하여 한데 모인 연인과 친구들로 구성된 여성 가족, 그 확장되는 원의 핵심이 되기를 꿈꾼다. 무슨 일이 일어나든, 지금 친구로서든 아니면 예전의

연인, 어쩌면 미래의 연인으로서든 둘의 중심은 유지될
것이라고 해나는 말한다.

　　해나의 모친은 그를 숨겨주고 가짜 신분 증서를 내어준
친구 덕분에 홀로코스트에서 살아남았다. 해나는 "사람들한테
의존해야만 한다는 게 어떤 뜻인지 잘 알고 있어요"라고 한다.
"이것이야말로 내가 사람들한테서 찾으려 해온 것이에요.
(…) 깊이 자리한 선량함이요. (…) 이만한 것이 아니라면
구하지도 않겠죠. 마지막에 정말로 중요한 것은 그것뿐이에요.
메어에게는 그게 있어요. 그는 너무나도 아름다운 사람이에요.
나는 그 사람을 사랑하고요."

인터뷰들은 신선했다. 동시에 실망스러웠다. 나는 성기중심성이
정말로 부수적인 그런 반려 관계를 만나보고 싶었다. 상대방과
성기 접촉을 선택할 수도 있고 선택하지 않을 수도 있는(성인-
아동 관계는 제외하고), 성에 바탕하지 않은 결합 말이다.

　　인터뷰로 만난 커플들이 열정적으로 상호 공명하는
것은 사실이나, 섹스는 여전히 그늘을 드리우고 있다. 때로
에로틱한 접촉은 기념적인 지점이 되기도 하고 가망성 있는
미래를 품기도 하지만, 이것은 대부분 관계로서 인정되는
데까지 도달하지 못하고 잠재적인 것으로 남는다. 더 중요한
점은, 이들 모두에게 규칙적으로든 불규칙적으로든 다른
애인이 있다는 사실이다. 이와 같은 다른 친밀 관계는 최우선적

관계의 반대쪽에서 균형을 잡아주는 듯하지만 최우선적
관계를 대체하지는 않는다. 내가 인터뷰이들에게 애인 관계를
묘사해달라고 했다면 그 이야기는 꽤 진부한 느낌이었을
것이다.

인터뷰에 참여한 사람들을 내가 찾고자 했던 모형으로
쓸 수는 없었다. 사실 어울려 노는 다른 친구들이 있고 거기다
소울메이트까지 있다 해도 성기 접촉에 기초한 관계가 중요하게
취급된다는 것이 의도치 않게 드러난 셈이다. 내가 인터뷰한
사람들의 독특한 점은, 최우선적 친밀 관계 하나만을 위한
공간 그 이상을 자기 삶에 마련하고 있다는 것이다. 어쩌면
이들은 내게 성기 부수주의[c]가 아니라 균형 감각을 가르쳐주고
있는지도 모른다. 인터뷰이들은 대부분 한 번 또는 그 이상,
그가 설명한 대안적 친밀 관계가 견고하게 확립됐을 때에
애인을 만들었다. 삶에 애인이 들어오게 되더라도, 이들은 갓
시작한 레즈비언 커플의 특징인 로맨틱한 세계 속으로 들어앉지
않았다. 대신에 그 애인은 인터뷰이에게 중요한 타인들과
더불어 안정된 또는 불안정한 삼각관계의 일부가 됐다. 그들의
애인은 이 대안적 친밀 관계들과 '가장 중요한 타인'의 자리를
두고 경쟁했다. 흔히 관계에 끝을 고하는 쪽은 애인이었다.
참여자의 애인이 대안적 친밀 관계에 있는 사람과 '최우선성'을
공유하는 경우도 있었고, 어느 정도 서로를 존중하며 휴전

---

[c]   성기 중심주의의 반대 개념으로 글쓴이가 만든 말로 보인다.

협정을 맺는 경우도 있었다.

어떤 종류의 강렬한 결속은 다른 종류의 친밀성과 균형을
이루는 듯하다. 애인 사이의 섹슈얼리티는 변하지 않을지
몰라도, 진정한 가까움의 잣대로서 최고 우위를 차지하는 성적
경험의 자리는 인터뷰 참여자들 삶 속의 대안적 친밀 관계에
의해 도전받게 된다. 인생에 중요한 타인을 둘이나 들여놓은
참여자의 상황은 표준 커플 상담치료에서는 '삼각관계'라는
이름표를 달고 '치료받아야 할' 상태로 간주될 것이다. 어쩌면 이
참여자들은 다른 유의 삼각관계들과 구별되는 지점을 보여주고
있는지도 모른다. 전문가 도움이 필요해지는 문제를 일으키는
삼각관계는 단발성으로 예측이 불가능하고 갈등을 촉발한다.
다른 종류의 삼각 관계는 구조화돼 있다. '다자 간 정절'이라
명시할 수 있는, 친밀 관계의 사람들끼리 이루는 지속적이고
규범화된 균형인 것이다.[6] 어쩌면 '다자 간 정절'은 자동적으로
병리학에 내맡겨질 게 아니라 존중되고 장려되어야 할 상태일
수도 있다.

참여자들이 묘사한 대안적 관계 형식은 성적 라포르보다
확립하기가 실질적으로는 더 어려울 수 있다. 다시 말해 다른
형식의 상호작용보다는 섹스에 바탕해 친밀감을 쌓기가 쉽다는
소리다. 그렇더라도 우리는 대부분 친구나 아이, 동료나 친척
또는 반려동물과 경계가 분명하거나 국한된 친밀 관계를 나누고
있고 이 관계들이 모여 섹스에 바탕한 반려 관계에 대응해
균형을 잡아주고 있을 수 있다. 프로젝트나 모임이 그런 기능을
제공할 수도 있다. 그런 관계들 또는 그런 관계의 단초에 제 몫을

할당하는 것—그것을 알아차리고, 그 중요성을 인지하는 것—이
이 도전의 출발점이다. 이 도전은 성기 결합에 바탕한 친밀성
모형 그 자체를 향한 것이 아닌 그 모형이 우리 삶에 휘두르고
있는 헤게모니를 향한 것이다.

'그것'의 재구성—재미야말로 중요한 것

'친구'와 '애인'이라는 극과 극으로 나뉜 범주들 사이에서, 또는
이 범주들을 넘어선 이름 없는 지대에서, 인터뷰이들의 관계는
한껏 피어나고 있었다. 섹스는 최우선적 친밀성을 가리키는
지표가 단연코 아니었다. 나는 성기 부수주의의 사례, 즉 이들의
친밀성의 부산물로서 가끔 벌어지는 섹스 같은 것을 조금 볼
수 있기를 바랐다. 관계가 독특하기는 하지만 이들이 섹스를
둘러싼 전형적인 규칙과 관습까지 거부하는 것은 아니었다.
이런 차원에서 이 친밀 관계는 그야말로 '친구들'이다. 친구와
애인의 표준적 구분을 흐리는 행위가 반드시 인간관계의
'유형'을 결정할 수 있는 섹스의 궁극적 권력에 대한 도전이
되지는 않는다. 이 싸움을 시작하기 위해서는 섹스 그 자체를
재개념화해야 할 것으로 보인다. 지금은 성적인 것으로
여겨지는 요소들, 예컨대 유희, 환상, 감각 등을 재정의하고 각각
독립적으로 인정할 수 있게 된다면, '그것'이 무엇에는 포함되고
무엇에는 포함되지 않는지에 관한 기존의 믿음을 무너뜨릴 수
있을 것이다. 미래에는, 서로 다른 것으로 인식되는 여러 요소를

하나의 특별한 관계에서만 발생 가능한 하나의 특별한 행위 속에 묶어 넣는다는 것이 납득하기 힘든 일이 될 수도 있다.

몇몇 레즈비언 이론가가 이미 이 같은 재정의 작업을 시작했다. 매릴린 프라이는 우리에게 필요한 것을 이렇게 썼다.

> 우리가 뜻하는 바를 정교하게 펼쳐내는 어휘를 만들기 시작해야 한다. 아주 광범위하게 포괄적인 '그것 하기'의 개념을 들여와야 한다. 열린, 넉넉한, 펼쳐진 개념으로서 아우르게 하라. 쾌락과 전율, 부드러움과 황홀경을 낳는 모든 행위, 지속 기간이 얼마이든 깊이가 얼마이든 관계없이 열정에 찬 육욕이 다닐 길을 내는 모든 활동을. 바닐라에서 감초까지, 어둡고 붉은색에서 파릇파릇한 녹색까지, 벨벳에서 얼음까지, 포옹에서 보지까지, 깔깔거리는 웃음에서부터 눈물까지를 모두.[7]

테리사 코리건도 새로운 언어에 관해서 썼다.

> 그 행위를, 그것을 구성하는 부분들—우리가 하는 것이 정말로 무엇인지—로 쪼개보는 것이 비결일 수 있다. (…) 우리가 지금 하고 있는 일을 제대로 생각해보게끔 하고, 성적 지형도의 영토를 확장하지 않을 수 없게끔 만들 것이다. (…) 당신이 끌리는 사람한테 "안녕 베이비, 네 목덜미에 얼굴을 비벼보고, 네 배꼽에 입김을 불고 싶어. 어쩌면 그 이상도"라고 말할 수도 있는 것이다. 상대

여자의 마음은 창조적 가능성으로 확장될 것이다. 그리고 만약 그가 거절한다면 당신은 그냥 "좆 까"라고 할 수도 있다. 이 불꽃에 찬물을 끼얹은 것은 '그 사람의' 언어적 한계일 뿐 당신의 매력적 미소는 아니라는 것을 앎으로써 상처받지 않으면서 말이다.[8]

컴퓨터광 펄과 레벨의 특징인 공시적 유희성이라는 것은 친밀성의 한 가지 형식을 제시해주는데, 이것은 전통적인 레즈비언 커플들 가운데서는 성기 접촉으로 대체되는 일이 흔하다. 그런 반려들이 성적인 뜻으로 여겨질 수 있는 뭔가를 하면서 노는 경우 그 유희성은 그저 섹스로만 기억된다. 심지어 희석되기 어려울 만큼 두드러진 유희가 존재하는 경우에도 그것은 당사자나 관계를 묘사할 때 중심이 되지 못한다. 상담치료에서 그런 유희성은 부수적으로 드러난다. 커플들이 반려동물과 나누는 대화를 흉내 낼 때라든가, 싸우고 나서 즉석에서 손에 양말을 씌워 만든 꼭두각시, 쿠션, 솜인형 따위로 방금의 말다툼을 희화화한 '게임'을 하며 노는 방식과 이어지는 것이다. 간혹 유희를 인정하더라도 그것은 그저 부끄러운 행동으로만 기억된다. 어떤 내담자들은 상담을 하다가 시간이 좀 지나면 부끄러워하면서 '아기 말투'를 쓴다고 '고백'하고 이것을 고칠 방법을 물어오기도 한다. 유희성을 병리적인 것으로 취급하거나 축소하는 대신 강조하고 긍정하는 것은 어떨까?

어쩌면 오르가슴(목표)과 유희(전희)의 순서를 간단히

뒤집어버리는 것이 성기 중심성을 부수적으로 만드는 한 가지 방법일 수 있다. 섹스가 아니라 재미있게 노는 것이 목표라고 해놓고 나면, 정식으로 당당하게 '그것'이 언제나 그랬다며 진짜로 믿어버릴 수 있게 된다. 노는 데 성기를 쓰는가는 부수적인 문제다. 보통 때는 허용되지 않던 자신의 일부가 카메오로 출연한다는 점이야말로 제일 중요하다. 이런 부분들은 애칭, 특이한 몸짓이나 뿌루퉁한 표정, 올라간 눈썹이나 변조한 목소리를 통해 불려 나올 수 있겠다. 흡혈귀와 하녀, 요부와 깡패가 믿음직한 친구이자 열심히 일하는 노동자인 우리를 단 몇 초간이나마 대체할 수도 있다. 우리는 음탕하거나 수줍어할 수도, 어이없거나 이상하거나 포악하게 굴 수도, '통제를 벗어날' 수도 있으며, 그럼에도 그 광대 짓을 봐주는 사람에게 보답받을 수 있다. 이렇게 서로 또 다른 페르소나를 만들어내는 행위는 친밀성의 한 형식으로서 금기를 깨고 지배와 복종, 결합, 방치, 재결합 등 유년 시절의 주제를 다시 작동시킨다.

역할 놀이에는 의례적 방식이 있다. 핼러윈이나 사육제 때 벌어지는 '부치-펨의 밤' '탑-바텀의 난장' 같은 것 말이다. 내 생각으로는 우리 대부분이 섹스의 권위를 전복할 수 있는 자기만의 각본—그늘에서 끄집어내 의미를 부여하고 아름답게 차려낸—을 친밀한 이들과 공유하고 있지 않을까 싶다. 이것이 새로운 친밀성은 아니나, 친밀성이 새로이 인식되고 인정받을 수 있는 거점을 제공한다. 오스카 와일드가 관찰했던 대로, 우리는 '우리 자신'인 동안에 가장 솔직하지 않은 것이다. 그가 주장하지 않았던가. 우리에게 가면을 달라, 그러면 우리는

진실을 말하리라고.[9]

'그것'의 재구성—성기로 함께 놀기

섹스를 그토록 기억에 남을 만한 것으로 만들어주는 여러
요소는 각기 전혀 다름에도 결국 오르가슴에 의해 조화로운
줄거리로 요약되는 듯하다. 자유 의지나 평소 의식 상태
및 행동거지로부터 우리를 몇 초간 놓여나게 해주는 질의
수축은 특별한 사건이다. 모든 여자가 오르가슴을 느끼게끔
'선택받지는' 않았다. 심지어 '선택받은' 사람들조차 이
작은 기적이 일어나는 강도·지속 시간·시점·위치·방법이
불확실하다고 느끼곤 한다. 그리하여 모든 오르가슴은 각기
주체, 수용도, 민감성이 독특하게 섞인 일례가 된다. 이에 따라
오르가슴이 있기 전의 손놀림·눈맞춤·속삭임이 되짚어지면서
특별한 지위를 부여받는 것이다. 성기 중심적 친밀성을 신주
단지 모시듯 하는 만큼, 오르가슴이라는 의식을 치름으로써
애인 간에 정력을 확인하는 것으로 볼 수 있겠다. 섹스를
바탕으로 한 친밀감에서 오르가슴이 부각되는 것도 당연하다.

　　　오르가슴에 대한 이 같은 강조가 섹스의 중요성이 그토록
주장되는 까닭을 상당 부분 설명해준다고 본다. 또한 오르가슴
강조는 섹스의 특권에 대한 해독제를 내놓을 수도 있다. 나는
애인 한 사람과 몇 달 몇 년을 함께하면서 오르가슴으로 향하는
전주가 축약되고 양식화함을 깨달았다. 오르가슴에 초점을

맞추는 데에만 지나치게 빠져 있다 보니, 시간이 지나면서 손길의 리듬은 예측 불가한 마법 같은 관능에서 점차 벗어나 날아드는 매처럼 성기로 곧장 향하게 되며 둘러보고 찾아나가는 과정은 목표 의식으로 바뀌고 만다. 이것은 오르가슴이 없는 여자들에게도 똑같다. 처음 몇 달 동안은 부드럽게 어른거리듯 움직이던 상대가 점점 클리토리스에 초점을 맞추게 되고, 둘 중 어느 쪽이든 절정에 오르지 못하면 실망한다. 이런 '열정의 죽음'이나 '기계적 섹스'는 나를 찾아온 내담자들이 하는 흔한 불평이다. 오르가슴 반응의 뻔한 기계적 움직임이 반복을 통해 또렷해질수록, 무엇과도 비교할 수 없던 첫 몇 달간의 폭발력은 유지하기 힘들다. 이런 전환이 일어나는 동안 우리 레즈비언은 진짜 '그것'은 할 수 없다는 둥, '그것'을 하고 있는 게 아니라는 둥 하는 인식이 생겨나기 시작하는 것일지도 모른다. 마법이 이렇게 힘을 잃어가면서 종종 다른 환상들도 함께 해체되고 전환점을 알려온다. 마법 같은 오르가슴 말고는 의미 있는 표지가 없으니, 결점이 보이는 만큼 성적으로 덜 흥분되는 관계를 경험할 수밖에 없으며 친밀성의 다른 형식은 간과한 채 과거의 영광을 되찾고 싶어 안달한다.

성기 중심주의와 성기 부수주의 사이 어딘가에 놓인 다른 형식의 친밀성은 어떨까? 레즈비언으로서 우리가 '성기로 함께 놀기'를 구현할 기본 틀을 만들기 위해서는, '우리는 함께 자위한다'라는 모순 어법을 인정하는 것이 하나의 방법일 것이다. 그냥 '동반 자위' 아니냐는 반응(아마 우리 내면의 독백가가 내뱉는)이 예상되는 가운데, 우리는 동성애를 저주한 바로 그 구약 성서에서 자위 행위를 그렇게 낙인찍은 이유 한 가지를 짐작할 수 있다. 바로 후손 번창을 위해 '씨앗'을 아끼라고 권고하는 고환 경제학이다.

최근 여성 해방 물결 속에서 많은 래디컬 페미니스트가 심리적, 육체적 해방의 한 형태로서 자위를 장려했다. 이 '클리토리스 정신'을 가부장제의 기획—세상 모든 여자의 내면에 깜빡이는 불씨가 있다고 가정하여 '불감증 여자들'이 그 불씨를 찾아내 타오를 수 있도록 도와주려는—이 가져다 쓰기라도 했던 것 같다. 그렇게 해서 애초 오르가슴을 느껴본 적 없는 여자들을 위한 것이었던 샌프란시스코 캘리포니아 의과대학의 자위 모임들은 프로그램 기획자들에 의해 불충분하다는 평가를 받게 되었고, 뒤이어 두 번째로 꾸려진 것이 이른바 오르가슴 전 단계 모임이다. 첫 번째 모임들과 달리 이 두 번째 모임들은 현재 규칙적으로 또는 불규칙적으로 오르가슴을 느끼는 여자들을 위해 구상됐다. 이 여성들은 일련의 '다리 놓기 전략'을 통해 자신을 어떻게 '즐겁게 해줄지' 상대에게 가르치는 훈련을 받았다. 이렇게 다시금 커플을 대상으로 잡는 추세는 암묵적으로, 때로는 아주 노골적으로 [자위가 아닌] 성교로 되돌아가라는 압력으로도 작용했다.

그렇게 해서 고급 오르가슴과 저급 오르가슴 사이의 구분, 예를 들어 이성 간 삽입 성교를 '다른' 종류의 성교와 구분하거나 질 성교와 음핵 성교를 구분하는 경우가 점점 흔해졌다. 이렇게 오르가슴을 고급·저급 두 층위로 가르는 것은 레즈비언들 사이에서는 마법 같은 오르가슴과 기계적인 오르가슴 사이의 차이로 나타났다. 이른바 기계적인 오르가슴은 '진정한 섹스'가 아니라 자위를 암시하기 때문에 낮게 평가된다.

이는 나를 찾아온 여러 내담자가 특정 조건에서 자위를 하지 않으려고 한다는 데서 알 수 있다. 내담자들이 자기가 제대로 자극을 못하거나 상대에게서 제대로 자극받지 못한다고 걱정하는 듯 보일 때, 나는 상대를 곁에 두고 자위해보라는 제안으로 그 문제를 해소해보려고 했다. 내담자들은 보통 이 제안에 엄청난 반감을 드러내는데, 상대방 모르게 자위를 해보라고 하면 그 반감이 사라진다는 점을 발견했다. 그러니까 자위는 일단 한다면 혼자 하는 행위로만 받아들일 수 있는 것 같다. 상대방이 보는 앞에서 자위를 할 경우, '진짜 섹스'와 자위를, 애정 넘치는 성생활과 외로움을, 고급과 저급을, 마법 같은 것과 기계적인 것을 가르는 이분법을 유지하기는 더 어려워진다. 함께 즐기는 성교라는 개념은 외롭고 열등한 '신경성 가려움증'으로 여겨지던 자위를 전면 복권시킨다. 그 회수 과정에는, 두 몸을 이음새 없는 하나의 초월적 전체로 녹아들게 해준다는 섹스의 권능에 대한 우리의 신앙에 맞설 수 있을 만큼 강한 확신이 반드시 필요하다.

섹스를 진짜냐 가짜냐로 받아들이는 문제의 모형 및 해법에 대한 실마리는 부치/펨 역할이 띠고 있는 높은 수준의 대극성에서 찾을 수 있다. 부치/펨 역할의 강력한 즐거움은 동일성보다는 차이의 환상에 바탕한다. 그러나 차이점들이 양극단으로 갈라져야 할 필요는 없다. 우리의 신체·반응·접촉에서, 사생활(말하지 않은 환상)에서, 동반

자위의 맥락에서 뚜렷이 드러나는 차이들 또한 부치/펨 양극성만큼 의미를 띨 수 있다. 우리에게 가장 강력하게 작용하는 환상은 차이를 지워나간다는 관념에 의존한다. 만약 이 의존에서 벗어나 차이점들 그 자체로 자극을 일으킬 수 있다면, 상대와 아주 비슷하고 잘 맞아야 한다는 기대가 사라지면서, 서로 비슷하기 때문에 별 노력 없이도 상대방을 오르가슴에 이르게 할 수 있다는 기대도 사라진다. 차이[그 자체]라는 이 관념은 동반 자위라는 환상의 기틀이 돼줄 수 있다. 이런 틀에서는 스스로 주는 자극이 수치스럽고 열등하다는 짐을 벗고, 타인이 주는 자극이 그 후광을 잃는다. 섹스하는 동안 상대방이 손대는 만큼 자기의 성기를 만지는 것도 쉬워질 것이다. 어쩌면 상대방이 내 성기에 전혀 손을 대지 않을 수도 있다! 상대방이 자기 몸을 만지고 있는 것을 내가 의식할 수도 있고, 내가 스스로 만지고 있는 것을 의식하고 있는 상대를 의식할 수도 있다. 그리하여 스스로 주는 자극은 형식적인 오르가슴이라도 의미 있는 대조적 색채의 실현이자 개인 주체성의 발휘로서 복권돼 친밀성의 일부로 포함될 것이다. 이런 틀은 '내게 강림하신 마법인 섹스'라는 관점에 도전하는 동시에, 로맨스 단계 이후의 신체 접촉 및 친밀성에 합당한 형식을 제공한다.

이 글의 초벌 원고를 동성애자인 내 남동생에게 보여주니, '함께 즐기는 자위'라는 부분에 이르자 나를 설마 하는 눈빛으로 쳐다봤다. 동생 왈, "여자들은 섹스하면서 자기 몸을 안 만져? 그게 당연하다고? 게이들은 거의 항상 만지는데"란다.

이번에는 내가 알쏭달쏭해졌다. 젠더 차이란 엄청나서, 아무리 자주 맞닥뜨려도 나는 매번 놀라고 마는 것이다. 이 뜻밖의 발견은 또 다른 역설도 보여주었다. 주류 남근 중심 담론을 피하려면 그 담론의 어떤 부분들에는 저항하기보다는 적응해야 할 수 있으며, 남성의 성적 관습을 거부하기보다는 배워 오는 것이 필요할 수도 있다.

　　함께 즐기는 성교라는 틀 속에서는 오르가슴의 중요성이 떨어진다. 물론 이것은 단순히 더 많은 수의 애인과 쉽게 오르가슴을 즐기는 것으로 귀결될 수 있다. 또한 친밀 관계인 다른 사람들에 견줘 애인만 특별히 대하는 경향이 덜해진다는 뜻이기도 할 것이다. 성기 주변에 국한되는 데서 벗어나서, 어떤 유의 감정적 강렬함은 (적어도 이론적으로는) 대안적 친밀성으로 자유로이 발전할 수 있으며 대안적 언어(성기와 관련 없는)로 표현될 수 있다.

　　게다가 성기로 함께 놀기라는 틀은 전통적인 애인 관계에서 오르가슴의 의미가 어쩔 수 없이 맞이할 변화를 피할 수 있도록, 혹은 이런 변화에 환멸이나 실망을 느끼지 않으면서 적응할 수 있도록 해준다. 친근하고 일상적이며 형식적이기까지 한 오르가슴을 정상으로 받아들임으로써, 오래 사귄 레즈비언 커플들은 신혼기 이후 에로티시즘의 새 형식—합당하고 가치 있는—을 얻게 된다. 내 추측으로는, 오랜 기간 함께해오고도 섹스를 하는 이들은 동반 자위라는 틀을 받아들이지 않았나 생각한다. 이들은 상대와 함께 시도한, 진실하면서도 형식적이기까지 한, 그럼에도 뜻깊은 오르가슴 습관을 정립해왔다는 사실을 받아들인다. 이렇게 다른 친밀 관계들과 연계한 성기로 함께 놀기라는 틀은 특정 로맨스 상표가 붙은 섹스를 지나치게 강조하는 현상에 괜찮은 대안이 될 수 있다.

결론

"'그것'이 당사자의 애인과 특별히 관련성이 있다거나 있어야만 한다는 가정 둘 다를, 또는 그런 관련성이 없다거나 없어야만 한다는 가정을 하지 않으려 한다"라고 프라이는 썼다.[10]

나는 애인/친구 이분법을 완전히 무너뜨리지도, 프라이가 쓴 것처럼 성기 중심성을 부수적으로 만들지도 못했다. 내가 인터뷰한 이들은 친구와 애인 사이의 경계 지대를 점유하는 것에 가까웠지만, 친구/애인들[보스턴 결혼 상대자]과 성적 관계는 맺지 않았다. 만약 내가 직접 이 특별한 사회적/성적 혁신에 지원해본다면? 마음속으로 오랜 친구의 집에 있는 나를 그려본다. 차를 따르거나 안마를 해주거나 요즘 겪은 좌절에 공감해주는 모습을. 친구를 안는 것을 썩 불편해하기까지 하는 나로서는 친구와 오르가슴을 나누는 습관을 들인다는 생각만으로도 뜨악해진다.

이 인터뷰들은 완성된 대안적 모형을 제공하지는 않았으나, 내가 갈 방향을 다시 잡아주었다. 섹스는 덜 중요해졌다. 내가 이것을 취할 수도 버릴 수도 있으며 친구하고든 애인하고든 '그것'을 할 수 있어서가 아니다. 오히려 이것이 덜 중요해진 까닭은 다른 종류의 친밀성과 올바른 연관성을 띠게 되었기 때문이다. 즉 그것은 몇몇 친밀성 가운데 하나일 뿐이다. 이에 더해, 성기 중심성을 유희성과 오르가슴 습관이라는 각 요소로 재조정함으로써 섹스는 성스러운 무언가로서의 지위를 잃었다. 그리고 이제 시작일 뿐이다. 친밀성의 다른 여러 양식이 가시화되고 인정받으면, 전에는 과대평가되고 레즈비언들에게 고민거리였던 범주의 섹스를 이루던 요소들은 새 양식들로 흡수될 수 있을 것이다. 지금의 획일적인 성 관습을 이루는 요소들이 성공적으로 대체되고, 내가 오랜 친구와 진심으로 차를 마시고 공감해주며 '또한' 오르가슴을 나누는 날이 올 수도 있다.

새로 한 커플이 상담을 하러 왔다. 1년 동안 섹스를 한 적이 없단다. 그것이 "너무 뻔한 반복"이 됐을 때부터 하지 않았다고 한다. 이제는 에로틱해지려는 시도가 언제나 불발로 그치는 것 같다. 한쪽은 기본으로 돌아가기를 원한다. 성적 친밀성을 위해 시간을 따로 내기 시작하고, 각자 어떻게 느끼는지 만져보고 탐험해보는 것으로 이야기를 시작하기를 바란다. 상대는 이 제안을 부담스러워하며, 유혹당하고 싶다고 했다. "입으로만 잔뜩 말하는 게 아니라 몸의 언어에 휩쓸리듯 빠지고 싶다"라고 했다. 두 사람 다 차례로 낙담하고 화내고 눈물을 보였다.

　　이 커플이 이야기하는 동안, 나에게는 새로운 지도가

있다는 사실을 깨달았다. 나는 이 커플이 설명하는 지점을
파악할 수 있었다. 다른 특징들도 보였다. 전에는 보이지
않던 이정표들도 찾아낼 수 있었다. 이들의 관계와 공존하는
대안적 친밀 관계를 알아내고, 그 커플이 재미있게 같이 놀
수 있는 방법들을 찾아나가야 한다는 생각이 들었다. 그 순간
성기로 함께 놀기라는 교리를 소개해주기로 결심했다. 그들이
깎아내린 '기계적 섹스'를 내가 복권시키기 시작하자 유혹에
휩쓸리고 싶다던 쪽이 이를 꽉 물고 팔짱을 끼는 모습을 보였다.
그거야말로 몸의 언어였다! 지도가 있든 없든, 이건 쉽지
않겠구나 했다.

　　도서관에서 거울 나라의 앨리스 같은 경험을 했을 때,
번개처럼 빠른 듯 보였던 패러다임 변화가 실제로는 오랜
시간에 걸쳐 있었음을 깨달은 일이 생각났다. 내가 도서관에서
생각하지 못한 점은, 나 자신이나 내담자의 마음속에서
일어나는 옛 범주들과 새로운 구분법들의 상호 교체 과정이
문화 전반의 거시적 변화와 마찬가지로 가끔은 급진전도 하지만
대부분은 기어가다시피 이루어진다는 사실이다. 새 지도를
이용하기 위해서는 이렇게 강약이 뒤섞인 박자의 변화를 따라갈
줄 알아야 한다.

　　나 또한 긴장하고 있었음을 깨닫고, 의자 깊숙이 앉았다.
그리고 이를 꽉 물고 있는 그에게 말을 건넸다. "중요한 걸 그냥
넘어갔다 싶습니다. 두 분이 만나서 처음 느꼈던 강렬한 느낌을
이야기해주시겠어요." 그의 눈이 추억을 되살려내기 시작하면서
흐릿해지더니 먼 곳을 쳐다보는 것처럼 변했다. 마침내 그는

고개를 돌려 나를 똑바로 쳐다보면서 선언했다. "난 절대 안 변해요."

이렇게 내지르는 선언이야말로 첫걸음이다. 이제 우리는 시작할 수 있다.

섹스 없는 제각각의 삶[1]

금욕이란 선택이나 환경에 따라 성적 접촉이나 활동이
없음을 경험하는 일이다. 레즈비언 성교육자로서 나는 우리
삶에서 섹스가 없는 상태가 되는 이유와 그 중요성을 제대로
평가하기에 앞서 레즈비언에게 섹스란 무엇인가를 이해하는
일이 매우 중요하다고 생각한다. 이성애 우월주의와 가부장제를
전제로 한 문화 속에는 우리 레즈비언의 섹슈얼리티를 알아보기

힘들게 만드는 힘들이 존재한다. 그렇기에 레즈비언 섹스는 무엇으로 이루어지는가를 두고 우리가 공통된 이해를 갖고 있으리라는 가정은 성립하지 않는다.

'섹스'라는 낱말은 보통 성기 접촉을 뜻하는 데 쓰이며, '실제로는' 음경-질 교접만을 뜻한다. 이성애 관계에서 질 교접은 처녀성을 기준으로 어느 쪽에 서 있는지 그리고 '섹스를 하고 있는' 것인지 여부를 결정하는 데 쓰인다. 삽입 섹스만 빼고 모든 행위를 해본 10대에게 물어보면 그들은 "끝까지 가지는" 않았다고 이야기할 것이다. 이렇게 구성되어 있는 개념은 실제로 이성애 관계에서 쓸모가 있든 없든 레즈비언 성관계와는 아무 상관없다. 레즈비언이 '섹스'라는 낱말을 쓸 때 이는 매우 고유한 맥락의 사회적 관계 속에서 일어나는, 전혀 다른 성적인 행위들 일체를 가리킨다. 금욕 경험과 이에 관한 이해는 레즈비언 섹슈얼리티의 한 면모이며 따라서 레즈비언만이 띠는 고유한 특성이 있다.

섹스는 인간관계를 향한 심리적·정신적·사회적 욕망의 일부다. 여자들끼리 그런 관계를 추구하는 것은 우리를 적법하지 않은 존재로 만들며 다양한 방식으로 사회 주변부로 주저앉힌다. 이성애-가부장제 세계 안에서 레즈비언이 된다는 것은 우리에게 세대, 민족, 인종, 계급을 가로질러 다르게 발달된 능력을 지닌 여자들의 공동체로서 집단 정체성을 부여한다. 그래서 우리가 품은 친밀성 욕구는 우리 레즈비언 공동체에 대해서 각기 다른 여러 방식으로 충족된다. 우리는 정치적이고 사회적인 움직임에 함께한다. 우리는 애인, 친구, 모임을 공유한다. 우리는 실제로 만나보았든 아니든, 누가 누군지 알고 있다. 우리는 서로 감정을 긁었다가 몇 년씩 꽁해 있기도 하며 뒷공론도 한다. 우리는 서로 다름에도 불구하고 최악의 적들과 애인 사이가 된다. 최근에 있었던 일들을 두고 끝없이 얘기할 수도 있다. 입을 맞추고, 손을 붙들며, 꼭 껴안고 춤을 추고, 옷가지를 주고받는다. 학교에서 종일 같이 있다가 또 전화로 끝없이 수다 떠는 우리는 영원한 친구다. 우리의 진정한 삶을 위해, 존재할 권리를 위해, 구석에서나 길 한복판에서나 서로 사랑할 권리를 위해 우리는 싸워왔다. 우리는 아이를 낳았으며, 죽은 아이는 묻어주었고, 남은 아이들은 요람에 뉘었다. 섹스가 언제나 들어 있지는 않은, 또는 오로지 섹스만 들어 있지는 않은 인연과 정이 우리에게는 겹겹이 쌓여 있다. 이토록 다양하고 깊은 여자들끼리의 친밀한 인연이라는 배경 위에서, 생식기 성교가 점한 위치는 약간 다를 수밖에 없다.

그러므로 레즈비언의 금욕을 검토한다는 것은 전혀 쉬운 과제가 아니다. 일단 이는 섹스와 연관이 있을 수밖에 없는데 섹스는 우리가 이야기하지 말아야 하는 주제로 여겨진다. 그런데 또 그것이 섹스를 안 하는 것과 연관이 있으니, 그 이야기를 하는 것은 섹스 이야기를 하는 것보다도 좋지 않다. 레즈비언 섹슈얼리티와 이것을 이루는 관습·경험·의문·논란 등은 주류 문화에 의해 개인적인 것으로 치부되는 어려움을 겪어왔다. 우리가 앞으로 '그것'을 하기로 했든 안 하기로 했든, 적어도 우리는 그것에 대해 입 다물고 있을 것으로 기대된다. 우리의 성생활을 둘러싼 이 침묵의 공모에 레즈비언들은 맞서

싸워야 했고, 앞으로도 계속 싸워가야 한다.

　살면서 내게는 몇 번의 긴 금욕 기간이 있었다. 보통 1년에서 2년 정도였다. 나 혼자서 정한 금욕의 정의는 다른 여자와 섹스하지 않는 것이었다.(나는 남자와는 섹스하지 않으므로 그 부분은 논외다.) 자위도 하지 않았던 금욕 기간도 있었지만, 그때는 아주 깊이 애도하던 중이었거나 진동기의 즐거움을 알기 전이었다.

　금욕 기간은 의식적으로 선택했다. 종종 혼자서 기간 제한을 두고, 정해놓은 기간에 다른 여자와 섹스하지 않겠다고 마음먹었다. 최소 기한을 정해둠으로써 융통성 있게 계획을 실행에 옮길 수 있었고, 이 절제 기간이 언제 끝날지를 결정하는 데 골치 썩일 필요도 없어졌다.

　내 일에서는 레즈비언 섹스가 중요하지만, 사생활에서는 다른 사람과 섹스하지 않는 것이 내 정체성에서 필수불가결한 부분임을 깨달았다. 성교육에는 다음과 같은 규칙이 있다. 섹스에 자유롭지 못하고 "싫다"고 말할 수 없는 한, 섹스에 대해 "좋다"고도 말할 수 없다. 내 금욕 기간은 그 "싫다"고 말하는 목소리를 분명히 들리도록 해주었다. 나 자신과 어떻게 지낼지 모르는 한 다른 사람과 어떻게 지낼지도 제대로 알 수 없는 법이다. 금욕은 내가 나 자신과 지내도록 해주었고 의심, 평온, 혼란 등 어떤 생각이 들든 그것은 나에 관한 것이었다. 다른 사람과 춤을 추며 느릿하고 섹시한 또는 빠르고 재미있는 박자를 같이 찾아나가는 것이 하나의 즐거움이라면, 혼자 춤추면서 나만의 박자를 엮어내는 것은 또 다른 즐거움이다.

내 삶에서 이 금욕 기간들은 진실로 깊고 고요했다. 흔들림 없는 정적을 가져다주는 이 드문 기회들을 나는 귀히 여겼다. 내 삶에서 금욕은 음악에서 쉼표와 같은 것이었으며, 기보법에 형식을 부여해주는 마디였다.

성적인 관계에 늘 따라다니는 걱정, 즉 우리가 기대하는 것이 같은지, 우리가 성적으로 맞는지, 이 관계가 제대로 굴러갈지, 내 친구들한테는 납득이 될지 같은 걱정으로부터 자유로워져, 내가 나 자신에게 초점을 맞추게 된다. 우리 아이들, 모부, 동반자, 이웃, 세상 등 늘 타인에게 초점을 맞추고 타인을 보살펴야만 한다는 기대를 끊임없이 받는 여성인 우리에게 이것은 하나의 혁명이다. 탁자에 차려진 로맨틱한 식사를 깨끗이 치우고 나 자신을 풍요롭게 하는 길로 나를 초대하는, 한층 고독한, 직접 고른 다른 관심사들을 마음으로 음미하는 것이다.

또한 금욕 기간은 내게 끝나버린 관계에서 회복하는 방법으로서 중요했다. 내가 다른 여성과 활발한 성생활을 즐기지 않았던 기간은 정사, 연애, 반려 관계, 애인 관계, 동성 결혼의 끝에 가까워지는 과정의 일부였다. 나는 한 관계에서 다른 관계로 쉬지 않고 바로 넘어가는 것을 정말 못한다. 살면서 분명 그런 적이 있기는 하지만 말이다. 그 상실감, 슬픔, 애도는 새로운 정서적 그리고/또는 성적 인연이 존재하지 않을 때 더욱 또렷하다.

금욕에도 나름대로 피할 수 없는 난관이 있다. 특히 금욕 기간에는 자존심을 유지하기가 쉽지 않다. 사회가 조장한 대로,

혼자되기를 두려워하는 사람이 얼마나 많은가. 가부장제와
자본주의 체제는, 우리가 가치 있는 존재가 되려면 우리 자체에
더해 다른 무언가가 필요하다는 관념을 강화하는 데 투자한다.
저 '더'라는 것은 돈, 소유물, 권력일 수도 있고 우리 자신과
세상 나머지 사람들을 향해 당신이 곁에 둘 만한 가치가 있는
존재라고 인정을 해주는 어떤 타인일 수도 있다. 우리는 커플
이미지로 초토화된 상태다. 딸랑 한 사람만 그려진 천국 같은
휴양지 광고를 상상이나 할 수 있는가? 짝짓기 강박은 혼자
있기에 대한 공포를 반영한다. 그것만 빼고는 무엇이든 괜찮다.
혼자가 어떤 것인지 느끼느니 차라리 우리는 약을 할 것이다.
아니면 텔레비전을 보거나 책을 읽거나 물건을 사거나 음식을
먹거나 도박을 하거나, 그것도 아니면 같이 있기 싫은 사람과
같이 있을 것이다. 나의 호흡을 지켜보며 나의 심장 박동에 귀
기울이는, 그런 달콤함만 빼면 뭐든 가능하다. 혼자 일어나고,
잠들고, 깨어나고, 다시 잠드는 것만 빼면 뭐든 괜찮다. 그렇다면
과연 무엇이, 결국은 혼자인 우리 존재에 주어진 저 실존적
딜레마로부터 우리의 주의를 돌리게 하는가?

　　　　금욕 생활에 강력한 힘이 있고 그 중요성을 믿고
있음에도 나는 잔존하는 미심쩍음과 두려움을 피하지 못한다.
그것들을 정면으로 마주하는 기회라는 것 그리고 이 대면에
기꺼이 응하는 의지야말로 금욕의 정수다. 평소에는 자신에
대한 회의감과 공포로부터 눈을 돌리고 몸을 숨기려 했던
나의 마음이 어쩔 수 없이 그것들을 떠올리고야 만다. 그러고
나면 이제 가장 힘든 부분이다. "너는 쓸모없는 인간이야"라고

말하는 저 목소리들에 답해야만 하는 것이다. 아니면 "너는 괜찮은 사람이야, 넌 사랑받고 있어"라고 말해주는 친구한테 기대어보기도 한다. 그러나 이것이 온전히 만족스럽지 못한 까닭은, 친구들이 나를 '가장' 사랑하지는 않기 때문이다. 애인이었다면 분명히 달랐으리라. 내면의 목소리뿐 아니라 "네가 가치 있는 사람이라면 애인이 있어서 잘 되어가는 연애를 했을 텐데"라는 주변의 목소리에도 나는 답해야만 한다.

우리는 섹스를 자신에 대해 긍정적인 느낌을 얻는 방법으로 생각하게끔 배워왔다. 다른 누군가가 우리의 몸을 즐길 때, 우리에게 입 맞추고 싶어할 때, 불이 꺼지면 안아줄 때, 그제야 우리가 가치 있다고 믿을 수 있는 것이다. 그러나 우리 대부분은, 다른 사람 품에 안겨 있는 동안에도 외로움을 느낀 경험이 있다. 또한 섹스할 상대가 없는 생활을 할 때에도 완벽하게 안전하다고 느끼는 사람도 많다. 그럼에도 우리가 외로울 때면, 금욕이 도대체 무슨 소용인가 싶을 때면 이런 경험들은 사라져버리는 것 같다.

여자들이 금욕하는 데에는 여러 가지 이유가 있다. 금욕은 괴괴한 세상을 향한 이성적 반응이자 우리 자신을 보호하는 방법일 수 있다. 삶을 단순하게 만들어주는 선택이거나, 무의식적으로 빠져든 상태일 수도, 자아를 되찾아오는 하나의 수단일 수도 있다. 금욕을 하는 데에는 여러 이유가 복합돼 있을 수 있다. 그 상황이 복잡할 수도 있고, 꽤 단순할 수도 있다. 심한 불안을 느끼며 금욕 기간을 겪어낼 수도 있지만, 거의 의식하지 못하는 채로 지나칠 수도 있다.

레즈비언들은 다른 이유로 금욕을 선택한다. 자신의 성 중독을 직시하고자 금욕을 선택하는 사람들이 있다. 성적인 관계 속에서 자신의 안녕을 위협하는 행동을 하고 있었다는 사실을 깨달은 레즈비언들이 있다. 이들은 성적 집착과 강박 때문에 스스로가 신체적 위험에 빠졌음을 깨닫는다. 또는 '성'이라는 영역에서 자율성을 얻지 못해 삶의 질을 떨어뜨리고 있었다는 사실을 알게 되었을 수 있다. 이들에게 섹스를 끊는 것은 정신과 영혼, 때로는 육체를 회복하는 데 필수다.

육체적 감각에 대한 자신만의 뜻을 지킴으로써 얻는 힘은 숫자로 따질 수 없다. 단순히 나의 가슴과 정신과 양손으로 내 몸이 사랑을 받아들일 수 있도록, 자기 자신을 미심쩍어하는 대신 확실히 알지 못하는 것에 마음을 열기. 단 하룻밤이 아니라 밤과 밤마다, 날과 날마다 이것을 탐색하기. 궁극적인 단계의 영적 여정에 일보를 더해줄 명상하기.

그저 나 자신과 함께하는 시간을 갖고 싶다는 이유에서 섹스를 안 하겠다고 할 때 그 경험은 영감에 찬 시간이 될 수 있지만, 주변에서 보이는 반응은 종종 심란하기 그지없다. 여성 동성애는 흔히 성생활이나 반려 관계 유무에 따라 정의된다. 우리 삶에서 이런 특성들이 보이지 않으면 레즈비언 정체성 자체가 불분명해질 수 있다. 이성애자 친구나 친척은 내가 성생활을 하지 않는 것을 이제는 내가 동성애자가 아니며 이성애자로 돌아올 희망이 아직 있다는 징표로 여길지도 모른다. 동성애자 친구는 직장의 여성 동료와 나를 엮어줄 완벽한 기회다, 일석이조다, 라고 판단할지도 모른다. 커플을

위해 고안된 사회 환경 속에서 우리는 있으나 마나 한 잉여가
될지도 모른다. 저녁 식사 때 사람들은 우리를 어느 자리에
앉히려 할 것인가? 우리 주변에는 금욕 생활에 관한 지지라 할
것이 없다. 자기 자신과 시간을 보낸다는 것이 얼마나 멋진가를
알려줄 사람도 찾아보기 힘들다.

　　　정반대 현상도 있을 수 있다. 우리가 다른 여자와 사귀기
전에 금욕하면서 시간을 좀 두는 게 좋을 것 같다고 생각하는
친구들에게서 받는 압력 같은 것 말이다. 이런 상황이 생긴다면
그건 헤어짐을 겪었거나, 성적인 외상을 입었거나, 인생에서
힘든 시기를 보내고 있기 때문일 것이다. 금욕을 권하는 이런
압력에 우리가 종종 무릎 꿇는 것은 그렇게 해서 스스로가 더
좋은 사람이 되리라 생각하는 까닭에서다. 나는 그렇게 생각지
않는다. 어머니, 친구, 전 애인, 신, 상담사를 만족시키겠다고
금욕을 하려다가는 정말이지 울화병이나 얻게 될 뿐이다.
금욕이란 그 길을 갈 것을 스스로 선택해야만 하는 노정인
것이다.

　　　여성혐오, 청소년 여성 강간, 여성 동성애자 무시를
용인하는 사회는 금욕하기 좋은 여러 이유를 대준다. 나쁜
기억, 우리를 겨냥해 저질러지는 폭력 행위, 성행위 자체의
공포 등으로부터 자신을 지키고자 섹스하지 않기로 하는
것은 여성으로서 또는 레즈비언으로서 우리의 자아를
지지하기는커녕 존중조차 보이지 않는 사회에 살기 때문에 오는
결과다.

　　　치유 과정의 일환으로 금욕을 택하는 경우는 흔하다.

많은 여성이 다른 사람과 섹스하느라 생기는 걱정에서 벗어나 휴식을 누리는 일이 반드시 필요하다고 느낀다. 성적으로 학대당한 기억을 인정하지 않고 계속 덮어두는 상태라면, 상대방의 성욕을 꼭 충족시키지 않아도 되거나 아예 신경 쓸 필요조차 없을 때 더 풀어나가기 쉬울 수 있다. 이런 때에는 섹스에 대한 양가감정을 극복해야 할 필요가 없다. 혐오 섞인 반응을 걱정하는 일도, 혐오에 대응해보려는 시도도, 상대와 가까워지거나 멀어지는 수를 일일이 분석하는 수고도 금욕하는 동안에는 필요치 않다. 이 상태는 상당한 안정감을 주고 자신에게 이로운 것을 진심으로 좋아할 수 있게 해준다.

공포의 결과로서 오는 금욕도 있다. 예컨대 다른 이를 들이는 것에 대한 공포나, 치유 가능 범위를 넘어선 성폭력을 다시 경험할까 두려워하는 것이다. 이 금욕은 선택의 결과라기보다는 침범을 재차 허용하지 않으려 마음과 가슴과 영혼이 요구하는 것이다. 다른 사람과 어떤 성적 접촉을 하더라도 폭력으로 여겨질 때 이 보호는 위안이 될 수 있다. 유일한 희망이고 유일한 선택지이며 숨 쉴 수 있는 유일한 방법일지도 모른다. 이런 금욕은 포근한 솜처럼, 달콤한 안식처럼 느껴진다. 다른 사람들한테는 이런 종류의 금욕이 마치 뭔가 빼앗긴 듯한, 가슴이 찢어지고 허전함이 채워지지 않는 상태처럼 보이겠지만 말이다. 선택지는 거의 없고 돌아보는 곳마다 벽이 선 것 같아서 어떤 길을 더듬어봐도 날것인 슬픔만 한 번 더 마주치게 되는 그런 쓰디쓴 응어리가 있다면, 금욕 기간이야말로 고통 가득한 과거에 하나뿐인

치료책일 수 있는 것이다.

또한 우리에게 금욕이 강제되는 경우가 있다. 우리를
성적으로 적극적일 수 없게 하는 어떤 질병이나 사고의 결과가
그렇다. 이것은 끔찍한 상실일 수 있다. 그리고 우리는 그런
제약에 따라오는 쓰라림과 슬픔을 견뎌야만 할지도 모른다.
장애가 있어서 섹슈얼리티를 가졌다고 인식되지 않는 상황에서
레즈비언 섹슈얼리티는 더욱, 실질적 성행위를 향한 욕망은
더더욱 인정받지 못한 나머지 금욕하게 될 수도 있다. 장애의
결과로서 운신의 자유와 스스로 선택할 권리(특히 자기
섹슈얼리티에 관해)를 빼앗길 수 있다. 성적인 관계를 찾고
맺을 수 있는 공동체 내에서 또는 자연스러운 기회로부터 그런
선택권이 소거되는 것이다. 이런 유의 금욕은 여성 개인의 성적
자유권에 대한 침해다.

또 인생을 위한 다른 선택에 잇따른 결과인 금욕이 있다.
성적인 관계를 맺을 만한 기회가 없는 곳에서 살거나 일하게
될 수 있다. 레즈비언들에게는 특히 그렇다. 레즈비언들이
가시적인 공동체를 찾기를 기대할 수 없는 곳이 많다. 그밖에도
직장, 평판, 신체의 안전을 위협할 가능성을 감수하면서 성적인
관계를 맺기가 꺼려질 수도 있다.

다양하고 복잡한 방식으로 진화 가능한 소극적인 금욕도
있다. 어떤 여자들은 섹스한 지 몇 달이, 심지어 몇 년이 됐는지
깨닫지 못하기도 한다. 어떤 여자들은 의식적으로 선택한 것도
아니고 개인적 사연이 있는 것도 아닌 채 누구와 의논 한 번 안
하고 있다가 본인이 금욕하고 있다는 사실을 알게 된다. 여자

둘이서 오랫동안 사귀고 있는데 둘 중 하나가 문득 마지막으로 성적으로 친밀한 시간을 나눈 것이 언제였나 떠올려보려 하는 경우도 있겠다.

우리 가운데 많은 이가 자신의 성 욕구를 예측할 수 있다. 어느 레즈비언이 레즈비언과 섹스와 호르몬에 관한 연구를 해줬으면 좋겠다. 호르몬은 우리의 성욕과 아주 깊이 관련돼 있다. 많은 여자가 자기 생리 주기의 특정 기간에만 자위하고 싶어하거나 상대방과의 섹스를 원한다. 새로 발정이 나든 사랑에 빠지든, 그동안에는 성적 흥분을 증대시키는 호르몬들이 분비되는 것이다.

무의식적으로 금욕 생활을 하고 있었을 때 의식적으로 금욕을 꼼꼼히 따져보는 일은 값진 훈련이 될 수 있다. 이 금욕의 이유는 무엇인가? 이 금욕의 목적은 무엇인가? 이 시점에 가장 의미 있는 대책이 이것인가? 진정한 대책인가 아니면 그저 저항감이 약한 선택을 한 것인가? 치유가 이루어지고 있는가? 두려움이 쌓였는가? 이런 질문은 때로 고통스럽다. 섹스에 연연하지 않게 된 까닭이 별로 명확하지 않을 수도 있다. 성적으로 무기력해지면 그 관성을 극복하기 어렵기 때문에 다시 새로 시작하는 것이 벅찰 수도 있다. 왜 오늘 밤인가? 왜 바꾸려고 하는가? 계획을 엎어서 얻는 게 무엇인가? 중요한 것은 본인의 성생활에 주의를 기울이지 않고 있었음을 의식하고 솔직해지는 일이다. 저건 나쁘고 이건 틀렸다는 판단도 결론도 내리지 않고, 그저 이와 관련해서 무엇이든 전부 발견할 수 있게 열어두는 것 말이다. 이게 내가 의도한 것인가? 내가 가고자 하는 방향인가?

단순히 섹스가 중요하지 않다는 느낌에서 시작된 금욕도 있다. 섹스를 하지 않겠다는 선택이 반드시 무슨 병리 증세나 고통스러운 과거 경험의 소산인 것은 아니다. 모든 여자가 섹스하고 싶어하지는 않는다. 어떤 사람들은 섹스를 싫어한다. 어떤 사람들은 섹스에 완전히 무관심하다. 어떤 사람들은 자기 시간과 관심을 쏟을 만한 더 재미있는 활동이 훨씬 많다는 사실을 알고 있다. 금욕 상태가 꼭 영혼이 비틀려 있을 수밖에 없다든가 아니면 영적 여정이어야 한다는 법은 없다. 어떤 사람들에게는 그저 장보기에 더 가까운 일이다.

레즈비언 문화 속 대부분의 현상이 그렇듯이, 평범한 길이란 없다. 금욕은 그럼에도 또 다른 존재 상태이고 행위이며 믿음 체계로서 레즈비언들 각자에게는 각각 고유한 금욕의 면모들이 있다. "그래, 이게 우리가 금욕하는 이유야"라고 공동의 목소리를 낼 수 있는 집단으로서의 여성이 존재한다. 하지만 이 여자들도 각각 고유한 개성을 지닌 금욕을 경험할 것이다.

금욕은 삶의 방식일 수 있으나 삶에서 잠시 지나가는 길일 수도 있다. 자아에 초점을 맞추는 행위일 수도 있고 정체성의 주변부에 놓인 별 상관없는 부수적 요소일 수도 있다. 금욕은 끊임없는 영적 자양분의 근원일 수도 아니면 성장에 별 도움이 안 되는 일일 수도 있다. 금욕은 마치 손에 있는 지문처럼 개별적인 것으로서, 연결을 향한 열망을 충족시키려 다른 이를 향해서 또 자신의 내부를 향해서 손을 내밀고 있다.

6장

레즈비언 구애 각본

수재나 로즈, 데브라 젠드, 마리 A. 지니

레즈비언 구애(또는 구애의 부재)가 최근 레즈비언 대중의 상상력을 사로잡고 있다. 레즈비언 만남에서 갖춰야 할 예의[1]에 관한 요즘의 이야기들은 그저 여자 둘이 어떻게 서로를 선택하고 커플이 되는지를 둘러싸고 벌어지는 혼란에 대한 반응에서 비롯되는 듯하다. 잘 정의된 구애 단계가 없는 것이 레즈비언 관계의 특징이라는 사실은 다음 농담에 잘 드러나 있다.

<u>문제</u> 레즈비언이 두 번째 데이트에 지참하는 것은?

<u>정답</u> 유홀.[a]

레즈비언들이 파트너가 될 가능성이 있는 상대를 만나고 나서
얼마나 빨리 같이 살 집을 마련하는가에 관한 이 재미있는
묘사는, 레즈비언 관계가 이성애 관계와 경향을 달리하는 주요
방식 한 가지를 드러낸다. 바로 두 사람이 만났을 때 친밀감을
구축해낼 줄 아는 여성의 자질 그리고 커플 상태로 재빨리
합병하는 현상—레즈비언들 사이에서 자주 일어나는—이다.

　　　레즈비언 구애에만 있는 또 한 가지 특징은 상호작용을
할 때 성에 따라 유형화된 역할이 없다는 사실과 관련이 있다.
규정된 성 역할에서 벗어나는 자유는 종종 동성 관계가 누리는
장점으로 꼽히는데, 왜냐하면 누가 주도하고 누가 데이트
코스를 짜고 돈을 내는가, 성적 친밀성을 어떤 수준으로 표현할
것인가를 개인 재량으로 결정하기 때문이다. 하지만 이런
부분은 종종, 전통적으로 남성이 하던 관계의 주도자 역할을
하도록 준비된 사람이 없다는 뜻도 된다. 가망 있는 상대에게
좀처럼 다가가지 않으려 하는 레즈비언들의 악명 높은 수동성은
레즈비언 '양' 증후군이라며 풍자돼왔다. 동물행동학자들이
관찰한 바에 따르면, 암컷 양은 교미할 준비가 되어 있음을
드러내고자 할 때 목초지에 무리 지어 조용히 서 있다. 이것과

---

[a]　　U-Haul. 주로 이삿짐용으로 대여하는 트럭을 말한다.

비슷한 현상을 레즈비언 바에서 관찰할 수 있다. 여자들은 종종 자기가 가장 끌리는 바로 그 여자와 모든 접촉을 피함으로써 성적 관심을 표시한다.

이번 장에서는 레즈비언들이 구애하는 데 사용하는 각본을 둘러볼 것이다. 각본은 도식 또는 정형화된 행위들의 집합으로, 우리를 둘러싼 세상을 조직화하는 데 쓰인다.[2] 각본은 무슨 행동을 해야 할지 결정하거나 행위를 평가할 때 길잡이로서 기능한다.[3] 구애를 할 때, 각본은 성적 욕망과 로맨틱한 관심을 어떤 사람과 어떻게 표현할지 '청사진'을 그려 보인다.[4] 우리는 대중적, 학술적인 자료와 더불어 자체 연구를 통해 레즈비언들이 사용하는 각본 유형들을 살펴보고 가름할 것이다. 보스턴 결혼은 레즈비언의 구애 각본 유형 중 한 가지를 대표하여 이 맥락 안에 놓이게 된다. 레즈비언 관계에서 커플을 이뤄가는 단계를 기술하는 데 구애라는 용어를 고른 까닭은 무엇인가? 이성애적 함의가 있기는 하지만, 사회학자들은 구애 단계를 정서적으로 친밀해지는 중이고 지속적 헌신을 목표로 하며 대개 성적으로 배타성을 띠는 것으로 정의하는데[5] 이는 많은 레즈비언 연애 관계의 초기 단계를 기술하는 특징이기 때문이다. 만남(dating)이라는 말은 보통 덜 진지한 미래 지향성을 띤 관계를 가리키거나 구애로 나아가는 중인 단계를 가리킬 때 쓰인다. 그러나 실제로 이 두 용어는 거의 구분되지 않는 경우가 흔하므로 이 글에서는 구애와 만남을 섞어 사용했다.

현재 레즈비언들이 쓸 수 있는 구애 각본에 어떤 것들이 있는지 선별하기 위해서 우리는 다양한 자료를 폭넓게 조사했다.

포함된 것들은 레즈비언 로맨스 소설, 만남·상대 찾기·관계의
질 향상을 꾀하는 '안내서' 유의 책들, 커밍아웃 이야기들, 1인칭
시점으로 사랑에 빠지는 얘기를 담은 글, 레즈비언 구애·성애적
측면·관계에 관한 경험 연구 등이다. 이 자료들에서 우정 각본,
로맨스 각본, 노골적 성애 각본이라는 세 가지 기초 각본을
확인했다. 이 각본들을 각기 따로 다룬 까닭은 정서적 친밀성의
정도, 성애적 측면의 중요성, 관계의 발단, 관계의 진도라는 네
가지 중요한 측면에서 차이가 드러났기 때문이다.

우정 각본

우정 각본은 레즈비언들에게 가장 흔한 구애 각본이라 볼
수 있다.[6] 전형적으로, 두 여성은 우정의 길 위에서 사랑에
빠져 커플이 된다. 정서적 친밀성은 우정 각본의 특징이자
애정 관계를 발전시키고 유지하는 가장 주요한 수단으로
보인다. 성애적 측면은 종종 덜 중요한 역할을 수행한다. 예를
들어 관계를 쌓는 데 육체적 끌림의 역할이 미미한 편이다.
신문의 '인연 찾기'란을 통해서 상대를 찾는 레즈비언들조차
본인이나 기대하는 상대의 육체적 또는 성적 특성보다 자신의
취미생활과 관심사를 강조하는 경향이 있는데, 이런 경향은
남성 동성애자나 이성애자 여성 및 남성들과 다르다.[7] 또한 우정
각본은, 레즈비언들이 관계에서 가치 있게 여기고 추구하는
것인 평등주의와 잘 맞는다.[8] 레즈비언들은 유사성−우정의

기초가 되는 공통 가치관, 관심사, 평등성 등—을 키워나감으로써 비슷한 사회적 지위, 인종, 민족, 나이의 애인을 고르는 경향이 있다.[9] 실로 친구라는 존재는 레즈비언들에게 매우 높은 가치를 지니기에, 많은 경우 애인이 됨으로써 우정을 잃을 위험을 무릅쓰지 않으려고 한다.[10] 우정 각본이 이만큼 흔할 수 있는 한 가지 까닭은 레즈비언들의 커밍아웃 과정이 친구 사이에서 일어날 확률이 높기 때문이다. 예를 들어 지닌 그래믹은 여자들이 종종 사랑에 빠진 결과로서 레즈비언 정체성을 발달시키며, 흔히 친구가 그 대상이라는 사실을 밝혔다.[11]

우정 각본은 어떻게 관계를 친밀하게 만들 것인지 또는 친구로서의 관심과 로맨틱한 관심의 신호를 어떻게 분별해서 보낼지에 아무런 참조 지침을 제공하지 않는다. 관계의 진도 또한 불분명하고 혼란스럽다. 특히 두 사람이 그 관계를 서로 다르게 받아들이는 경우에 그렇다. 우정 각본이 레즈비언들에게 편하게 느껴지는 부분적인 까닭은, 레즈비언들이 로맨틱한 관계에서 주도적 역할을 맡는 일에 익숙지 않기 때문이다. 대체로 여자들은 구애할 때 주도권을 잡는다거나 거절당할 위험을 무릅쓰게끔 사회화되지 않았다.

구애 각본으로서 우정의 애매함은 장단점을 모두 갖고 있다. 레즈비언 예의범절을 다룬 게일 소서의 책은 농담조로, 가망성 있는 상대를 향한 "내숭 떠는 우정" 접근법의 장점을 "효과가 없는 경우가 많을지라도 거의 언제나 안전하다"고 추켜세운다.[12] 그러나 레즈비언 '양' 증후군으로 언급된 "내숭 떠는 우정 접근법"은 레즈비언 공동체에서 자주 풍자되곤 한다.

작가 케이티 매코믹은 다음과 같이 항의한다.

> 나는 양들이 충분히 표현한다고 생각하지 않아. 어떤
> 사람한테 끌릴 때, 나는 [양처럼] 그냥 서 있지만은
> 않는다고. 그 사람을 피해 다니지. 내가 자길 좋아한다는
> 생각을 못 하도록! 말하자면, 그 사람이 의심하면 어쩌지?
> 한다는 거야. 다시는 문밖에 나가지도 못할 것 같아. 사랑,
> 배우자, 더 나아가 섹스를 찾는 내 어떤 욕망이든, 내
> 애정의 대상인 사람이나 그렇게 될 만한 사람을 피하고야
> 말겠다는 결심이 그런 욕망의 자리를 빼앗는 거야. (…)
> 내가 발견한 건, 이젠 그 사람에게 말 한 번 안 걸고도 나
> 혼자 [상상 속에서] 저 모든 관계를 가질 수 있는 경지에
> 이르렀다는 거지.[13]

데브라 잰드는 21~32세의 백인 레즈비언 8명, 흑인 레즈비언
4명의 구애 행동에 관해 연구했다.[14] 우정 각본에서는 분명
참여자들이 주도자 역할을 떠맡지 않아도 되는 경우가
많지만, 어떤 종류의 관계를 추구하는지나 사랑의 관심이
쌍방향인지는 알기 어렵다고 지적한다. 예를 들어 면담에 응한
많은 레즈비언은 친구가 될 것 같은 사람과 애인이 될 것 같은
사람 양쪽 모두에게 똑같은 전략을 사용해 자신의 관심을
표했다. 상대와 시간을 보내고, 대화를 오래 나눴다. 그러나
면담자 본인이 신호를 받는 쪽에 섰을 때 그는 이 두 행동 가운데
어느 것도 로맨틱한 관심을 표시하는 것으로 해석하지 않았다.

어떤 여자가 자기한테 친구로서보다는 잠재적 애인으로서
끌린다는 사실을 깨닫는 데는 더욱 직접적인 신호들이 필요했다.
직접적인 신호에는 이야기할 적에 손을 잠깐 잡는다거나
인사할 때 꽉 안는 등 가벼운 신체적 접촉을 시도하는 것, 관심
있다고 직접 말하는 것이 포함됐다. 이런 결과는 우정 각본을
사용하는 레즈비언들이 정작 자신은 거의 그 의도대로 해석하지
않는 신호를 보내고 있다는 사실을 보여준다. 하지만 잰드가
표본으로 삼은 비교적 젊은 여자들보다 '커밍아웃'한 지 오래된
레즈비언들은 간접적인 신호에 덜 헷갈려할 수도 있다.

　　우정 각본은, 본인이 바라는 경우에는 반응성을 더
높여준다. 잰드의 한 면담자는 다음과 같이 설명했다.

> 내가 먼저 나서기는 편치 않아요. 너무 위험이 큰 것
> 같아서요. 어떤 여자든 나한테 끌리는 게 아닌 한, 내가 그
> 사람한테 끌린다는 사실을 모르게 하고 싶어요. 본인이
> 나한테 직접 이야기를 하거나 다른 사람이 말해주지 않는
> 한 나는 그런 생각을 하지 않는 편이에요. 내가 끌리는
> 사람은 굉장히 친구 하고 싶은 사람인 경우가 많거든요.
> 그 우정을 위태롭게 하기 싫어요. 모르게 하기 위해서
> 할 수 있는 건 모두 할 거예요. 확실할 때만 직접적으로
> 처신하고요.

하지만 우정과 로맨틱한 관계를 어떻게 구분하는지 물었을
때 인터뷰 참여자 대부분은 우정 각본의 애매한 신호들이

헷갈린다고 인정했다. 인터뷰이 중 네 사람이 직접 듣기 전까지 누가 자기에게 로맨틱한 관심을 품었는지 전혀 몰랐다고 밝혔다. 예를 들어 한 사람은 "난 정말 구분 못 해요. 그쪽에서 나한테 관심 있다고 말하고 나서야 알죠. 그런 적이 있었다고 나중에 말해준 사람들이 몇 있었는데, 직접 말하기 전까지는 절대 눈치 못 채겠어요"라고 했다. 다른 두 사람은 우정과 로맨틱한 관계를 구분하지 않는다고 했다. 이 둘 사이에 구별 가능한 뚜렷한 경계선이 없다는 것이다. 한 사람은 이렇게 썼다.

> 나는 여자 친구 중 여럿에게 어느 정도 끌린다. 어떤 선이나 구별도 존재하지 않는다. 좋은 것 같기도, 두려운 것 같기도 하다. 이런 면에서는 이성애자인 편이 더 쉽다. 왜냐하면 역할 구별이 훨씬 더 많이 정의돼 있기 때문이다. 경계선이 더 뚜렷하다. 레즈비언들한테는 그렇지가 않다. 선을 알려면 자아에 대한 감각이 강해야 한다. (…) 경계에 친숙해지려면 그리고 그 선을 어디다 그을지 결정하려면 말이다. 나는 그게 어렵다.

몇 명은 우정과 로맨스 사이에 살짝 구별을 뒀다. 네 명은 우정을 추구할 때보다 로맨틱한 관심이 가는 여자에게 개인적인 정보를 더 빨리 풀어놓는 경향이 있다고 설명했다. 잠재적 애인들보다는 친구들 앞에서 자의식을 덜 느낀다는 것도 흔히 쓰이는 구별 기준 중 하나다. 어떤 사람은 이렇게 설명했다.

나는 친구들과 그렇게 섬세하게 상호작용하지 않아요.
친구들과 있으면 자의식이 덜해요. 내 모습이 멀쩡한지,
내가 틀린 소리를 할지 걱정이 덜 됩니다. 친구는
놀리기도 하고 괴롭히기도 하지만, 관심 있는 여자들은
안 놀려요.

참여자 절반 정도가 섹스를 하기 전까지는 그 관계가 우정을
넘어선 것으로 보지 않는다고 말했다. 한 사람은 다음과 같이
설명한다.

다음 날 아침에 내가 어떻게 느끼느냐로 구별할 수
있어요. 어떤 여자와 섹스를 하고 나면, 같이 있고 싶어요.
강한 성적인 유대감이 생기고 그 사람 집으로 물건을
들여놓기 시작해요. 사랑을 나누고 나면 기분이 뭐랄까,
서로가 상대방을 자기 사람으로 한 거다 싶은 거예요.

그밖에 많은 사람이 관계가 로맨틱한 영역에 들어섰는지
알아보는 다른 방법으로, 함께하는 시간을 가지며, 갈등이
생기면 풀어나가고, 애인이 되자고 말로 약속을 했는지 여부를
들었다.

성적 신호로서 우정 각본이 띤 애매함은 때로 로맨스화를
촉발하는 효과가 있는데, 그 관계가 과연 언제 완성될 것인가
하는 긴장을 증대시키기 때문이다. 사랑에는 장애물로 작용하는
이 불확실함은 다음에 설명할 로맨스 각본의 통상적 구성

요소가 되는 장치 중 하나다. 마침내 두 사람이 품은 감정이
쌍방향이라는 사실을 깨달을 때쯤 이들은 완전히 지쳐서 상대의
품에 감사히 안긴다.

요약하자면, 우정 각본은 정서적 친밀성을 성애적
측면보다 강조하며, 주도자를 위한 분명한 역할을 정해주지
않고, 로맨틱한 관계를 향해 점진적인 그리고 종종 애매한
진도를 제시한다.

로맨스 각본

로맨스 각본은 두 번째로 도드라지게 구별되는 그리고 레즈비언
문학이나 실생활에서 두 번째로 많이 쓰이는 구애 유형으로
나타났다. 문학에서 이 각본의 호소력은 나이아드 같은 레즈비언
출판사에서 출간되는 로맨스 서적의 수가 폭발적으로 증가한
것으로 증명된다. 레즈비언 로맨스물을 위한 고전적 구성은
정서적 친밀성과 성적 이끌림을 엮어내는 것이다. 한쪽 또는
양쪽이 상대에게 마치 자석처럼 끌린다. '첫눈에 반하는 사랑'
공식이 이 각본에 바탕을 둔다. 로맨스 각본에서는 우정
각본에서보다 훨씬 직접적으로 먼저 다가가며, 그 관계는
아주 빠르게 상대를 향한 헌신까지 진도를 뺀다. 예를 들어
『위험한 열정』에서 보스턴 백화점의 잘 나가는 바이어 미키는
프로빈스타운에 있는 어느 레즈비언 술집에서 젊은 텔레비전
기자 앤절라를 만난다.[15] 두 사람은 만나자마자 서로에게 끌려서

춤을 추고, 어두운 구석에서 진한 애무를 나눈다. 미키는 둘
사이에서 벌어진 일이 "다른 일이랑은 전혀 상관없는 것"이라
못 박으며 앤절라에게 "진정하라"고 달랜다. 그러나 앤절라는
"상관있어. 이건 우리의 시작이야"라고 맞받아친다. 술집에 남은
앤절라는 "미키의 몸이 자신에게 가까이 다가오는 것을 느꼈고,
둘 사이의 선이 녹아 사라졌다고 느꼈을 때, 그렇게 오로지
하나의 존재, 하나의 두근거림, 하나의 맥박만이 남았다."[16]

　　성애적 측면은 우정 각본에서보다 로맨스 각본에서 훨씬
눈에 띄지만, 행동으로 나타나는 정도는 다양하다. 끝까지 가는
경우가 아닌 경우보다 훨씬 많다. 흥분되는 섹스 장면은 거의
필수다. 여성 전용 책방 진열대 위에 놓인 책들은 그 '뜨거운'
장면이 펼쳐져 있는 경우가 많다. 그러나 섹스는 사랑과 함께
등장하는 경우에 가장 맛깔스럽다. 섹스를 하기 전까지 두
사람이 아직 사랑에 빠지지 않았다면, 최고의 섹스를 치르고
나서 둘은 사랑을 확신한다. "[케이트 델라필드는] 밤새도록
계속되는 그런 오르가슴의 희열을 예전에는 알지 못했다. 자기가
그런 것을 알게 되리라는 생각조차 해본 적이 없었다. 그런 것을
바라게 될 거라고는. 필요해질 거라고는."[17]

　　하지만 수재나 로즈의 조사에 따르면, 로맨스물의 진짜
성적 핵심은 섹스 행위 그 자체가 아니라 충족을 '예감'하는
즐거움과 합일에 대한 갈망이다.[18] 그리스식 고전 로맨스처럼 먼
곳으로 쫓겨나고, 붙잡히고, 혼자가 되고, 도망치고, 찾아내고,
쫓아가는 주제들이 레즈비언 로맨스 소설을 특징짓는다. 갓
봉오리 진 로맨스는 부드럽게 피어나면서 진도를 나가다가

사랑을 막는 장애물 때문에 위험에 빠진다. 그 뒤를 잇는 헤어짐 또는 헤어지라는 위협은 연인들(과 독자들)이 고대해온 합일에 다다를 수 있을까 하는 걱정을 자극한다. 일단 둘이서 나이, 계급, 인종 장벽 따위를 넘어서서 하나가 되기만 하면, 이들은 그 뒤 언제까지고 행복하게 살게끔 돼 있다. 로맨스물에서 어떻게 장기 관계를 유지하는가 하는 문제를 다루는 일은 드물다.

　　'소녀가 소녀를 만나고, 소녀가 소녀를 잃고(또는 잃을 뻔하고), 소녀가 소녀를 얻는다'는 전개 방식에는 이성애의 '소년이 소녀를 만나다' 판에는 들어 있지 않은 고유한 난관들이 있다. 우선 레즈비언 로맨스 소설에는 동성애 관계가 겪는 현실 사회의 장벽(이성애 구애에서는 그다지 흔치 않은)을 표현하는 장애물이 종종 등장한다. 모부가 젊은 연인들을 갈라놓으려고 끼어들거나, 분노에 찬 남편들이 사립 탐정을 붙이거나 신체적 폭력으로 학대하거나, 아니면 둘 중 한쪽이 자기가 레즈비언이라는 사실을 받아들이는 데 갈등을 겪는다. 둘째, 레즈비언 관계에는 장애물로 기능할 양극화된 젠더 역할이나 극복해야 할 성별 차이점이 없기 때문에, 레즈비언 로맨스물은 플롯 장치로 나이·계급·인종 차이에 더 많이 기댄다. 예를 들어 나이 마흔인 케이트 델라필드가 스물여섯 살짜리 '너무 어린' 에이미 그랜트의 사랑스러운 제안에 저항할 수 있을까? 이쪽 세계에 갓 발 들인 부자가 빈민가에서 태어난 레즈비언과 행복을 찾을 수 있을까? 셋째, 이성애 로맨스물에서 여자는 남자의 호전성과 무관심을 반드시 사랑의 신호로 해석해내어 결국 남자를 성공적으로 차지하는 데 견주어, 레즈비언

로맨스물에서는 관계가 더 조화롭게 묘사된다.[19] 그렇기에
레즈비언 커플은 더 빨리 친밀해진다.

마리 치니와 테리사 맬러피가 레즈비언 만남을 조사한
결과에 따르면 소설에서뿐만 아니라 실제로 로맨스 각본을
따르는 레즈비언들이 있다.[20] 그들이 접촉한 레즈비언 중 다수가
이 연구에 참여할 수 없던 이유는 그들이 친구와 사귀어서
원래 모르던 사람과 데이트를 해본 적이 없기 때문이었지만,
18~24세의 레즈비언 23명은 전에 모르던 사람과 실제로 가졌던
첫 번째 데이트와 다섯 번째 데이트 때의 생각, 느낌, 행동이
어땠는지를 묘사해줄 수 있었다. 데이트 경험을 묘사해달라는
점을 명시했기 때문에 응답자들 가운데 친구와 한 경험을 얘기한
사람은 없었다. 모든 데이트는 이들이 잘 모르는 여자와 만난
것이기에 로맨스 각본의 발단 단계를 쌓아가고 있었다. 이들의
경험에서는 낯선 사람과 저녁 시간을 보내는 데서 오는 불안이
드러났는데, 이것은 꽤 전통적인 데이트 형식에서 두드러지는
부분이다.

응답자들의 첫 데이트 각본에서 성적 끌림과 정서적
친밀성은 둘 다 중요한 요소였다. 우정 각본에서 외모가 그다지
중요하지 않던 것과 대조적으로, 데이트 전에 하는 생각들은
외모 중심으로 돌아가고 있었으며 상대 여성에게 육체적으로
매력적이고 싶다는 욕망을 드러내고 있었다. 이들은 자기
모습을 상당히 걱정했다. "나는 그 사람이 좋아할 정도로 충분히
매력적일까? 뚱뚱하고 못생긴 것만 같다." "보통 내가 어떻게
보이는지 걱정을 안 하는데, 이번에는 정말 신경 쓰인다." "나

어떻지? 괜찮아 보이나? 단단하고 중심 잡힌 사람으로 보일까?"
"뭘 입어야 하지? 좋은 인상을 주고 싶다.""담배를 피워야 하나?"
"몸무게가 10파운드만 덜 나갔으면 좋겠다.""그 사람 눈에 내
옷차림이 바보 같아서 바로 차버리면 어떡하지?"

응답자들은 육체적 화합이 발전해나가는 과정에도 꽤
잘 적응했다. 육체적 요소(만지기, 입맞춤)를 더할 만한 알맞은
시점이 언제인지, 상대가 먼저 시작해오면 어떻게 반응해야
할지 궁금하다는 말을 자주 했다. 하지만 이성애자 여자들과
달리 레즈비언들은 성행위를 제어해야 할 필요는 말하지 않았다.
이성애자 여자들이 보통 언제 섹스를 '허락할지' 결정하는
것과 달리 레즈비언들은 육체적 친밀성을 나누기 시작할 때 더
상호적인 의사 결정을 한다.

한편 응답자들의 이야기는 이들이 헌신적 관계의
짝으로서 상대방의 가능성을 가늠해보는 자리로 첫 번째
만남을 이용하고 있다는 점을 보여줬다. 앞서 제시한 가설과
같이, 이런 초기 만남에서조차 많은 응답자는 만나는 사람이
"천생연분"인지 알아보고자 했다. 이 각본에서 상대방을 향한
관심의 강도를 가늠해보는 것은 빼놓을 수 없는 부분이다. 어느
응답자의 표현처럼, "이 여자와 함께 성장할 수 있을까? 나의
미래에 함께할 수 있을까?" 하는 것이다.

더 나아가 다섯 번째 데이트 경험에 관한 응답자들의
이야기는 레즈비언 관계에 흔히 수반되는 신속한 진도나 '즉시
합병'을 보여주고 있었다.[21] 응답자들은 보통 다섯 번째로 만날
때쯤 성적, 정서적 측면에서 상대에게 빠졌다고 보고했다.

"좋아. 다섯 번까지 잘 만났으니 장기 관계로 넘어가는 계획을 세우는 거야. (…) 어쩌면 평생 함께할 수도 있고." "내가 커플의 구성원이라는 것 그리고 다른 사람이 우리가 커플이라는 걸 안다는 게 기분이 좋아." "그래, 나는 그가 좋다." "다른 곳이 아닌 바로 그 사람 곁에 있고 싶다." "내가 이 사람과 남은 생애를 보낼 수 있을까?"

많은 레즈비언이 다섯 번째쯤의 데이트에서 보고하는 강한 애착은 대개 아주 내밀한 이야기나 깊은 정서적 유대를 바탕으로 삼고 있었다. 레즈비언들은 친구로서 관계를 시작하지 않았다 하더라도 커플이 되는 과정의 일환으로서 빠르게 친밀한 우정을 쌓아가는 것 같다. 이런 이야기들 가운데 일부는 다음과 같이 묘사됐다. "내 마음이 훨씬 많이 열렸고 내 감정을 보호하려는 염려는 줄었다." "그에게 귀를 기울였다. 그에 대한 조각들을 하나씩 맞추어나가면서." "서로 눈을 들여다보며 깊은 속 이야기를 하고 싶다."

노골적 성애 각본

노골적 성애 각본은 "착한 여자들은 천국에 가지만, 나쁜 여자들은 어디든 간다"는 철학을 받아들인다. 성적 쾌락의 능동적 추구를 찬양하는 것이다.[22] 이 각본에서는 성 경험 자체가 주도적인 구실을 수행한다. 성적인 만남에서 사랑·애정·헌신도 나올 수는 있으나 만남을 정당화하는 데 반드시 필요하다고 여겨지지는 않는다.

　　　가장 많이 소설화된 노골적 성애 각본은 '첫눈에 느끼는 욕정'이라든가 '우발적인 섹스'일 것이다. 두 여자가 만나 서로 강한 육체적 반응을 느끼고 성적 모험을 한다. 만남의 발단이 단도직입적이고 목표 지향적이다. 이 각본의 몸통은 성행위·흥분·만족감에 관한 상당히 긴 상세 묘사로 이뤄진다. 보통 이 각본에서는 안전한 섹스 습관과 에이즈 예방에 관한 염려가 대놓고 나온다. 두 사람이 다시 만나기로 할지는 에로틱하고 정서적인 상호작용의 질에 기대어 결정하는 것이 전형적이다. 관계가 지속돼야 둘 사이에 드디어 정서적 친밀성이 발달할 수 있을 것이다.

　　　노골적 성애 각본에서는 부치-펨 역할이 두드러지는 위치를 차지하기도 한다. 이 역할들은 레즈비언의 성적 신호 체계를 구현하는 것으로 정의돼왔다.[23] 부치, 펨의 '원형'은 여자를 유혹하기 위해서 자아를 드러내는 방법이다. 가장 흔한 조합은 부치-펨이지만, 부치-부치와 펨-펨 짝짓기도 심심찮게 일어난다.[24] 부치-펨 원형이 품은 에로틱한 호소력은 노골적 성애 각본 속에서 빛난다. 부치 레즈비언의 마르고 근육질인 몸·정돈되지 않은 머리·당당한 몸가짐·성적 능숙함이, 펨 레즈비언의 아름다움·관능·성적 기호가 찬양된다.

　　　구애 각본 위계에서 노골적 성애 각본은 우정 각본이나 로맨스 각본보다 격이 떨어진다고 여겨지는 일이 종종 있지만, 요즘 문학·비문학에서는 인정을 받는다. 예를 들어 셀레스트 웨스트는 『레즈비언 애정상담사』에서 첫 잠자리를 하고 난 "다음

날 아침"이 연락을 지속하는 출발점이 될 수도, 둘이 함께하는 마지막 시간이 될 수도 있다고 일러준다. 그 상황에 맞는 적절한 예의는 이 같은 일의 반복을 바라느냐 아니냐에 따라 다르다. 만약 바라지 않는다면,

그 사람에게 커피와 크루아상을 줘라. 당신은 지금
나가서 일을 봐야 한다고 일러주면서. 로맨틱하지도
무례하지도 않게 부산을 떨어라. 할 일이 너무 많아
앞으로 여섯 달 정도 바쁠 거라는 말은 할 수 있지만,
절대 막되게 굴지 말라. 당신이 공들여 애정을 얻어낸
그 어떤 여자에게든 늘 진실로 예의 바르게 대해줄
의무가 있으니까. 당신의 진실함과 로맨틱한 마성까지
자연스럽게 녹아 있는 상황에서, 3년 된 섹스 파트너가
당장 집으로 들이닥칠 예정이라는 얘기 같은 걸 굳이
털어놓을 필요는 없다.[25]

노골적 성애 각본은 레즈비언 로맨스 각본에도 강력한 (그렇지만 잘 드러나지 않는) 충격을 가했다. 최근 소설들에서 로맨스 각본이 노골적 성애 각본과 맞붙는 경우가 많아졌다.[26] 대체로 로맨스 각본이 우세하지만, 그 전에 작가는 서로 겉도는 두 사람 사이에 다소 질펀하고 우발적인 섹스 장면들을 넣어줘야 한다. 물론 이런 상호작용은 나중에 두 사람이 사랑에 빠지고 나서 경험하게 될 섹스만큼 깊은 만족감을 주지는 않는다. 그렇게 독자는 노골적 성애 각본을 지지하지 않으면서도 대리

만족의 즐거움을 누릴 수 있다. 게다가 노골적 성애 각본의 순수 에로티시즘과 경합하려면 로맨틱한 장면들도 더욱 노골적으로 변해야만 한다. 결과적으로, 노골적 성애 각본은 로맨스 각본을 성애화했다.

　　노골적 성애 각본을 레즈비언들이 얼마나 사용하는지는 조사된 적이 없다. 그러나 레즈비언 데이트에 관한 연구는 첫 만남에서 섹스할 생각을 하거나 섹스를 하는 레즈비언들이 있다는 사실을 알려준다. 치니와 맬러피의 연구에서 스물세 사람 가운데 두 명이 상황이 "맞을" 경우 첫 만남에서 섹스할 의향이 있다고 밝혔다.[27] 나아가 딘 클링켄버그와 수재나 로즈가 조사한 데이트에 관한 연구에서 17~55세에 걸친 스무 명 가운데 네 명이 최근 처음 만난 여자와 나눈 성교 이야기를 했다.[28] 이런 성 접촉은 모두 전통적으로 로맨틱한 환경 속에서 일어났다. 두 건의 사례에서 응답자들은 주말을 함께 보내기로 한 뒤 여행을 가서 저녁을 먹고 서로를 향한 감정이 어떤지 털어놓았다고 했다. 이런 실례들은 레즈비언들이 성적인 만남을 위한 맥락(로맨스와 우정을 포함한)을 빠르게 구축하는 편임을 암시한다.

　　요약하자면 노골적 성애 각본은 정서적 친밀성보다는 성적 매력을 강조하는 점, 첫 만남부터 한쪽이든 양쪽 다이든 단도직입적이고 목적성이 뚜렷한 발단을 취한다는 점, 이어질 수는 있지만 꼭 그럴 필요는 없는 관계를 지속한다는 점 등이 특징이다.

각본에 영향을 미치는 요소

앞에서 정의한 세 가지 각본 사이의 구별은 실제적이라기보다 어느 정도 개념적인 것이다. 일상에서는 각기 다른 경험이나 상황에 따라 어떤 각본을 다른 각본보다 선호하게 된다든가, 앞서 묘사한 '첫 데이트에 섹스'하는 시나리오처럼 각본들끼리 섞일 가능성이 높다. 각본 선택은 개인 차이, 공동체의 가치, 사회 조건에 영향을 받는다고 볼 수 있다. 개인별 특성으로서 적용 가능한 각본에 어떤 것들이 있는지 아는 데 영향을 미치는 한 가지 요소는 해당 개인이 레즈비언으로서 겪어온 경험의 양이다. 앞서 밝혔듯 레즈비언들이 우정이라는 맥락에서 여성을 향한 자신의 사랑을 깨닫는 것은 흔한 양상이다. 이 단계에서도 많은 이는 자기를 레즈비언으로 정체화하지 않으며, 그 우정에는 종종 성적 요소가 빠져 있다.[29] 나중에 자기를 레즈비언으로 정체화한 관계에서는 성적인 끌림이 두 사람 애정 관계의 한 요소이며 우정과 로맨틱한 관계를 구분하기 시작한다고 많은 레즈비언이 이야기한다. 그러므로 '커밍아웃'을 한 지 오래되고 더 발전된 구애 레퍼토리를 갖춘 레즈비언들은 우정 각본 한 가지에만 의존하는 일이 더 적을 확률이 높다.

   각본 선호도에 영향을 미칠 수 있는 또 다른 개인 특성은 성애적 측면에 관한 그 사람의 태도다. 어떤 레즈비언은 노골적 성애 각본을 정치적으로 올바르지 않다고 여길 수 있다. 예컨대 상대에게 헌신하는 애정 관계라는 맥락에서만 섹스를 받아들일 수 있다고 생각할 수 있다. 그밖에도, 관계에서 섹스의 우선순위가 낮다고 여길 경우 육체적 친밀성보다는 우정을 발달시키는 쪽을 좋아할 수 있다.

공동체의 가치가 특정 각본을 다른 각본들보다
장려하게끔 작용하는 경우도 종종 있다. 1970년대에는 일대일
관계가 아닌 짝짓기 체제(nonmonogamy)가 도시 레즈비언
공동체 대부분에 널리 받아들여지는 풍속이 되었고, 우발적
섹스가 반드시 헌신의 약속으로 이어지리라는 기대가 없었다.
요즘의 규범은 로맨틱한 관계의 결과로서 '즉시 합병'을
선호하는 것 같고, 두 사람이 성적인 사이가 되면 배타적 관계를
구축하게끔 하는 외부 압력이 있는 것으로 보인다. 소서는
그점을 다음과 같이 적절히 표현했다.

> 좁디좁은 우리 문화 속에서 우리는 대부분 서로 거리를
> 두죠. 누구를 만나든 결혼을 하게 되기 때문입니다.
> 어떤 사람과 자고 나면 이사를 오고, 만나면 결혼하고,
> 키스하면 바로 영구적 관계를 형성하는 겁니다. (…) 지금
> 얘기하고 있는 상대를 조심하는 게 좋을 거예요![30]

어떤 만남이든 헌신 약속으로 귀결된다는 예측이 레즈비언들로
하여금 로맨스 각본을 거부하고 우정 각본을 선호하게끔
이끄는지도 모른다. 적어도 우정 각본은 두 사람이 합치는
과정을 늦춰준다.

사회 조건 역시 구애 각본에 영향을 미친다. 예를 들어
부치-펨 역할은 노동 계급과 소수 민족 레즈비언들에게 더 많이
선택된다.[31] 아나 카스티요는 멕시코계 레즈비언들 사이에서

관계의 지배권이 부치나 마차[b] 역할에 수반되는 것이 아닌데도
불구하고 남장이나 성별 역할의 경계를 넘는 행동이 널리
퍼져 있음을 지적했다.[32] 이 역할들이 서로 다른 계급 및 인종
집단의 구애 각본에 어떻게 연관되는지는 앞으로 연구되어야
할 문제다. 그러나 우정 각본에서 부치-펨 역할이 상대적으로
덜 뚜렷하다는 점이, 백인 중산층 레즈비언의 구애 유형에서만
우정 각본이 두드러지는 것은 아닌가라는 문제를 제기한다. 만일
그렇다면, 노동 계급·아프리카계·멕시코계·동양계·아메리카
원주민 레즈비언들이 선택하는 다른 각본들을 밝혀내는 것이
앞으로 중요한 연구가 될 것이다.

마지막으로 레즈비언들의 관계 접근법에 영향을
끼친 것으로 후천성면역결핍증(에이즈) 등장 같은 다른 사회
조건들이 있다. 에이즈에 관한 반응으로서 레즈비언들에게
나타난 주요 변화는 우발적 성 접촉 횟수를 줄이는 것이었다.[33]
35세인 어느 레즈비언은 수재나 로즈의 설문을 다음과 같이
작성했다.

원나잇 스탠드의 즉흥적인 즐거움은 끝났다. 그것은
이제 걱정스러운, 엮이지 말아야 할 일이다. (…) 나는 이제
착하고 보수적인 여자들한테 마음을 쏟는다. 사교성
있고 상대가 많은 여자들은 피한다. 섹스는 전처럼 흥분

---

b   Macha. 마초(macho)의 여성형.

넘치는 모험까지는 못 되지만, 내 곁에 있는 여자와 함께
안전하고 보호받는 느낌이 든다. 성적으로 다양하게
변화를 주는 일은 분명 어려워졌다.

다른 반응에는 이런 것들이 있다. "다른 관계를 찾아 나서는 데
훨씬 흥미가 떨어진다." "여태 금욕해서 다행일 따름." "하룻밤
자는 거 이제 안 한다." "섹스가 마냥 재미있고 역효과는 없던
70년대 초에 나의 철학이었던 '자유로운 사랑'은 끝이 났다."
"에이즈 공포로 성욕이 줄어든다."

또한 수재나 로즈의 연구에 참여한 사람들이 택한 두
번째 주요 에이즈 예방 대책은, 둘이 사귀기 전에 상대의 성적
내력을 알아보는 것이었다.[34] 구강성교를 할 때 라텍스 막을
쓰는 등 구체적으로 안전한 섹스 습관을 실천하는 레즈비언들은
거의 없었다. 요컨대 잠재적 파트너와 그의 성 전력을 잘
알아두면 에이즈 위험이 줄어들 것이라는 믿음으로, 이
돌림병은 레즈비언들이 노골적 성애 각본보다는 우정 각본으로
시작하도록 장려한 것처럼 보인다.

구애 각본들과 보스턴 결혼

에스더 로스블룸과 캐슬린 브레호니가 기술한 보스턴 결혼[35]은
우정 각본과 로맨스 각본의 혼합물로 볼 수 있다. 그런 뒤섞임이
로맨틱한 우정을 쌓아 올릴지 아니면 우정 같은 로맨스를

쌓을지는 그 관계를 어떻게 보느냐에 따라 달라진다. 보스턴 결혼의 발단 국면에서는, 그 관계가 로맨스 각본과 더 가깝다. 두 사람 사이에는 관계를 촉진하는 매개로 정서적 강렬함과 육체적 끌림이 존재한다. 이들은 하나씩 차근차근 알게 되기보다는 아주 빠른 속도로 정서적 또는 성적으로, 아니면 양 측면에서 가까워지다가 한집으로 이사해 두 사람의 삶을 합치게 된다. 로맨스 각본에서 그러하듯 이들은 자석처럼 서로에게 끌리고, 둘 중 하나든 둘 다든 상대와 사귀고자 할 때 발단이 단도직입적이며, 헌신 단계로 빠르게 이행한다. 한편 일부 보스턴 결혼은 명백한 성 접촉이 없다는 점에서 우정 각본이 더 정확한 모형이라고 주장할 수도 있다. 보스턴 결혼은 우정 각본의 커밍아웃 버전에 들어맞는 것으로 보일 수 있으며, 이는 그 여성들이 처음으로 레즈비언임을 자각하는 과정이 다름 아닌 우정을 통해서 일어나기 때문이다.

보스턴 결혼은 우정과 로맨스를 구별할 때 종종 일어나는 어려움을 다른 어떤 관계 유형보다도 잘 보여준다. 우정은 두 여자가 명백히 '그냥 친구 사이'이며 둘 사이에 육체적 끌림은 거의 또는 전혀 없다고 인식하는 가운데 존재한다. 다른 우정에서는 성적 끌림의 구실이 불분명할 수 있다. 그러나 또 다른 우정에서는 육체적·성적 끌림이 아주 뚜렷할 수 있는 것이다. 성적인 면이 있든 없든, 우정이란 아무튼 친구를 향한 갈망과 열정이 표현되고 있는 한 매우 '로맨틱'할 수 있다. 또한 육체적으로 한동안 뜨겁다가도 급격히 성애가 없는 우정으로 기우는 로맨스 역시 존재하는 것이다.

위와 같은 구별이 분명해질 수 있는 것은, 이 글의 구애 각본 분석에서 제시한 바와 같이 성적 행동이 있고 없음이 그 관계가 우정인지 로맨스인지 정의 내리는 하나뿐인 기준으로 여겨져서는 안 된다는 명제에 의해서다. 우리는 각본을 구별하는 네 가지 특징으로 정서적 친밀성, 성애적 측면, 관계의 발단, 관계의 진도를 명시했다. 당사자들이 커플로 정체화하는 수준이 어느 정도인가가 장기간의 로맨틱한 관계와 우정을 구별하는 중요한 기준이라는 가설을 세울 수도 있을 것이다. 이런 가설까지 고려하는 것은 구애만을 다루는 이 글의 범위를 넘어선다. 그러나 이와 같은 가설의 고려는 레즈비언 커플들 사이에서 이루어지는 장기 관계의 양상에 어떤 것이 있는지 조사해볼 필요성을 제기한다.

각본 이론은 보스턴 결혼을 다르게 보는 법을 제공한다. 각본 이론은 각본들이 문화적 차원·대인관계 차원·심리내적 차원이라는 세 수준에서 존재한다고 가정한다.[36] 문화적 각본은 특정 역할의 수행과 관련한 사회적 규범을 기술한다. 대인관계 각본은 사람들이 문화적 각본을 구체적 상황에 응용하며 발전시킨 청사진을 표현한다. 심리내적 각본은 사람마다 속으로 품는 소망, 욕망을 구현한 것이다.

각본 이론에 비춰 검토해보면, 보스턴 결혼은 다음과 같이 볼 수 있다. 두 여성이 어떻게 짝을 이루는지를 묘사하는, 폭넓게 쓰이는 문화적 각본은 존재하지 않았다. 그러나 우정을 어떻게 행하는가에 관한 문화적 각본은 존재한다. 그러므로 보스턴 결혼에서 여성의 개인적 욕망(심리내적 각본)은,

커플의 상호작용(대인관계 각본)으로 구체화되는 두 여성의 성적 친밀성에 관한 강한 문화적 금기들을 수반하면서, 우정 각본(문화적 각본)의 맥락 속에서 실행될 가능성이 높다. 대안적인 문화적 각본에 노출되면 세 가지 각본의 상호작용 정도는 변화할 것이다. 성애적 측면을 애정 관계의 일부로 정의하는 레즈비언 문화 각본을 알게 되면 이것이 대인관계 각본과 심리내적 각본에 강한 영향을 끼치기 쉽다. 로스블룸과 브레호니가 기술한 사례를 보면, 한 여성이 어느 레즈비언 재즈 그룹과 친한 사이가 되고 나서(이와 동시에 개인적으로 레즈비언 규범에 더 많이 노출되면서) 15년 된 자신의 관계가 성적인 것이 아니므로 '사귀는 관계가 아니다'라고 재정의하게 됐다.[37] 새로운 문화적 각본에 반응해 그 여성의 대인관계 각본은 변화를 겪었다. 추측건대 그 여성의 심리내적 각본도 변했다. 이제 이 사람은 성적인 관계를 맺길 욕망하게 된 것이다.

　　　마지막으로 최근에 나타나고 있는 문화적 각본이 보스턴 결혼에 끼치는 충격도 고려되어야 한다. 여기에 제시된 세 가지 각본 가운데 노골적 성애 각본이 가장 나중에 나왔는데, 앞에서 쓴 대로 이 각본이 로맨스 각본을 성애화하는데 작용했을 수 있다. 레즈비언의 주된 문화적 구애 각본 중 무려 두 가지가 겉으로 표현되는 성애적 측면을 더욱 강조하게 되면서, 레즈비언 공동체와 접촉이 많은 보스턴 결혼 구성원들은 갈수록 비성애 관계를 지탱하기 어렵게 되었을 수 있다. 그러나 노골적 성애 각본이나 성애화된 로맨스 각본이 쥐고 있는 주도권에 맞서, 에이즈에 대응해 발전한 '우정 먼저' 각본이 나타났다. 에이즈는 레즈비언들 사이에, 심지어 커플들 사이에서도 금욕을 확산하는 결과를 가져왔다고 보는 것도 가능하다. 만약 그렇다면, 보스턴 결혼이 앞으로는 더욱 흔해지고 널리 받아들여지게 될 수도 있다.

결론

이 장에서 의도한 바는 보스턴 결혼과 연관된 과정들을 조명하는 방법으로서 레즈비언 구애 유형들을 밝히는 것이다. 여기에서 기술한 우정 각본·로맨스 각본·노골적 성애 각본은 정서적 친밀성, 성애적 측면, 관계 발단과 관계의 진도 측면에서 각기 구별되는 레즈비언 하위문화의 문화적 각본들을 나타낸다. 공동체마다 다른 규범들이나 개인적 기질과 경험 또한 각본을 변형시킬 확률이 높다. 이런 맥락에서 보스턴 결혼은 관계가 발단 국면일 때 대체할 만한 레즈비언 구애 각본을 접하지 못한 결과로 나타난 흔한 변이 각본으로 생각될 수도 있다. 그러나 보스턴 결혼은 우정 각본과 로맨스 각본의 측면을 모두 가지고 있으므로 분명한 레즈비언 구애 유형의 하나로 봐야 한다. 이런 분석을 통해 얻을 수 있는 시사점은, 보스턴 결혼 속에서 일어나는 문화적 각본·대인관계 각본·심리내적 각본의 상호작용을 조사해봄으로써 레즈비언들이 어떻게 구애 각본을 발전시키고 사용하는지에 관한 중요한 통찰을 얻을 수 있으리라는 사실이다.

7장

상담에서 보스턴 결혼 다루기

로라 S. 브라운

보스턴 결혼을 한 부부가 관계의 진정한 본질을 드러내는 몇 안 되는 곳 가운데 하나가 상담소의 안전하고 믿을 수 있는 준비된 환경이다. 이들은 각기 다른 여러 경로를 통해서 상담소를 찾는다. 둘 중 어느 한쪽이 성적 측면이 소거된 관계의 성격을 걱정하며 개인 상담을 찾는 경우가 있다. 한쪽이 성생활을 해야 한다는 압박을 느끼고, 이런 요구에 대처하거나 조율하는 방법을 알아보고자 상담을 시작하는 경우도 있다. 아니면 다른 문제로 둘이 같이 상담을 받다가 상담 도중 그들의 관계에 성애가 없음이 드러날 수도 있다. 마지막으로, 한쪽 또는 양쪽이 최우선적 관계와 상관없는 다른 문제로 상담을 찾았다가 그 관계의 비성애적 성격이 드러나자 상담사가 그런 관계는 문제가 있다고 단정 지으려 드는 상황에 맞닥뜨릴 수도 있다.

보스턴 결혼 생활을 해온 여성들과 마주할 때 상담사에게는 어떤 것이 보일까? 이 여성들은 레즈비언인가? 한쪽은 레즈비언이고, 다른 한쪽은 아닐 수 있을까? 장기간 성적인 애인 사이가 아니었다면 이들은 서로 반려일까? 실제로 그들은 최우선적 관계일까, 아니면 그저 현실을 부정하고 있는 사이좋은 두 친구일까? 이와 같은 질문들에 대한 대답은 상담사가 내담자들에게 어떻게 반응할지에, 그리고 궁극적으로는 내담자들에게 매우 직접적이고 지대한 영향을 끼칠 것이다. 이런 상황에서 무엇이 '진짜' 관계를 구성하는가에 관한 상담사의 가치관과 편견은 내담자가 앞날을 결정할 수 있게 뒷받침하는 강력한 힘이 되어줄 수도 있으나, 상담사가 해당 관계와 중요성의 가치를 부정할 때는 내담자에게 고통과 우울을 일으키는 강력한 촉매가 될 수도 있다.

특히 상담사 자신이 레즈비언일 경우에 그렇다. 대체로 레즈비언 관계는 생식기를 이용한 성애 표현의 빈도가 전형적으로 낮아[1] 여러 측면에서 보스턴 결혼과 유사할 수 있기 때문이다. 상담사가 누군가와 사귀고 있는 경우, 그 관계에 성적 요소가 있음 또는 없음에 관한 상담사의 감정은 그런 커플에 대한 상담에서 모종의 입장을 취하는 역량에 큰 영향력을 행사할 가능성이 있다. 보스턴 결혼이 제기한 쟁점들은 레즈비언으로서 상담사 자신의 상황이 합당한 것인지에 의문과 고민을 던짐으로써 상담사를 위협한다.

'진짜' 레즈비언 관계는 무엇으로 구성되는가

상담사로서 자신의 경우에 대한 답을 내어야만 비로소 내담자가 답을 찾을 수 있도록 지원이 가능해지는 제일 어려운 질문은 무엇인가. 이는 성인이 맺는 최우선적 관계의 불가결한 요건으로서 생식기를 이용한 성애를 최우선으로 놓는 문제와 관련된다. 이와 관련된 또 하나의 중요한 문제는 여성 간 생식기를 이용한 성애 표현이 여성 동성애를 정의하는 특징인가, 아니면 이것은 특정 시대·지역에 한정된 가치를 반영한 사회적 구성물로서 어떤 여성들에게 적용되면 악영향을 끼칠 수 있는 무엇인가다. 여성 동성애의 사회적 구성에 관한 실리아 키칭어의 연구에 따르면, 외부에서 부여된 레즈비언 정체성의 정의 외에도 우리가 스스로 레즈비언이라는 명칭을 쓸 때 대개 다섯 가지 주요한 정의 변수를 근거로 들어 설명한다고 한다.[2] 이 다섯 가지 가설에 대한 키칭어의 비평은 이 글에서 다루지 않는다. 여기서 상담사와 내담자에게 공히 중요한 점은, 레즈비언 정체성이 무엇으로 구성되는지에 대해 하나의 고정된 정의는 없으며 레즈비언 관계에 대해서도 마찬가지라는 사실이다.

상담사들이 엄청난 영향력을 휘두르고 있는 사회에서
여성의 삶에 정의와 방향을 부여하는 이 기본적 질문들이 가진
힘을 보여주는 사례가 하나 있다. 어느 커플이 스무 해가 넘도록
보스턴 결혼 생활을 해왔다. 두 사람은 같이 살면서 첫 여섯 달간
몇 차례 적극적인 섹스를 했다. 이들은 스스로 레즈비언이라
정의하지 않으며, 레즈비언 공동체에 속해 있지도 않다. 하지만
이들은 집, 침대, 재산, 반려동물, 유언장, 위임장을 공유하며
자신들을 최우선적 관계의 커플로 정의한다.

이중 한쪽이 직장 생활에서 우울을 느끼고 어려움을
겪다가 그 지역의 유능한 이성애자 상담사를 찾아가 상담치료를
받는다. 그 상담사는 내담자의 과거사를 다룰 때 성적 발달이
가로막혀 힘든 것이라 일러주며 남자를 만나기 시작하라고
부추긴다. 내담자가 레즈비언이 아니라 단순히 성적 발달이
늦은 이성애자라는 '증거'로서 그 관계에 성행위가 빠져 있음을
든 것이다. 내면화된 동성애혐오에 극단적인 감정을 느끼고
있던 내담자는 자신이 동료들에게 레즈비언으로 인식되기를
두려워하는 사람이기에 상담사의 제안이 유용하다고 여긴다.
내담자는 남자와의 데이트를 실험하기에 나선다. 남자에게
끌리지 않는다는 것을 깨닫고, 데이트한 남자들 중 누구와도
성적인 사이가 되지 않는데도 말이다. 상담이 주는 압박감에
내담자의 기존 관계는 무너지기 시작한다. 상대 여성을 떠나고
상실감에 슬퍼하면서, 견고하던 둘의 반려 관계에 무슨 일이
벌어진 건지 의아해하면서 말이다.

내담자가 자신의 관계에 어떤 양가감정이나 고민을 품고

있었을는지는 알 수 없으나, 내담자의 감정은 이 관계가 '진짜'도 '동성애'도 아니라는 그 상담사의 시각에 매우 취약했다. '진짜 동성애'의 증거가 없는 상황에서 내담자의 이성애 지향성은 부정할 수 없는 사실이라 주장하는 상담사의 가정에 어쩔 도리가 없었던 것이다. 왜냐하면 로스블룸과 브레호니가 지적하듯 보스턴 결혼을 한 여성들은, 무엇이 관계를 '진짜'로 만드느냐에 관한 대중적 관념에 비춰 자신의 관계가 합당한 것으로 인정받을 수 있는지 확신하지 못하는 경우가 흔하며 특히 상담사 쪽에서 들이대는 이성애 중심적 가정에 약하기 때문이다.[3] 이 상담사는 '진짜' 반려 관계란 성 접촉을 포함하며 '진짜' 레즈비언들은 다른 여성들과 성생활을 한다고 가정했다. 관계를 꾸려가는 내담자를 지지해주거나 그 관계를 강화하고 합당한 것으로 만들 수 있도록 도와주는 방법을 찾기보다는 그 관계를 중요하지 않은 것으로 치부함으로써 관계의 기저에 존재하고 있었을지도 모르는 작은 틈들을 벌려놓고 만 것이다.

그래서 상담사가 스스로 그리고 내담자에게 명확하게 따져보아야만 하는 첫 번째 질문은 다음과 같다. 과연 성인의 친밀한 반려 관계로 인정되는 합당한 형식이란 무엇으로 구성되는가? 다른 사람들처럼 상담사들도 주류 문화의 영향을 받아 반려 관계를 정의하는 요소로서 성적 끌림과 정기적 성행위를 중요하게 생각한다. '그냥 친구' 사이와 '[반려] 관계'의 차이는 대개 성행위와 연관 지어 정의된다. 그래서 예컨대 프랑스 영화 『우리 사이에(Entre Nous)』의 주인공 여성들이 레즈비언 관계를 맺고 있는 것으로 보이지 않을 수 있는 까닭은, '순전히'

강렬하게 사랑하고 성애 없는 애정을 쏟으며 서로 헌신하면서도 이들이 법적, 경제적 측면에서 최우선으로 매여 있는 남자들과 생식기 교접을 지속하고 있기 때문이다.

그러나 보스턴 결혼을 한 내담자를 대하는 상담사는 이 가정이 타당한지를 주의 깊게 살펴봐야 하며, 성인의 친밀한 반려 관계가 무엇으로 구성되는지에 관한 자신과 내담자 모두의 시각을 이성애주의가 얼마나 왜곡하고 있는지 질문을 던져야 한다. 전형적으로 정의되는 이성애 관계의 유효성은 결혼 제도를 기준으로 하기 때문에, 보스턴 결혼의 성적 내력과 비슷한 길을 거쳐온 이성애 커플은 여전히 결혼 상태로 여겨지지만 보스턴 결혼 상태에 있는 커플은 '진짜' 커플로 여겨지지 않을 수 있다. 그와 같은 이성애 부부 어느 쪽에게든 상담사가 당신은 진짜 이성애자는 아니라고 일러준다거나, 두 사람 사이를 '그냥 친구'로 보라고 권유할 가능성은 매우 낮다. 이성애 특권을 통해 가능해진 결혼이라는 법적 허가는 레즈비언 관계에서만이 아니라 이성애 관계에서도 이 같은 역동이 발생하는 현실을 은폐한다.

'진짜' 관계와 관련한 문제들에 이같이 반응하는 데는 동성애혐오 역시 한몫한다. 보스턴 결혼 관계인 한쪽 또는 양쪽이 명시적 성애 표현은 자신들을 레즈비언으로 정의하는 행동이라고 받아들이기 때문에 피할 수도 있다. 둘 중 한쪽이 커플 간에 성적인 표현을 했을 때 직장이나 여러 사회 상황에서 쌍으로 쫓겨날 수도 있는 취약한 상황이 될까 봐 두려워할 수도 있다. 아니면 그 관계의 비성애적 성격이 관계가 오래가는 유일한 근거라고 믿을 수도 있는데, 이러한 두려움은 레즈비언 관계가 단순히 성적 끌림을 바탕으로 하며 따라서 지속 기간이 짧다는 문화적 고정관념에 대한 반응(의식적이든 아니든)이다. 반려 관계의 초기 성생활은 모두 실험으로 치부되고 동반자 의식과 애정으로 지낸 세월보다 의미 없는 것으로 무시될 수 있으며, 실제로 그런 경우가 종종 있다.

그래서, 관계의 정의에 대한 이와 같은 질문들은 상담이 나아갈 방향을 틀 짓기 때문에 핵심적이다. 보스턴 결혼을 한 커플이 자기네 관계 문제로 상담사를 찾았다면, 상담사는 먼저 자신의 정의를 재점검한 후 어떤 결정을 내리려 할 때 두 사람 스스로 내린 정의가 타당하고 유용한 프레임이라는 점을 존중함으로써 그 커플을 지지해줄 준비를 해야만 한다. 이것은 유난히 어려운 일이 될 수도 있다. 왜냐하면 보스턴 결혼을 한 둘 중 한쪽이나 양쪽 모두가 자신들이 만든 정의가 과연 유효하게 받아들일 만한 것인지 의심하고 있을 수 있기 때문이다. 성 기능을 향상시키거나 복구하지 않는다면 한쪽이든 양쪽이든 자신들이 진짜 커플로 지내온 것인지, 그들 관계가 존중받을 만한 경계를 갖춘 진실한 것인지, 겪고 있던 어려움이 해소될 수 있는지 자문하고 있을 수 있다. 자신들이 '진짜' 커플이 아닌데, 즉 성적으로 활발한 사이가 아닌데 굳이 더 명확하게 의사소통하는 법이나 서로 다른 부분을 맞춰가는 법을 배워야 하나 생각할지도 모른다.

상담 초기인 이 단계에서 상담사는 선입견을 제쳐두고 성인의 친밀한 관계란 무엇을 뜻하며 그 준거 변수는 무엇인지 커플이 편하게 탐색할 수 있도록 도와줄 수 있어야 하며, 이 단계를 꺼리는 태도를 보여서는 안 된다. 이 과정은 상담에 관련된 모든 사람이 다음과 같은 문제에서 보다 수월하게 결정을 내릴 수 있게 해준다. 이 상담의 목적은 성적인 구성 요소가 있는/없는 관계를 유효한 것으로서 강화하는 데 있는가? 아니면 성적 요소가 없기 때문에 최우선적 관계는 아니라는 판단을 승인함으로써 둘 사이를 벌어진 상태로 굳히려 하는가? 당사자들 사이에 성적 기능을 발달시키는 것이 상담의 중요 목표인가? 관계에 섹스를 들이려고 시도하는 것보다는 성애 표현의 측면을 관계 바깥에서 해소하면서 관계를 보전하는 것이 중요하지는 않은가?

이 탐색은 보스턴 결혼 당사자 둘 모두를 심각하게 위협할 수 있다. 어느 한쪽이 섹스 없음을 근거 삼아 관계에 의문을 던지고 있을 때, 정의를 탐색하는 작업은 그 관계의 다른 측면들이 지닌 가치를 명시적 성 접촉에 견줘 쉽사리 평가 절하하는 자신의 태도를 분석해보도록 요구한다. 만약 한쪽이 성 접촉을 도입하기를 (또는 다시 시작하기를) 거부하고 있다면, 반려자와 성애를 표현하는 사이가 된다는 것이 자신에게 어떤 뜻인지를 점검해봐야 한다는 압박을 받게 될 것이다. 둘 중 한 사람이라도 충실한 헌신의 의미를 재점검해보는 자신을 발견하게 될지 모른다. 한쪽이 감정적으로 상대에게 충실하며, 제삼자와 성적 관계를 맺지만 그 제삼자에게 헌신은 하지 않는다면 이 사람은 보스턴 결혼의 경계를 위반한 것인가? 어떤 경우든 상담사는 너무 빨리 상담을 종결지어버리지 않도록

주의해야 한다. 그리고 이 질문이 불러일으키는 불안을 제어하고
용인할 수 있는 안전지대를 꼭 만들어둬야 한다. 보스턴 결혼을
한 여자들은 인생에서 섹스와 섹스 없음이 어떤 의미인지
터놓고 얘기하기를 피해왔을 가능성이 높다. 이 대화는 분명
오래 참아온 울화, 두려움, 쌍방 비난을 불러일으키고 그 속에서
비생산적 양상이 꼬리에 꼬리를 물고 반복되며 악화돼 불이 붙을
수도 있다.

　　　이토록 격해지기 쉬운 주제를 탐색할 만한 안전한
환경을 조성하는 한 가지 방법으로, 상담 조건으로서 계약서를
쓰는 방법이 있다. 둘 다 약속한 시점까지는 이전에 정의한
관계 그대로 (예를 들어 최우선적으로 헌신하는 일대일
관계에) 남아 있어야 한다는 구속력을 부여한 계약서 말이다.
두 사람 모두가 '행동에 나서지' 않도록 하는 이런 합의는
내가 '논모노가미 투스텝(non-monogamy two-step, 시애틀
레즈비언 공동체에서 인기 있는 컨트리웨스턴 춤을 일컫는
말이다)'이라고 부르는 갈등의 조기 봉합을 막는다. '논모노가미
투스텝'에서는 이 커플이 당장 처한 궁지에서 빨리 벗어날
요량으로 둘 중 한 사람이 관계 밖 사람과 성적인 사이가 되는데,
언제나 틀림없이 막힌 부분을 뚫어주기는 하지만 언제나
틀림없이 관계를 파괴한다. 또한 성기 접촉을 최우선시하는
전제를 건드려보지도 못하게 되기에, 의식적으로 충분히
생각해서 결정하고 선택할 기회가 사라져버린다.

　　　정의 내리기와 관련한 이 중요 문제들을 탐색할 수
있는 안전지대를 만들 때 또 하나 중요한 것은, 여성 동성애와

레즈비언 관계에 관한 관점은 사회적으로 구성된 것임을
상담사가 적극적으로 알려주어야 한다는 점이다. 이렇게 보면
여성 동성애나 레즈비언 관계에 고정되고 변치 않는 또는 원래
이렇다고 정해진 특질은 없다. 오히려 이와 같은 관점은, 여성
동성애를 포함한 사회 현상들이 어떻게 구성되는지에 대해
흔히 통용되는 정의가 만들어질 때 사회적 담론이 끼친 효과를
보여준다. 키칭어는 개인의 성향으로서 여성 동성애라는 관점은
상대적으로 최근의 사회적 구성물이라는 점을 고찰했다.[4]
예전에는 여자끼리의 성적 행위란 기본적으로는 이성애자라고
정의되는 여자들이 하는 변태적 표현으로 인식됐다. 여성
동성애가 어떤 사람의 행위라기보다는 그 사람이 타고난
속성으로 여겨지던 19세기에조차 이 개념은 병리학적 형태,
죄, 인간 행동의 여러 이형 가운데서도 규범적 소수 등으로서
다양하게 이해돼왔다. 더욱 최근 들어 래디컬 페미니스트
정치학에서는 이 개념이 가부장제에 맞서는 저항의 형태로
해석되었다. 이 사회적 구성 개념들 가운데 일부는 여자들끼리의
분명한 성기 접촉이 있어야 한다는 조건을 요구하지만,
다른 일부는 그렇지 않다. 보스턴 결혼 상태인 내담자들이
자신을 설명하는 데 쓰는 명칭 또는 쓰기를 꺼리는 명칭들이
함축하는 전제에 도전하도록 지지해줌으로써 그리고 성인의
친밀 관계가 무엇으로 구성되는가에 미리 정해진 것 따위는
없다는 상담치료의 전제를 일러줌으로써 상담사는 내담자들이
상대방과의 상호작용을 어째서 그렇게 정의하게 됐는지 스스로
깨달을 수 있는 분위기 조성을 돕는다.

또한 이런 탐색을 통해 상담사는 레즈비언 관계의 본질에 대해 자신이 품고 있는 두려움과 기타 감정을 정기적으로 다루게 된다. 보스턴 결혼은, 레즈비언 상담사가 짝이 있든 없든 내담자 한쪽이나 양쪽 모두와 동일시하는 느낌이 들게 할 뿐 아니라, 상담사 자신의 과거 그리고 명시적 성애 표현의 수용과 관련해 의문을 제기하게 하는 경우가 많다. 많은 관계에서 대체로 관계의 질 자체와는 상관없이 병, 스트레스, 과로, 당사자 간 갈등 때문에 성생활이 줄어드는 기간이 있다. 보스턴 결혼을 한 내담자와의 상담이 상담사 개인적으로 자신의 레즈비언 관계에서 성생활이 감퇴하면 자기와 파트너 사이도 내담자들처럼 되지는 않을까 하는 스트레스를 심하게 받는 원인이 될 수 있다. 아니면 이 현상이 얼마나 흔한지 밝혀지지 않았다는 점을 감안할 때, 그 상담사가 현재 보스턴 결혼 상태이거나 이전에 그런 관계를 맺은 적이 있을 수도 있다. 내담자 커플이 꺼내놓은 의문은 상담사로 하여금 자신의 대인관계 지형도에 자리 잡고 있는 바윗덩이들을 뒤집어보도록 하는 촉매가 될 수 있다. 그런 커플과의 작업이 끼치는 영향이 어떤 것이든, 보스턴 결혼을 한 이들을 대하는 상담사가 주의하지 않는다면 해당 상담과 관련된 모든 사람에게 해가 되는 행동으로 번질 감정들을 끌어내기 쉽다는 점을 사전에 인지하고, 정기적으로 자문을 구해 충분히 조언을 들어야 한다.

보스턴 결혼으로 함께하기

보스턴 결혼을 한 커플이 상담을 통해 얻을 수 있는 한 가지
결과는, 자신들의 관계를 제대로 기능하는 최우선적 헌신으로
받아들이겠다는 결단을 내리는 것이다. 내 상담 경험상 이런
결론은, 보스턴 결혼 커플이 받아들여지는 사회적 맥락은 거의
없음에도, 높은 수준의 개인적 도덕성과 더불어 공동체 규범과의
차이를 받아들일 것을 요구한다. 두 사람 모두 성애가 아닌
다른 요인들에 따라 정의되는 관계의 가치를 단순히 인정하는
이상으로 적극 수용할 수 있어야 한다. 두 사람은 유효한 관계로
인정받을 수 있는 레즈비언 커플로서 자신들을 규정하기로
선택할 수 있다. 아니면, 자신들을 최우선적 반려로서 규정하고
둘의 관계를 설명하는 데 레즈비언이라는 용어를 쓰지 않기로
결정할 수도 있다. 상담사가 이들에게 스스로 레즈비언으로서
정의하도록 압박하지 않는 것은 중요하다. 오히려 목적은, 그
커플이 그네들만의 윤리와 가치 체계 안에서 상대를 삶의 반려로
맞은 자기 선택의 가치를 인정하도록 돕는 전략을 개발하는
것이다.

　　　보스턴 결혼을 한 이들은 그들이 성적이지 않은 관계임을
'커밍아웃'해야 할지 (당사자들한테는 딱히 흠으로 여겨지지
않더라도) 결단을 내려야 하는 상황에 맞닥뜨릴 수도 있다.
이처럼, 문화적으로 강제되는 적절한 성인 행동의 관념에 맞지
않는다는 까닭으로 그 반려 관계를 인정하지 않는 사회의 판단에
저항하고 있다는 점에서 보스턴 결혼을 한 사람들은 다른 성적
소수자들과 비슷하다. 내가 아는 사례 하나와 어느 레즈비언

커플 인터뷰 모음집[5]에 들어 있는 또 다른 사례에서는, 활발한 성생활을 바라는 쪽은 해당 관계 바깥에서 여자들 그리고/또는 남자들과 가벼운 성적 만남을 할 수 있게 정해놓았다. 두 사례 모두 정절과 부정을 관장하는 매우 구체적인 규칙들을 두었다. 이 두 사례에서 공통된 주제는 헌신으로, 섹스를 하는 쪽은 강한 애정이나 사랑을 느끼는 여자/남자들과 성적인 활동을 해서는 안 된다. 따라서 이 사례들에서 정절은 성행위보다는 정서적 충실함의 강도로 정의되며, 특히 동반자 의식의 힘은 성애가 아니라 사랑·애정·깊은 친밀감이나 정서적으로 연결된 느낌 등임을 강조한다. 헌신적이고 비성애적인 커플로서 친구들에게 커밍아웃했을 때, 성애 표현이라는 요소가 없다는 까닭만으로 이 관계가 틈입에 열려 있지 않은 진짜 관계임을 주지시키는 것은 훨씬 힘들다.

보스턴 결혼 마무리하기

두 여자의 비성애적 관계가 탈이 나서 이 관계를 면밀히 따져보는 상담치료를 거치고 난 뒤 맞이하게 되는 더 흔한 결과는 관계의 끝을 향하게 되는 것이다. 다시 말하지만 헤어지는 절차에서 상담사와 내담자 모두 그 관계의 현실을 그대로 존중해야 한다. 성 접촉이 끝난 날이 아니라 두 사람이 더는 이 관계를 최우선적인 것으로 보지 않기로 합의해 의식적 결정을 내린 때를 관계를 접은 날로서 정의해야 한다. 상담사는

두 사람이 '그냥 친구 사이'였다는 사고방식에 영합하지 않도록
주의하는 훈련을 해야 한다. 그런 생각은 말하자면 둘 중
한쪽이 새로운 사람과 성적인 관계를 갖는 데 관심이 생겨 원래
반려자와 마무리를 하는 중요한 절차를 그냥 넘어가고 싶어할 때
들먹이는 편리한 거짓말일 뿐이다. 그런 이름표를 붙임으로써
이들이 서로에게 부여한 모든 중요성을 일축해버리는 것이다.
주류 문화가 우정을 평가절하한다는 점을 고려한다면 특히
그렇다. 이런 시기에는 독서 치료가 도움이 될 수 있다. 내가 만난
내담자들은 두 여성의 비성애적 반려 관계의 중요성과 이 관계에
존재하는 열정에 대한 문화적 무시에 맞선 하나의 교정책으로서
릴리언 페이더먼의 『남자들의 사랑을 넘어서서』와 재니
레이먼드의 『친구에 대한 열정』이 도움이 됐다고 한다.

　　　　많은 경우, 다른 헤어짐과 마찬가지로 한쪽이 다른
쪽보다 그 관계에서 떠나기 싫어할 것이며, 어쩌면 배신당하고
버림받았다 느낄 것이며 화가 날 것이다. 이런 입장에 있던
사람이 성애를 바라지 않던 쪽이면 그 사람은 자기 비난에
빠져 본인의 처지를 수치스러워하고 관계가 끝난 책임을 제
탓으로 돌릴 것이다. 상담사가 이 상황에서 할 수 있는 일은,
서로 성적으로 활발한 이들끼리의 관계도 끝날 수 있으며 성
접촉에 별 관심이나 의지가 없다고 해서 그것이 결함이나 질병을
뜻하지는 않는다고 강조하면서 아주 강력히 개입하는 것이다.
주류 문화의 건강한 성인기에 대한 정의는 최우선적 관계의 영역
바깥에서 택한 경우가 아닌 이상 금욕 생활의 가치를 낮추려
드는데, 위와 같이 적극 개입하는 태도는 이런 주류의 정의와

정면충돌한다. 하지만 의식적 숙고를 통해 자신에게 가장 잘 맞는 상태로서 선택한 금욕은 성 정체성이나 성적 행동과 관련된 다른 모든 선택과 똑같이 합당하고 가치 있는 것이며, 이는 여성을 위한 보다 급진적이고 페미니즘적인 건강한 섹슈얼리티 개정 작업에서 빼놓을 수 없는 부분이다.

더 어려운 결단도 있다. 관계를 떠나는 사람이 속으로 품고 있던 동성애혐오를 행동으로 드러낸 것으로 보이는 경우다. 이 글 초반에서 든 사례와 같이, 이 사람이 다른 새로운 성적 관계를 시작하는 데는 관심이 없더라도 현재 반려 관계에 레즈비언이라는 이름표가 붙는 것을 두려워하는 경우일 수 있다. 이런 경우 남겨진 쪽에게 더해지는 문제는 자신의 성 지향성과 이어진 갈등과 마주하게 되는 일이다. 어쩌면 자신을 "수와 나는 사랑하고 서로 함께 살았지만 레즈비언은 아니다" 따위의 이름조차 없는 범주에 넣어두었다가, 세월이 흐른 뒤에야 자기 자신에게 레즈비언임을 커밍아웃하는, 대체로 고통스러운 과정을 시작할지 모른다.

결론

보스턴 결혼을 다루는 상담사는 당연시되는 사고방식에 대한 끊임없는 도전을 길잡이 원칙으로 삼아야 한다. 친밀성의 본질에 관한 페미니즘적 분석이 중요한 기본 전제로 쓰일 수 있다. 예를 들어 커플 관계란 한 사람(이성애 관계에서 여자)의 섹슈얼리티와 성적 행동의 소유권을 다른 사람(이성애 관계에서 남자)에게 넘겨주기 위해 존재한다라는 가부장제적 개념에 질문을 던짐으로써 그리고 자신들 관계의 가치를 매길 때에 그 커플이 전제하고 있던 가정이 바로 저런 개념에서 나왔다는 것을 보여줌으로써, 페미니즘적 비판과 분석은 그 커플이 당면한 문제의 본질을 풀어 읽는 데 강력한 도구가 될 수 있다.

보스턴 결혼이 얼마나 흔한지 알려지지 않았기 때문에 많은 상담사가 이런 커플을 그저 성욕의 상호 장애 양상을 띤 성기능 장애로 진단할 것이다. 보스턴 결혼 내의 성 상담치료 문제는 이 책 다른 곳에서도 언급되겠으나 여기서 특히 언급하고자 하는 점은 그렇게 기능 장애로 진단하는 경우 실제로 무엇이 그 관계의 결합을 형성하고 있는가보다 무엇이 없는가에 빠진 나머지 비성애적 커플 고유의 본질을 놓쳐버릴 수 있다는 사실이다. 치료를 원하는 레즈비언 커플에게 겉으로 표현되는 섹슈얼리티가 제일 우선한다고 강요하지 않도록 주의해야 한다. 차라리 더 도움이 되는 해결책은, 두 사람이 함께든 따로든 각자를 위한 선택지를 늘려주는 방안으로서 보스턴 결혼을 여성 동성애의 합당한 한 형식으로 제시하는 것일 테다.

이야기들

8장

그게 섹스랑
무슨 상관이야?

메릴린 테이모

걸음마를 뗀 지 얼마 안 된 아이가 방금 이리로 걸어와서 내
컴퓨터의 재시작 단추를 눌러버렸다. 워드프로세서는 꺼졌고 네
시간치 작업이 날아갔다. 이것이 바로 내가 더는 섹스를 안 하는
이유다.

사실 레즈비언의 비성애 관계에 관한 책에 넣을 글을
쓴다는 게 뭔가 사기를 치는 느낌이다. 어쨌든 나는 적어도
'이론'상으로는 성적인 관계에 있다. 나는 '무성적'이라는 말을
좋아하지 않는다. 나는 이 말을 벌레 등에 쓴다. 얌전이나 빼고 꽉
막힌 소리 같다. '비성애적'이란 말 또한 안 맞는다. 나와 애인은
성적 존재들이라는 것을 알고 있으니까. 안 하고 있는 것이라면

모를까, 그래도 성애적 느낌은 있으니까 말이다. 금욕하는 것도 아니다. 깊이 생각한 것도, 이유를 따져 그렇게 정한 것도 아니며 무슨 상담치료 요법 따위도 아니다. 우리는 그냥 지금 잘 안 돌아가는 것 같다.

그러나 나는, 사람들이 우리가 대단히 만족스러운 관계이며 대단한 성적 요소도 갖추고 있다고 (그렇지 않을 때도) 추측하도록 그냥 두는 사기꾼이기도 하다. 우리는 절대, 정말이지, 하여튼 그게 '대단했던' 적은 없다. 괜찮긴 했다. 지금부터는 나 자신에게 그리고 우리에게 섹스가 과연 무엇인지 탐색해보겠다. 이 사실을 꺼내 들어 '커밍아웃'하는 일은 이상하게도 부끄럽다. 레즈비언으로서 우리 정체성의 상당 부분은 무엇보다도 섹슈얼리티의 문제다.(아니, 그렇긴 한가?) 내가 이 주제로 이야기할 때 친구들은 어색해했고 그래서 이것이 정말 긴 토의를 같이 해봐야 하는 문제라고 믿게 됐다. 또 그 불편해하는 모습을 보며, 실제로 이 상황이 레즈비언들에게 얼마나 흔한지 궁금해졌다. 레즈비언 관계에서는 일단 초반에 서로 홀딱 빠진 시절만 지나가면 성생활의 활성도가 이성애 관계와 남성 동성애자 관계 '어느 쪽과 비교하든' 눈에 띄게 떨어진다는 사실이 그리 대단한 뉴스거리는 아니다. 어떤 연구자들 주장으로는, 여자들은 이성애 관계를 결합하고 지탱하는 "정서적 접착제"이고 따라서 여자들끼리 사랑을 하면 모든 차원에서 정서적 유대가 충분하기에 관계를 유지하는 데 성적 친밀성의 의례가 덜 필요하다고 한다. 나는 이 개념이 좋다. 우리가 단순히 남자들보다 리비도가 적다는 생각보다는 말이다.

나는 섹스에 꽤 이끌리던 시절이 있었지만, 이번엔 그런 관계가 아닌 것이다.

그런 게 삼십 대인지도 모르겠다. 열여덟, 스물둘, 스물여섯 살에 내 이런 모습을 보게 되리라고는 예상해본 적이 없었던 것 같다. 지금 나는 아주 안정돼 있고, 안전하고, 사랑받고 있다고 느낀다. 10년 전에 관계에 가장 필요한 것 열 가지를 꼽았을 때 좋은 섹스는 두 번째 아니면 세 번째였을 것이다. 무려 첫 번째였을 수도 있고. 지금도 이것이 열 가지 안에 든다고 생각하고 있지만, 저 아래쪽 어딘가에서 '독립성 유지하기' 같은 다른 이론적인 고려 사항이라든가 행복 어쩌구같이 측정할 수도 없는 것들 그리고 현상 유지는 할 수 있을지라도 다시 처음부터 새로 만들어낼 수 없는 것들과 함께 떠다니고 있다.

나는 언제나 여자들을 제일 좋아했다. 내가 레즈비언이라는 사실이 편안하고 당연하다. 비록 고등학교 때 남자들(지금은 다 게이인)도 몇 명 만났지만, 지금 여자를 사랑하는 것처럼 정말 사랑하지는 않았다. 나한테는 제일 좋아하는 사람들과 섹스하는 것이 맞지 싶다. 의미 있는 하룻밤 잠자리 몇 번(아끼는 친구들과 나눈)을 빼면 나는 '섹스하고, 결혼한다'는 생활 양식으로 살아왔다. 지금 시점의 나는 일대일 관계로 꽤 입장을 굳힌 상태다. 지금과 같은 문화 속에서, 엄청난 고통과 압박을 피해가면서 다른 생활 양식을 취한다는 것은 불가능에 가까운 노릇임을 경험했기 때문이다. 거기다 내 반려와 보낼 시간도 넉넉하지 않은 내가 또 다른 관계에 비집고 들어가는 시도조차 상상이 안 된다.

나는 양육자가 한 명인 가정에서 남자 형제 셋과 자랐다. 어머니와 나는 강한 성격이긴 했어도, 숫자로는 늘 우리가 뒤졌다. 내 첫 번째 여자 모임은 '걸스스테이트(Girls' State)'였다. 이곳은 미국 재향군인 보조회에서 후원하는 아주 심하게 보수적인 모임으로서 여자아이들이 미합중국 정부에 관해 배우는 곳이었다. 고등학교 2~3학년 사이에 다녔는데, '걸스스테이트'가 내 삶을 바꾸어놓은 경험이었다는 것을 그 보조회에서 알면 분명히 좋아할 것이다. 그곳의 기운은 믿을 수 없을 정도로 어마어마했다. 내 첫 여자 애인인 루스를 거기서 만났다. 걸스스테이트에서 우리는 사귀지는 않았지만 다른 여자애들한테 키스하면 어떨까 이야기했다. 몇 명은 (레즈비언을 괴롭히는) 레즈비언 놀이에 끼었다. 걸스스테이트에서 엿새를 보내고 나는 이틀 내내 울었다. 그 애들을 나는 사랑했었다. 그리고 루스와 연락이 끊기지 않도록 하겠다고 맹세했다.

우리는 고등학교 때부터 대학 초기까지 몇 번 서로 집에 오가며 만나다가, 루스가 내 고향에 "일자리를 얻으러" 왔다. 몇 주가 지나고 우리는 애인 사이가 됐다. 우리는 멋진, 탐험적인, 창의적인 섹스를 했다. 섹슈얼리티와 젠더 역할에 관해 우리가 알던 모든 것에 도전해봤다. 딜도와 진동기를 써봤고, 아이스바와 큰 막대사탕으로 하고, 번갈아가면서 위에서 하고, 생각해낼 수 있었던 모든 체위로 하고, 가끔 오르가슴을 너무 많이 느낀 나머지 나는 정신을 잃기도 했다. 아아아, 열아홉 살.

루스는 해결해야 할 어린 시절의 문제가 좀 있었다. 아마 성적 학대가 있었던 것 같고, 신체적 학대는 확실히 있었고,

가족과 풀어야 할 문제가 한보따리였다. 나는 나대로 내 어린 시절의 성적 학대를 막 구체화하기 시작한 참이었다.

　　나는 여성 대부분이 어린 시절이나 성인기 초에 성적으로 학대, 착취당한다고 믿고 있다. 우리 대부분이 말이다. 따라서 통계적으로 여자끼리 맺는 관계는 대부분 적어도 한 사람의 성폭력 생존자를 포함한다는 점이 분명한 것 같다. 이것이 우리 관계에 끼치는 영향을 조앤 룰런과 다른 사람들이 기록하고 있다. 우리는 서로 함께라면 치명적인 과거를 꺼내 규명할 수 있을 정도로 충분히 안전하다고 느끼지만, 그 슬픔과 고통은 파괴적일 때가 있다.

　　몇 해를 함께 살고 나서 루스는 자기가 알고 보니 레즈비언이 아닐 수도 있다는 생각을 했다. 나는 그런 여자를 많이 봐왔다. "난 그저 한 여자와 사랑에 빠진 것뿐이야"라는 낡아빠진 부정. 나도 그렇게 느꼈었다. 한때는 말이다. 그러나 루스가 이런 말을 꺼냈을 때 나는 그런 느낌에서 벗어난 지 한참 뒤였다. 나는 여성학 수업을 듣기 시작하면서 페미니즘 안에서 내 세계를 구축했다. 나는 내 성 지향성을 인정받고 있었고 공동체를 찾는 중이었다. 루스는 남자나 아무튼 누구하고든지 해보고 싶다며, 이제 '결혼'을 끝내고 싶다고 했다. 루스의 입장이 객관적으로 납득할 만하다는 것은 알고 있었다. 우리는 여하튼 어쩌다 보니 사귀게 됐고, 대단히 재미있었지만, 평생 갈 관계는 아니었던 것이다. 그러나 나는, 내 진짜 첫사랑 없이 사는 건 상상도 할 수 없었다.

　　루스가 자신의 결정을 털어놓았을 때 나는 무너져버렸고,

참을 수 없는 감정을 드러냈다. 그다음 날 내 소울메이트이던 친오빠가 비극적인 사고로 죽었다. 이 일로 내 마음은 완전히 황폐해졌고 나는 아주 외로워했다. 루스는 나를 슬픔 속에 남겨두지 않겠다고 안심시키고, 나를 정말 많이 사랑한다고 이야기해줬다. 루스가 나를 아주 많이 배려해주었다는 것을 지금은 안다.

죽음과 임종에 관한 전문가 엘리자베스 퀴블러로스[a]라면 내가 오빠의 죽음뿐 아니라 그 전날 루스와 나눈 대화까지 포함해 부정(denial) 단계를 일반화한 것에 강한 인상을 받았을 것이다. 우리는 집을 같이 샀고, 루스가 우리는 '서로에게 완벽하게 맞는 상대'가 아니라는 결론을 내린 뒤에도 상당 기간 반려로 지냈다.(나는 그 뒤로 다음 조언에 유념했다. "로맨스를 즐기되 부동산은 네 이름으로 두라.")

루스와 나는 성적인 사이가 되기 몇 해 전에 친구가 됐고, 사귀던 내내 좋은 우정을 유지할 수 있었다. 그렇지만 나는 우리가 더는 성적인 사이가 아니므로 그 관계가 끝났다고 정의하게 됐다. 내가 루스를 포함한 모든 사람을 멀리했기에 개인적으로는 이런 문제들을 깨끗이 정리해낼 수 있었을지라도, 우리 둘 사이에서는 그런 부분을 드러내놓고 의논하지 못했다. 나는 결과적으로 루스와의 관계에 종지부를 찍는 새로운 성적 관계를 시작했다.

---

[a] Elizabeth Kübler-Ross. 사람들이 겪는 애도의 다섯 단계(부정·분노·타협·우울·수용) 모형으로 유명하다.

디와 새로 맺은 관계는 시작부터 내 상상력의 극한에
달하는 관능적 긴장이 가득한 것이었다. 디는 나보다 거의 서른
살이 많았는데, 내 성욕에 응해줬고 나는 디가 응해오는 만큼
보답해줬다. 우리는 서로 가르쳐줄 것이 엄청나게 많았다.
우리는 밥 시거, 랠프 본 윌리엄스, 크리스토퍼 크로스, 리하르트
바그너의 음악에 맞춰 사랑을 나눴다. 그리고 물론 우리 시대
레즈비언인 홀리, 크리스, 메그의 음악에도. 디는 레즈비언으로
막 커밍아웃했었고, 둘 다 우리의 페미니즘적 의식과 각자의
상담치료의 경험을 분명히 이해해나가고 있었다. 디는
또한 당시로서는 새롭던 호스피스 운동에 참여하고 있었다.
말하자면 디는 나에게나 새로이 펼쳐진 내 일에나 완벽하게
어울리는 동맹이었다. 오빠가 죽고 난 뒤 나의 원가족이 전에
없이 하나둘씩 흩어지면서, 나는 이 새로운 관계에 단단히
뿌리를 내렸다. 디는 내게 모든 것이었다. 제일 친한 친구이자
애인, 언니, 엄마였다. 그리고 우리 섹스는 좋았다. 디는 나를
흥분시켰고, 루스와 경험해보지 못한 방식으로 내 자아에
양식을 대주었다. 우리는 각자의 여정 위에서 특별한 시간을
함께하는 동지였다. 디에게는 남성으로 정체화하지 않은
성性이 절실했으며, 나는 '집'을 찾고 있었고 할 수 있는 한 모든
규칙—나이주의·성차별·이성애 중심주의—에 도전하고 있었다.
사회복지계 실무 인력으로서의 우리는 경력상 승승가도를
달리고 있었다.

디에게는 내 또래인 자식들이 있었다. 우리가 만났을 때
디와 아이들은 함께 살고 있지 않았는데, 나는 그들이 다시 합쳐

살 생각을 하는지를 조심스럽게 타진했다. 그러면 우리 사랑과
삶에 어떤 영향을 끼칠지 궁금했다. 내가 디의 집으로 이사하고
얼마 지나지 않아 디의 막내딸(나보다 몇 살 어린)이 집으로
다시 들어왔다. 디와 딸의 기 싸움으로 고생하며 나는 그 둘의
관계에서 거리를 두려고 애썼다. 디의 막내딸의 존재는 우리
사이에서, 내게는 큰 변화를 낳았다. 그 애는 나를 좋아하지도
존중하지도 않았고 그렇다는 것을 다른 사람이 알든 말든 아무런
거리낌이 없었다. 나는 그 애가 디를 대하는 태도가 맘에 들지
않았다. 망나니였던 내 아비와 너무나도 닮은 그 애와 부딪치지
않으려고 나는 입을 꾹 다물었다. 또한 디는 호스피스 호출에
자주 불려가야 했다. 지금도 나는 디를 포함해 이 일에 종사하는
분들을 매우 존경하고 있지만, 호출기가 강요하는 끊임없는
독촉은 벅찼다. 저녁 식사를 하다가, 파티에서, 조용하고
로맨틱한 저녁 시간에, 디는 생애 마지막 숨을 쉬는 누군가의
침대 곁으로 달려가느라 사라져버리는 일이 잦았다. 김 새는
일이 아닐 수 없었다.

    내 고용주, 더 큰 시장으로 가려는 나, 공부를 더 하려던
디, 셋의 이해관계가 서로 꼭 들어맞았던 기회에 우리는
내가 자란 곳이자 디가 서른 해 동안 살아온 고장을 떠나기로
금방 뜻을 모았다. 그러나 그 이사는 내 일을 위해서는 옳은
결정이었을지 몰라도 나 개인에게는 아니었다. 나와 디 사이에서
제대로 돌아가는 것은 아무것도 없었다. 내가 그토록 열심히
일한 것은 하나의 절충안이었을 뿐인데, 디는 내게 무엇이든
해주기 위해서 그렇게 열심히 일하고 있었던 것이다. 이사한

지 몇 달 만에 나는 예전 인맥을 유지하겠다고, 또 내 의식
고양 모임에 나오던 섹시하고 불쌍한 게일이란 여자와 관계를
진전시키겠다고 다시 예전 집을 오가기 시작했다. 나의 가족들도
근처로 돌아오고 있었고 나는 그들과 가까이 지내고 싶었다.
남동생이 결혼해서 가족이 생기기 시작했는데 나는 동생의
아이들이 궁금했다. 죽은 오빠의 아들과도 연락을 이어가고
싶었다.

　　　특히 기억나는 것은 디와 관련해서 게일과 의논한
것이었다. 나는 디와 내가 밤에 서로 등이나 덥혀주는 수준이
되었다고 설명했다. 또다시 나는, 오르가슴 중심인 섹스의
질과 양을 척도 삼아 우리 관계의 수명을 재고 있었다. 디와
헤어지는 건 고통스러웠다. 시작할 때부터 나는 우리 관계를
'영원한 것'으로 보지 않으며 일대일 관계에 헌신할 만한 상황도
아니라고 솔직히 밝혔었다. 이 말을 디가 듣긴 했다. 그러나
우리는 그 문제를 건드리지 않았다. 내가 게일을 만나기 위해—
사실상 자기 위해—우리 관계의 경계에 대놓고 도전할 때까지는
말이다.

　　　게일은 어쩌면 처음부터 나에게 악재였을 것이다.
그럼에도 게일과의 만남이 매력 있는 거래였던 까닭은, 그의
아들 토비가 있었기 때문이었다. 게일은 그리 좋은 엄마가
아니었고 박복했기에 나는 게일과 토비를 위해 모든 것을
바로잡아주겠다며 백마를 타고 나섰다. 게일과 나는 첫
잠자리부터 굉장해서, 가끔은 해가 뜰 때까지 사랑을 나누곤
했다. 자유로운 (실로 게일은 사람을 엄청나게 조종해댔다.

현신한 악마가 아닌가 곰곰이 따져본 적이 있을 정도로) 섹스와
사랑의 시간이 짧게 지나간 뒤, 게일은 충분히 안전하다고
느끼기 시작했는지 예전의 끔찍한 성 경험 일부를 나에게
털어놓을 수 있게 됐다. 게일은 어릴 적에 적어도 한 놈 이상의
친척한테 학대당하고 강간당했으며, 외롭게 지내왔고, 수년간
사람을 여럿 만나고 다니며 술집을 전전하는 삶을 살면서 많은
남자에게 이용당했다. 딱 하나 다른 성적 관계라면 게일의
상담사(therapist)—강간범(the/rapist)—였던 여자와 그 여자
남편 셋이서 한 성 경험이었다(그놈한테만 좋은 일이지). 게일은
가끔 정말 강렬한 오르가슴을 느끼고 나면 울곤 했다.

　　나는 내 어린 시절 문제들과 씨름하면서도 게일이
자신의 문제에 대처할 수 있도록 격려해주었지만, 지금까지도
잘 모르겠다. 이 관계에서 누가 빼고 있었고 누가 버티고 있었던
건지 말이다. 때로는 지배력 행사가 아주 미묘했고, 때로는 보다
분명했다. 나는 최근 들어서야 그 관계에 이름을 붙일 수 있게
되었다. 학대. 섹스가 권력 문제가 됐을 때, 나는 거기서 벗어나고
싶었다.

　　길었던 자기 성찰 그리고 내가 어느 누구를 위해서도
다시는 할 수 없을 만큼 게일을 위해 애쓴 몇 해가 지난
뒤, 나는 말 그대로 소리 지르고 날뛰던 게일을 내 집에서
내쫓았다. 토비를 저 미친 여자와 남겨두고 싶지 않아서 관계를
이어왔지만, 내가 끝내지 않는다면 그 애가 머지않아 미친 여자
둘과 살게 되리라는 것이 분명해졌기에 헤어졌다.

　　그리고 태어나서 처음으로 나는 혼자 있는 법을 배우는

데 시간을 할애했다. 우정을 발견하고 정의하면서. 그리고 나의
골칫거리들을 해결하기 위해서, 이번엔 진지하게 상담에 임했다.

물론 나는 이 여자들 한 명 한 명에게서 무척 많은 것을
배웠다(심지어 하룻밤…… 좋다, 이틀 밤 상대에게서도). 어쩌면
게일에게서 가장 많이 배웠을 것이다. 게일을 몰랐더라면
아직도 나는 내 아비라는 망할 놈 때문에 엄청난 고통을 짊어진
채였으리라. 나는 배웠다. 내게 섹스는 사랑의 일부일 때 훨씬
더 좋다는 것을 배웠다. 관계를 잘 꾸려나가는 요령을 배웠다.
누군가를 사랑한다는 감정만으로는 그게 아무리 강렬하다
할지라도 충분하지 않다는 것을 배웠다. 게일의 학대 그리고
게일의 자기 학대가 나를 공포로 몰아넣는다는 것과 안전하지
않은 성적 친밀감 속에서 나 자신이 취약하게 느껴질 때
방치해서는 안 된다는 것을 배웠다. 1마일 밖에서도 학대자를
알아보는 법도 배웠다. 내가 일상에서 아이들을 정말 좋아한다는
점도 알게 되었다.

거기서부터 여기까지 왔다. 여기서부터는 이야기가
그다지 분명하지 않고, 구체적으로 짚어나가기도 훨씬 더
힘들다.

모린이 점심에 만나자며 나를 불러냈을 때, 그는 내
'더 알면 좋을 것 같은 관심 가는 여자' 목록에 들어 있었다.
모린은 내가 주관하는 모임에 나오지 못하게 될 거라며, 나를
좋아하지 않아서가 아니라 자기가 폭식증이 있고 이 모임이
거나한 식사에 집중하게 됐기 때문이라고 설명하려 했다. 나는
매우 조심스러웠다. 백마는 초원에 두고 왔어야 했는데. 모린은

자상한 영혼이었고, 나는 자상함이 절실히 필요했다.

이 관계는 이전 관계들보다 감정적으로 느릿하게
시작했다. 우리는 둘 다 좀 두려워하고 있었다. 나는 제대로
고장난 관계에서 벗어나던 중이었고 그는 온전할 수 없는 불륜
관계에서 허우적대다 나와서 끝인지 아닌지 모호한 관계에 있는
상태였다.

우리 사이에서 섹스가 제일가는 것이었던 적은 없다.

나에게 이런 경우는 한 번도 없었다. 나는 최우선적
관계가 성적인 것이기를 바라는 사람인데, 이 관계는 그렇지
않다. 이렇게 오랫동안 한 관계에 있어본 적도 없다. 첫 3년
안에 해볼 건 다 해본 적이 몇 번 있는 것 같고, 이번에는 다 꽤
괜찮았고…… 그냥, 지금은 뭘 해야 할지 모르겠다, 5년 차인데.
나는 모린과 함께 할머니가 되고 싶다. 그것도 섹시한 할머니. 이
관계는 굳건하고 안전하며, 꼭 계속 이렇게 지내고 싶다. 섹스가
있든 없든 말이다. 이번에는 섹스가 끝났다는 것이 별 의미가
없는데, 내게는 바로 이 부분이 예전 관계들과 아주 다른 점이다.

우리가 섹스하지 않는 게 얼마간 모린의 책임이나
선택이라는 말을 돌려 하는 것이 아니다. 이 점은 우리 둘 다에게
해당한다. 특히 지금은 나도 흥미가 없다. 사실 우리 관계에서
내가 섹스를 시작하는 일(행위는 아니더라도, 분위기를)이 더
많다. 그리고 모린은 하든 안 하든 괜찮은 모양이다. 나는 우리가
사랑을 나누지 않는다는 사실에 모린이 불만을 '가졌으면 한다'.
그러나 우리가 이걸 못 해서 모린이 다른 사람을 찾아다닐
정도로 불만을 품게 되는 건 사양하고 싶다. 모린이 성적 욕구가

더 '많았으면 한다'. 그러나 모린을 있는 그대로도 사랑한다.

　　내 성욕은 기하급수로 늘었다 줄었다 하는 것 같다. 섹스를 많이 할 때는 훨씬 더 하고 싶다. 덜 할 때는 덜 하고 싶다. 여기서 뿌리를 내리기 전에 원점 근처를 돌며 모든 각도에서 관찰해 균형점을 찾으려고 노력 중이다.(화끈한 섹스를 많이 하면서 산다는 건 지금 내 삶의 선택지가 되지 못한다. 모린의 협조를 구하려면 대단히 공을 많이 들여 구슬려야 할 거다.) 다른 사람들과의 관계에서만큼 모린과 성적인 측면에서 딱 들어맞지 않더라도 우리의 비슷한 세계관이 이 단점을 언제나 채워주고도 남는다. 나는 정말로 모린과 함께 사는 것이 재미있고, 우리가 서로에게 좋다고 생각한다.

　　섹스가 완전히 사라진 것은 아니다. 물론 넓은 의미에서 말이다. 우리는 그 어느 때보다도 잘 끌어안고 다닌다. 많이 어루만지고 안아준다. 서로를 존중하며, 오가는 언행으로 그런 마음을 보여준다. 우리 사이는 부드럽고 애정이 넘친다. 입 맞추는 일은 많지만 '진하게'는 않으며, 꽤 오랫동안 오르가슴을 같이 느낄 일이 없었다. (성)상담을 같이 해보자고 의논했었으나 실행하기에는 상황상 충분한 동기부여가 되지 않는다. 당장 나는 우리 관계에 무슨 병이 있는 것이 아니라고 상당히 자신하며 또한 이런 생각이 사태를 부정하는 것도 아니라고 자신한다.(하지만 또 모르는 일이다.)

　　우리가 왜 섹스를 하지 않는지 많은 이유를 생각해낼 수 있다. 어쩌면, '왜 내가 섹스를 안 하는지'라고 해야 더 적절하리라. 모린은 진짜 별로 그렇게 신경 쓰지 않으니까.

나는 도로 살이 좀 쪘다. 여기에 신경 쓰지 않으려고 노력하는 만큼이나 내가 더 말랐을 때 더 섹시하다고 느낀다. 나는 마른 여자들에게는 보통 매력을 느끼지 못하며, 솔직히 부드럽고 동글동글한 사람을 더 좋아한다. 만약 내가 내가 아니었다면 난 나를 좋아했을 것이다. 넘치는 몸무게로 다니는 건 버겁고 피곤하다. 내가 18킬로그램 정도 더 가벼울 적 느낌이 좋다. 의도한 건 아니지만 보통 나는 사귀다가 헤어질 때면 통통했고 새로 누굴 사귀기 시작하면 몸무게가 빠지고 있을 때였다. 이런 양상은 지금 상태를 설명하는 요인을 얼마간 암시하고 있다. 모린을 만났을 때 나는 아주 바람직한 식습관을 갖고 있었다. 사실 모린이 내게 끌린 면 중 하나가 내 식생활이었다. 나에게(물론 다른 사람들에게서도) 도움을 좀 받아서 모린은 폭식증을 제어할 수 있게 됐다. 나는 요리하기를 좋아하고 어떤 사이에서든 같이 식사하기를 즐긴다. 내 백마를 초원에 남겨두었다 해도 나는 모린의 폭식증과 몸 관련 문제를 꽤 의식하게 되었고 모린이 통통한 사람을 좋아하지 않는다는 것을 알고 나자 내가 유달리 매력 없게 느껴졌다.

우리의 귀여운 아이를 임신하려는 시도를 시작하면서 내 몸무게는 본격적으로 늘기 시작했다. 그 과정 자체는, 일단 흔쾌히 나서주는 적당한 기증자를 찾아낸 뒤로는 정말 상당히 단순했다. 기증자는 젤리 단지에 자기 할 일을 했고, 나머지는 우리가 했다. 임신이 되기까지 다섯 달이 걸렸다. 엄청난 시간이 걸린 것은 아니었으나 압박감이 굉장했다. 임신한다는 것은 정서적 롤러코스터를 타는 일이다. 매번 임신을 장담하면서,

달마다 그 절반은 임신을 한 것처럼 먹으면서 보냈고, 나머지
반은 슬퍼하다가 다음번 수정을 위해 기운을 차리며 지냈다.

나는 몸무게는 줄일 수 있다고 자신했지만, 달이 찰
때까지 아이가 유산되지 않을지는 그다지 자신이 없었다. 그래서
임신한 뒤에는 몸무게 걱정은 싹 버리고 영양가 높은 음식을
많이 먹는 데만 전념했다. 내 식욕에 만족이란 없었다. 우리
아이는 이제 18개월이고 나는 아직 그 몸무게를 지고 다닌다.
이렇게 통통해진 것은 분명히 섹스하지 않는 원인 중 하나다.

임신하려고 애쓰던 중에도 섹스를 하기가 겁났다. 우리가
섹스를 하면 그 작은 수정란이 충격을 받아 떨어져 나갈까
봐 정말로 걱정이 됐다. 첫발 떼기에 성공할 때까지 첫 세 달
동안은 편집증적으로 굴었고, 그 뒤에도 섹스와는 약간 거리를
유지했다. 곧이어 나날이 배가 나왔다.

애 보는 일과 육체적 출산 경험도 한 가지 요인이다.
엄마가 된다는 것은 삶을 완전히 바꿔놓는다. 처음에는 너무
심하게 아파서 섹스 생각은 할 수조차 없었다. 앨리를 낳을 때
시간이 많이 걸렸고 힘들었다. 요즘 와서야 아프지 않게 됐고.
애를 낳고 세 달 정도는 완전 탈진 상태였다. 자식 나이가 몇이든
모부는 종종거리게 되어 있기는 하지만, 나는 진심으로, 일을
하면서 어린애를 열네 시간, 열여섯 시간씩 쫓아다니고 나서
섹스라는 행사까지 치르도록 기대받는 여자들이 안쓰럽게
느껴진다. 불편함과 피로 모두 섹스에 흥미가 없어진 주요
원인이다.

우리에게 앨리가 생긴 것과 관련된 다른 부분들도 내

성욕에 영향을 끼치고 있다. 다들 그렇겠지만 나는 어머니라는
이 새로운 정체성을 시도해보는 중이다. 내 경험에 따르면
우리는 어릴 때 가장 먼저 엄마부터 찾는다. 어버이 노릇을
생각할 때 가장 큰 걱정이, 양육자 역할에 참고할 모형이 나한테
이것밖에 없다는 사실이었다. 건강한 가족이란 먼저 성인 대
성인의 관계에서 시작하고, 그러고 나서 아이들에게도 관계가
이어진다고 믿기는 한다. 하지만 갓난아기의 요구가 너무도
'코앞에 들이닥쳐' 있어서 당장 자기 발톱도 못 깎고 있는데, 자기
반려를 특별하게 느끼게끔 해주는 일에야 훨씬 소홀할 수밖에
없다. 이런 상황도 몇 달이 지나면서 점차 감당이 되어가고,
이제 섹시한 엄마가 되는 법을 배우고 싶다. 나는 내 어머니를
섹시하다고 보지 않았었다. 어머니는 남자를 몇 명 만났지만,
많지는 않았고 누구하고도 그리 오래 만난 적이 없다. 내가 아는
엄마들은 대체로 섹시하지 않다. 내 시각이 이러할진대 '엄마'에
관한 이미지를 어떻게 바꿔야 할지 모르겠다.

　　어릴 때의 성적인 일들도 다시, 역시, 아마 한 가지 요인일
것이다. 앤 모로 린드버그[b]는 인생이 양파 같은 것이라고 했는데,
어릴 적 성적 학대를 치유하는 일이야말로 그런 것이다. 나는
한두 꺼풀 벗겨내고 잠시 울었다가 다시 나아간다. 앨리가
생기기 전까지 겪어온 과정을 나는 죽을 만큼 잘 처리해온 것
같다. 내 삶에서 느껴지는 건 육체적인 통증만은 아니었다.

---

[b]　　Anne Morrow Lindbergh. 미국 작가, 비행사.

정신적 고통도 경험했다. 내 음문과 질은 너무나 오랫동안 그렇게 부어 있는 느낌이었다. 어렸을 때 손가락으로 농락당한 기억과 모종의 연상 작용이 있었던 것이다. 나는 그 양파의 껍질을 다 벗겨냈다고 생각했지만, 아이를 낳고 회복하는 경험이 그 한가운데 놓여 있었다. 나는 아직 이런 정체기를 스스로에게 허용하는 중이다. 상황이 이러니까 말이다. 예전 관계들에서 떠난 것도 그 양파가 있던 곳과 상관이 있는 게 아닌가 싶다. 감춰진 부분이 더 있을지 모른다. 아예 온전한 새 양파가 하나 더 나오는 건 아닐까? 그 가능성이 끔찍하게 두렵다. 그래도 내가 배운 바로는, 문제를 다룰 능력이 준비되기 전까지는 그 문제가 의식에 떠오르지 않는다고 한다. 이런 점을 모린이 참아주고 배려해주는 것이 참 고맙다.

모린 역시 어릴 때 문제가 좀 있다고 시인을 했지만, 아무런 구체적 사실을 찾지 못하고 있다. 어쨌든 우리는 모두 권력 불균형을 에로틱하게 보는 문화 속에서 사회화됐으며, 이런 이미지들을 머릿속에서 지우려면 정말 온 힘을 다 바쳐야 한다. 이런 과정을 거치면서 우리가 보는 세상을 상당히 에로틱하지 않게 바꿔버리는 게 아닌가 싶지만, 타협점이 반드시 있을 것이다.

현실적으로 앨리가 우리의 애정과 감각적 측면에서의 기력을 많이 흡수하기도 한다. 좋은 일임에는 틀림없으나 좌절스럽기도 하다. 나는 심리학에서 말하는 공동의존이라는 증상의 뿌리가 바로 이 지점에 있다고 믿으며, 우리 모두가 건강하길 바란다. 우리 딸이 모린과 내가 서로에게 헌신하는

모습을 보고 자신을 위한 사랑이 여기서 태어났음을 배워야
한다고 믿는다.

그러므로. 성적이지 않을 이유는 많다. 하지만 이 중 몇은,
이 사람과 더불어, 내가 이 사람을 알고 나서 나타난 것이다.
나한테는 섹스와 상관없이 죽을 때까지 헌신을 약속한 다른
사람들도 있다. 몇몇 좋은 친구와 가족 말이다. 내 욕구에 맞을
수가 없게 설계된 문화 속에서 나를 위한 현실을 창조하기 위해
나는 열심히 일한다. 이제 어떤 관계라도 얼마나 자주 '하는지'에
따라 그 가치를 가늠하는 남성의 평가를 나는 거부한다.

모린과 내가 살찐 몸, 피곤함, 외모에 대한 의식, 학대라는
요인을 나열한다고 해서 나나 우리에게 달라질 것은 없다.

그래서 어떡하냐고?

어떤 친구 말로는, 이 성욕이라는 녀석은 주기가 있다고
한다. 그럴지도. 나는 그냥 내리막 시기일 때마다 관계를 갈아
치워왔는지도 모른다. 이번에는, 오르막을 기다리고는 있는데
성적 자아의 대부분과 접점이 사라진 느낌이다. 심지어 자위에도
흥미가 없다. 나의 이 부분이 되돌아오기를 소망한다. 돌아오지
않는다 해도 내게는 이 관계가 계속 필요하고, 전에 누려보지
못한 너무나 많은 것을 주는 이 관계에 내가 남아 있기를 원할
것임을 안다. 다른 모든 것이 건강한 채라면 나는 행복할 수
있을 거라고 생각한다. 꼭 붙어서 서로를 따뜻하게…… 그리고
행복하게 해주면서.

바로 이렇게.

우리가 뭐였든
하여간 그거였을 때,
우리가 느꼈던 그게
무엇이었든 간에

그게 우리 사이였다. 나와 바이올렛. 나는 지금까지 4년 정도 레즈비언으로 지냈고, 애인을 많이 사귀지는 않았다. 내가 처음으로 사귄 애인은 감정적으로 학대를 하던 인간이었다. 회복하는 데 오랜 시간이 걸렸다. 끔찍했다. 내가 이 집으로 이사 왔을 때 나는 그 여자와 사귄 게 다였다. 그러고 나서 바이올렛을 만났다. 나는 스물여덟, 바이올렛은 서른넷.

　　내가 이사 들어올 때 바이올렛은 여기 없었다. 나는 여기 살고 있던 레즈비언 친구 때문에 이리로 왔다. 석 달쯤 지내는 동안 바이올렛은 집에 없었다. 바이올렛은 '두려운' 존재 같았다. "오, 바이올렛은 저거 안 좋아할 걸." 나는 바이올렛이 돌아올

날에 대한 공포 속에서 지냈다. 재미있는 일이었다. 바이올렛이
돌아오기도 전부터 나는 그 사람과 이어져 있던 셈이니까.
아침에 깨어나서 이런 생각을 한 날도 있었다. '이 수건을 이렇게
여기 내버려두면 안 돼. 바이올렛이 오늘 돌아올지도 모르잖아.'
바이올렛이 정확히 언제 돌아오는지 우리는 몰랐다. 올 때가
됐다 싶던 그 날, 그가 왔다.

바이올렛이 마음을 터놓기까지는 시간이 좀 걸렸다.
나는 그를 아주아주 친근하게 대하려고 노력했다. 그 집에 남고
싶었고, 그러려면 바이올렛의 허락이 중요하다는 것을 알고
있었기 때문이다. 도대체 언제 변화가 찾아왔는지, 어쩌다
이것이 해프닝으로 끝나버린 건지는 잘 모르겠다. 3년 전 8월에
내가 여기로 왔고 우리는 크리스마스 때까지도 그렇게 대단한
친구 사이가 아니었다. 그런데 그 뒤 어느 사이엔가 우리는
친구가 돼가고 있었다.

바이올렛은 아시아로 여섯 달 동안 여행을 갔다 왔고
그래서 정말 부드럽고 기분이 좋은 상태였다. 그는 보통 겨울에
굉장히 우울해졌고 때문에 예전에 입원을 한 적이 있으며 그
우울증으로 몇 년에 한 번씩 약물 처방을 받았다. 그러나 나는
바이올렛과 처음 보낸 겨우내 그런 것을 전혀 느끼지 못했다.
그가 주기를 깬 것이다.

여름쯤에 우리는 정말 친한 친구가 됐다. 바이올렛은
이성애자였지만 여자들한테 관심이 있었고, 동성애 성향이
있었는데, 당연히 그런 부분은 내가 부추긴 것이다. 우리는 둘
다 애인을 찾고 있었다. 나는 여자 애인을, 바이올렛은 딱히

정해지지 않은 성의 애인을. 나와 사는 동안 바이올렛에게는 데이트하는 남자나 하룻밤 상대가 몇 명 있었다. 그 집 위층에는 우리 둘의 침실밖에 없었다. 그러니까 위층은 '로라, 바이올렛 영역'이었다. 그해 여름에 우리의 서로 다른 두 친구(한 명은 바이올렛 친구, 한 명은 내 친구)가 말을 꺼냈다. "음, 너희 둘 다 애인을 찾고 있다면, 서로 애인이 돼보는 건 어때?" 바이올렛이 뭐라고 했는지는 기억이 나지 않는다. 그렇지만 나는 곧바로 싫다, 관둬라, 우리는 룸메이트다, 애인이 될 수 없다, 그러면 안 된다, 라고 했다.

그해 여름에는 바이올렛이 졸업한 고등학교의 열다섯 번째 동창회가 있었다. 바이올렛은 나에게 그의 파트너로 와달라고 했고 나는 결국 갔다. 바이올렛은 이걸 장난으로 생각했다. 고등학교 때도 바이올렛은 이성애자였고, 기본적으로 평생 이성애자였다. 그는 자기가 동성애자가 아닐까 11년간이나 생각했지만 이 문제를 두고 아무것도 해본 게 없었다. 이 생각 자체를 가지고 장난질은 했어도 말이다. 그는 레즈비언들끼리 노는 모임에 끼어 있었는데, 그 모임의 다른 여자들이 자기를 레즈비언으로 생각하게 내버려뒀다.

어쨌든, 우리는 고등학교 동창회에 함께 갔다. 여기서 멀지 않은 곳이었다. 바이올렛은 나를 친구로 데려갈 수도 있었다. 그리고 실제로 친구로 데려갔다. 그때 나는 우리가 애인이라고 말할 수는 없었다. 기묘한 경험이었다. 바이올렛이 모두에게 나를 제 여자친구로 소개한 것이다. 사람들은 거기에 별 신경을 쓰지 않았다. 그건 별문제가 아니었다.

사람들은 나를 친구로서 받아들였고, 바이올렛이 해보려던 그 게임을 '눈치채지' 못했다. 뻥인 게 너무 뻔하다고 생각했기 때문에 나는 짜증이 났다. 우리가 애인 사이가 아니라는 것은 명백했다. 몸짓으로 드러나는 부분을 제쳐두더라도, 우리가 어떤 관계이기는 할지 몰라도 애인 사이는 아니라는 게 말이다. 우리는 느릿한 춤은 추지 않았다. 출 수도 있었을 것이다. 바이올렛이 정말로 도발을 의도했다면 춤을 췄으면 됐을 테지만, 그러기에는 좀 어색했다. 레즈비언 애인 사이인 척하는 가면 놀음이라니 나한테는 좀 이상한 짓 같았다.

이 사건은 말하자면 우리 관계의 성격 전체를 결정했다. 산호세에서 우리는 매우 즐거운 시간을 보냈다. 그때 나는 보석과 스카프를 팔고 있었고, 바이올렛은 나와 여기저기 다니며 같이 물건을 팔기도 했다. 내가 일 때문에 스트레스를 많이 받았기에 바이올렛이 도움이 많이 됐다. 그는 아예 작업에 참여해 스카프를 만들고 보석 일을 도와주기도 했다.

둘 다 데이트 상대를 데려갈 만한 자리에 가는 일은 많지 않았지만, 둘이 같이 다니는 일은 많았다. 나는 바이올렛의 콘서트에 갔다.(그는 가수였다.)

우리는 아주 친했다. 그런데 두 번째 맞이한 겨울에 우울증 때문에 문제가 생겼다. 그 문제로 한 번 싸우기도 했으나, 덕분에 그 문제에 대해 이야기를 하면서 우리가 서로에게 정말로 중요한 존재라는 것을 인정하게 됐다.

그 겨울에 어떤 기점이라 할 만한 순간이 있었다. 바이올렛이 우리 집에 사는 다른 친구의 컴퓨터로 게임을 하고 있을 때였다. 우리는 내가 빌려온 영화를 같이 보기로 했다. 바이올렛은 컴퓨터 게임을 끝내고 위층으로 올라오겠다고 했다. 그래서 나는 기다리고 또 기다렸지만 그가 오지 않았다. 마침내 내려가서 어디 있냐고 소리쳤는데, 그는 내가 자기 없이 그냥 보기 시작했을 줄 알았다고 하는 것이 아닌가. 나는 폭발했다. 영화 때문이 아니라, 컴퓨터 게임에 온 시간을 보내는 게 문제라고 그에게 말했다. 완전히 중독이었다. 그것 때문에 얼마나 힘들었는지. 바이올렛은 울었고, 난 최악의 기분이 됐다. 다음 날 우리는 이야기를 했다. 바이올렛은 자기가 겨우내 푹 쉬고만 있어야 하는 사람이라고 했다. 그 대화로 나는 그를 훨씬 가깝게 느끼게 되었다. 그는 겨울만 되면 심하게 우울해졌고 그 얘기를 내게 했지만, 내가 실제로는 이해를 하지 못하고 있었던 것이다. 나는 내가 바이올렛의 삶을 나아지게 할 수 있다고 생각했다. 야구 시즌이 시작될 때까지 힘겨운 나날이 이어졌다. 바이올렛은 야구광이었다. 나는 더러 야구를 보러 가기 시작했고 지금은 바이올렛 없이도 다닌다.

그사이에 친구 한 명과 가벼운 연애사가 있었지만 잘 풀리지는 않았다. 나는 애인이 없었고, 연애할 사람을 열심히 찾아다닌 것도 아니었다. 여자친구를 만드는 데 관심이 생기기 시작한 시기가 있었다. 스스로 어떤 방식으로든 바이올렛에게 헌신하고 있다고 깨닫기 시작한 것이 언제인지 잘 모르겠다. 서로 그 얘기를 한 적은 없었지만, 수많은 것을 같이 했다. 내 친구들은 모두 바이올렛을 알았고 나는 바이올렛의 친구들을 모두 알았다. 우리는 가족이었다. 바이올렛의 기분이 어떤 상태이든 언제나 우리는 둘이서 같이 꽤 잘 해나갔다. 우리는 온갖 이야기를 했다. 마침내 나는 바이올렛과의 상황을 다 풀어낼 때까지 내가 다른 애인을 만날 수 '없다'는 것을 깨달았다. 그가 나를 가로막고 있었다. 여기에는 또 다른 문제가 있었다. 어떤 사람들은 우리가 애인 사이라고 생각했는데, 내가 바이올렛에 관해 말하는 방식 때문이었다. 한 번도 "내 애인이야"라고 말한 적 없지만 우리는 만사를 함께 했고 나는 늘 바이올렛 얘길 하고 다녔다. 우리의 삶은 애인들끼리 사는 방식으로 묶여 있었다.

바이올렛은 사람들이 우리를 애인 사이로 오해하는 것을 알고 있었고, 어느 순간 나는 아니라고 말해야 한다고 했다. 그런데 바이올렛은 "오, 아냐, 우리가 애인이라고 생각하게 그냥 둬"라고 했다. 그는 사람들이 그렇게 여기는 것을 좋아했고 나는 그에 신경 쓰지 않았는데, 확실히 그 덕분에 헤어질 때는 덜 힘들었다. 사람들이 상황을 곧바로 파악해줬기 때문이다.

어쨌거나, 바이올렛의 생일이 됐고, 나는 깜짝 파티를 총괄했다. 그의 주소록을 가져다 친구들과 형제들에게 전부 전화를 돌렸다. 나한테 그 순간은 정말 중요했다. 우리는 바이올렛을 저녁 식사 자리로 끌고 나갔다가 데리고 들어왔는데, 열댓에서 스무 명 정도가 선물, 장식, 비디오카메라를 들고 거실에서 기다리고 있었다. 바이올렛은 깜짝 놀랐다. 그것은 내게 있어 벅찬 사랑의 표현이었다. 바이올렛을 향한 내 감정이 어떤지, 이렇게 하면 바이올렛이 보고 꼭 이해해줄 거라고 생각했다. 그는 매우 들떠서 좋아했고, 그래서 내 기분도 최고였다.

　　나는 아주 오랫동안 바이올렛에게 끌렸다. 오랫동안
뜨거운 물에 목욕을 즐기는 그가 욕조에 있을 때 나는 그 곁에서
시간을 보내곤 했다. 우리는 수다를 떨었고, 그 뒤에 그는 수건만
두르거나 아예 벗은 채로 몸을 식히며 앉아 있었다. 그렇게 나는
그에게 무척, 무척 끌리기 시작했다. 나는 혼잣말하곤 했다. 이건
지나가버릴 일이야, 바이올렛은 이성애자야, 내 룸메이트야.
그러나 이 시기에는 바이올렛도 점점 더 여자들에게 기우는
것처럼 보였다. 그가 남자 친구들을 집에 데리고 오는 일이
줄었다. 나는 그가 동성애자로 변해간다고 확신할 수 있었다.

　　다가오는 봄, 나는 '여자들의 주말'이라는 행사에서
물건을 팔았다. 레즈비언 소규모 음악 축제인 '러시안 리버'에서
열리는 행사였다. 바이올렛과 나는 주말 동안 거기에 가서
야영을 했다. 고민이 최고조에 다다른 것이 그 주말이었다.
우리가 이쪽이든 저쪽이든 한쪽 길을 가야 한다는 것을
깨달았다. 그에게 말을 하든지 뭔가를 해야 한다는 생각이
들었지만, 별로 용기가 나지 않았다. 우리는 상대방 이름
머리글자가 들어 있는, 작은 하트 모양으로 된 지울 수 있는
문신을 했다. 바이올렛은 "와, 돌아가서 사람들한테 우리
결혼했다고 하자"라고 했다. 그리고 그렇게 얘기는 했는데, 나는
이것이 아주 마뜩잖았다. 너무 이상했다. 나는 레즈비언이었고
나한테는 뭔가 부족한 것이 있었지만, 바이올렛에게는 아니라는
생각이 들었기 때문이었다. 어떤 의미에서 그는 장난을 치고
있었고 그 발상 자체를 즐겼다고 생각한다. 바이올렛이 나를

사랑했고, 자신만의 방식으로 나와 아주 친했던 것은 한순간도 의심하지 않는다. 겉으로만 그런 것은 아니었다고 말이다. 그러나 그의 관심사는 우리 관계를 '장신구'처럼 매달고 다니는 데 있었다.

어쨌든, 일주일이 걸렸다. 룸메이트의 격려를 받아 마침내 "이제 더는 애인인 척하는 장난은 하고 싶지 않아"라고 말하기까지. 나는 "우리, 진짜 애인이 '돼야 한다'고 생각해"라고 했다. 바이올렛의 반응은 "우와! 아주 좋아"였다. 나는 그 애가 안 된다고 말할 거라고 확신했었는데 말이다. 우리는 3주간, 애인이 되려는 노력 같은 것을 했다. 그런데 힘들었다. 이상한 일이었다. 부분적으로는 그가 친족 성폭력 생존자였고 나도 어린 시절의 학대를 막 직면하기 시작할 무렵이던 까닭이라 생각한다. 그래서 나 자신의 성애적 측면을 불편하게 느끼고 있었던 것이다. 나중에야 내가 바이올렛에게서 필요로 한 것은 섹스가 아니라 헌신이었다는 사실을 깨달았다. 그렇지만 상황을 바꾸기 위해 내가 알고 있던 유일한 방법은 이것뿐이었다. 관계를 맺으려 한다면, 섹스를 해야 한다. 그런데 우리는 하지 않았다. 며칠 밤을 함께 보냈고 입맞춤도 했다. 거기까지 갔는데, 그게 늘 조금 이상한 느낌이었다. 우리는 아주아주 가까웠지만, 잘 안 됐다. 둘 다 너무 두려워했다.

우리가 사귀게 되고 나서 처음에 나더러 애인을 만들라고 부추긴 친구들 몇과 얘기를 했다. 내가 사귄다고 하자 친구들은 단박에 상대가 바이올렛이라는 걸 맞췄다. 친구들은 내가 바이올렛에게 어떤 감정을 품고 있는지를 그리고 내 운명의 상대가 바이올렛이라는 것을 알고 있었다.

어쨌든, 결국 바이올렛은 그가 이걸 할 수 있을지, 자기한테 맞는 것인지 모르겠다며 주말 저녁에 얘기해주겠다고 했다. 나는 생각했다. '오 하느님, 끝장이 나겠구나!' 그리고 그 사람이 내게 얼마나 중요한지 깊이 깨달았다. 또한 사태의 중대성도. 우리는 또 한 달을 무시무시하게 싸워댔고, 서로 긴 대화는 하지 않으며 지냈다. 모든 게 폭풍우처럼 엉망진창이었다.

그다음 우리는 5주 동안 상담치료에 들어갔다. 우리 우정은 중요했고, 이 상담이 우정을 살려낼 방법이라는 것을 둘 다 알고 있었다. 상담치료는 도움이 되는 경험이었다. 비록 지금 내가 보기에 우리의 우정을 구해내지는 못한 것 같지만 말이다. 상담사는 진짜 괜찮았다. 나는 상담사에게 바이올렛이 동성애혐오를 내면화하고 있으며 친구들이 안 좋아할까 봐 무서워하고 있다고 말했고 바이올렛은 부인했다. 그리고 상담이 끝날 때쯤 인정했다. 그가 인정하자 나는 기분이 나아지기는커녕 화가 났다. 바이올렛은 나를 사랑했고, 그렇다고 이야기했지만, 그의 안에 있는 무언가가 그 사랑이 일어나지 못하도록 막고 있었다.

상담사는 우리 상황을 명확하게 규정해줬다. 우리 이야기를 듣자마자 "섹스 없는 결혼 상태로군요"라고 한 것이다. 바이올렛은 동의했다. 그러자 나는 무슨 상황인지 인정하게 되었다. 우정이 깨진 것 같다는 느낌은 들지 않았기 때문이다. 굉장히 파괴적이기는 했다. 나를 둘러싼 세상이 모두 산산이

부서지는 듯했다. 그리고 1년이 지났는데도 아직 그런 느낌이
든다.

상담을 하면서 우리는 바이올렛이 집에 계속 남을지
아니면 이사 나갈지 결정해보려 했다. 그 과정에서 나 또한
제대로 처신하지 못했다. 그저 불행 속에서 허우적댔을 뿐이다.
내가 그런 상태라는 것을 다들 알 정도였다. 마지막 상담에서
바이올렛은 자신의 친구들이 우리를 받아들이지 않는다는
얘기를 했고, 나는 그에게 긴 편지를 썼다. "이것도 너의 일부야.
우리가 사귀든 아니든." 나는 바이올렛이 왜 그런 남자들과
친구인지조차 모르겠다. 정말 지질한 놈들인데 말이다. 그것이
그의 불안인 것 같다. 바이올렛의 친구들은 나를 받아들여주는
것 같았고, 내가 레즈비언인 줄 알고 있었다. 그 친구들은 아마
바이올렛을 그냥 괜찮다며 받아주었을 것이다. 그 무리에는 남자
동성애자들도 있었다. 그렇다 하더라도 일종의 적응이 필요한
일이었을 수 있는데, 그것을 바이올렛은 잘 해내지 못했다.

어려운 과정이라는 것도 알았지만 나는 같이 풀어나가고
싶었고, 함께하기를 원했다. 커플이 되기 위해서. 나는 그를 아주
많이 사랑했다. 바이올렛이 나와 같은 감정이 아니었다면 훨씬
쉽지 않았을까 생각한다. 그러나 그가 나를 정말 사랑하고 그
안의 무언가가 그를 더 이상 앞으로 나아갈 수 없게 하고 있다는
사실은 절망적이었다. 다른 요인도 있었다. 그는 사귄다는 것을
두려워하고 상처받기를 두려워했다. 그가 제일 두려워하는 일 중
하나는 병원에 입원해야만 할 사건이 계속 반복될지 모른다는
것이었다. 이전에 남자 애인과 헤어졌던 일이 그에게 그런

큰일들 중 하나였다. 그 남자는 바이올렛을 옆에 둔 채로 다른 여자들과 만날 약속을 잡았고, 그래서 바이올렛은 그 남자를 떠났다. 고약한 상황이었다. 바이올렛은, 우리 사이에 무슨 일이 일어나면 그때와 똑같아질 거라며 걱정했다. 그가 우울한 동안 내가 그의 곁에 남아 있을 거라는 믿음이 없었다. 아마도 부분적으로는, 이전 남자 애인들과의 관계보다 우리 사이가 훨씬 더 가까웠기 때문이 아닌가 생각한다. 그렇게 가깝다는 게 겁이 났을 것이다. 전에 사귄 남자친구 대부분과 편하게 지내고 있는 바이올렛은, 그 친구들에게 우리에 관해 커밍아웃한다면 자신의 친구 관계 전체가 흔들릴 거라고 했다. 커밍아웃이란 그런 것이다. 그러나 그것으로 말다툼을 벌일 수는 없었다. 하지만 이것 때문에 화도 났다. 바이올렛은 '내' 친구들 모두가 우리를 애인으로 여기길 바랐기 때문이다. 레즈비언들은 우리가 같이 있는 모습을 보면 애인 사이이냐고 묻곤 했다. 특히 관계 후기에는, 내가 바이올렛 이야기를 할 때나 우리 사진을 볼 때 으레 우리가 커플일 거라고 여겼다.

바이올렛의 가장 친한 친구는 결혼한 이성애자였다. 겨울, 봄 내내 바이올렛이 "엘런이 제일 친한 친구지"라고 계속 말하던 것이 기억난다. 나는 그것이 정말 기분 나빴다. 나는 뭐지, 난 아무것도 아닌가? 하는 생각이 들었다. 그의 그런 말은 일종의 부정이었던 것 같다.

다른 문제도 많았다. 바이올렛은 여러 가지 공포증이 있고 나는 그가 경악할 만한 짓을 한다. 그는 엄청난 결벽증이 있었고 나는 그렇지 않았다. 바이올렛은 멜론과 브로콜리

냄새를 못 견뎠다. 거미 얘기도 질색했다. 우리가 헤어졌을
때, 오 하느님 감사합니다, 거미 얘기를 할 수 있게 됐네요,
브로콜리도 먹을 수 있고요, 하고 생각할 때가 오려나 했다.
그랬다가, 그게 무슨 소용이야, 바이올렛을 되찾고 싶어, 라고
생각했다. 그런 안도감을 느끼게 되는 일은 없었다. 우리가
애인이었던 적이 아예 없는지도 모르겠다는 느낌은 있었다.
그것도 괜찮았다. 하지만 우리에게 끝내지 못한 일이 남은
것 같았다. 관계를 진전시켜보고 어디까지 갈 수 있는지, 그
관계가 어떻게 될지 봤어야만 했다. 하지만 그럴 기회는 없었다.
그래서 아직도 이 관계 때문에 끙끙대는지도 모르겠다. 만약 갈
데까지 간 관계라면, 너무 오래 함께 있어서 서로에게 진저리가
난 상태라면 이해한다. 그러나 우리는 그러지 못했다. 나는
레즈비언이었고 바이올렛은 아니었기 때문이다.

　　　우리는 1년 반 동안 함께였다. 바이올렛이 이사 나간 지는
이제 일 년쯤 됐다. 나는 아직도 엄청난 상실감과 슬픔을 느낀다.
집이 예전의 그 집이 아니다. 우리는 동거인으로 온갖 사람을 다
겪었다. 요즘 상사가 내 근무 태도를 문제 삼았는데, 내가 정말로
처져 있었기 때문이다. 힘든 1년이었다.

　　　바이올렛이 나간 뒤로는 한 번인가 두 번 아주 잠깐 봤다.
물건을 가지러 그가 집에 왔을 때였다. 그는 내 편지에 한 번도
답장을 보내지 않았다. 괴로웠다. 편지에 나는 바이올렛 내면의
동성애혐오 얘기를 썼다. 그에게는 가혹한 편지였을 것이다.
우리는 점차 접촉이 줄었으나, 그가 이사 갈 때조차도 서로를
걱정하고 있었다. 우리는 거의 모든 일을 함께 해왔기 때문에 몇

달간은 시시콜콜한 일상까지 이야기했다. 그러다 그에게 내가 편지를 쓰면 답장을 해주겠느냐고 물었다. 바이올렛은 쓰겠다고, 그런데 새집으로 이사해서 너무 바쁘다고 했다. 그건 변명일 뿐이다. 매일 생각했다고 말은 했지만, 바이올렛은 그런 식이다. 상황에 대처할 줄 모르고, 솔직해지지 못한다. 그는 아직도 그 편지에 답장을 쓰지 않았다.

올봄에는 향수에 흠뻑 빠져 있었다. 그래서 나 자신을 위한 어떤 끝맺음의 편지를 바이올렛에게 보냈다. 네가 그립다고 하면서. 그는 곧바로 답장했다. 그리고 나는 편지를 받고 아주 심란했다. 답장을 하려 했지만 '여자들의 주말' 행사에 가야 했다. 우리 관계의 기념일들이 한 바퀴 다 돌았을 무렵이었다. 바이올렛의 답신을 받고 깨달은 것은, 우리가 다시 친구가 된다면 내가 바이올렛의 현실적인 면을 받아들여야 한다는 점이었다. 바이올렛의 좋은 면만, 우리가 친했다는 것만 보고 있을 수는 없다는 것. 그리고 어쩌면 친한 것조차도 아니었음을 대면해야 하는 걸지도 모르겠다. 다시 가까워질 수 있을지도 모르겠다. 그도 내가 그립다고, 그렇지만 기본적으로 자기는 이성애자인데 "보통의 이성애자"는 아니라고 생각한다고 썼기 때문이다. 이건 무슨 소린가? 내가 보기에는 그가 이성애자라는 얘기고, 그게 끝이다. 그가 나를 정말 화나게 한 한 가지는 레즈비언인 척 가면 놀음을 했다는 것이다. 그런데 나는 바이올렛의 과거사를 알고 있었고 그 상대가 남자들이었다는 것도 안다. 따라서 이 대부분은 나의 자기기만이었다. 상담사인 한 친구는, 내가 이성애자 여자를 레즈비언으로 개종시킬 수 있다고 생각하는 과대망상이라고 했다. 바이올렛은 레즈비언 행사에 다녔고, 스스로 여자가 우선인 여자라고 하고 다녔다. 나도 바이올렛이 여자가 우선인 사람이라고 생각한다. 그러나 기본적으로 바이올렛이 이성애자이고 레즈비언 관계에 들기를 바라지 않는다고 의식하고 있다면, 이건 부정직하거나 부정확한 표현이다. 그렇다는 것을 그는 정말로 모를 수도 있다는 생각도 든다. 그걸 알려면 그에게 무엇이 필요할까? 잘 모르겠다.

나는, 섹스라는 부분이 진짜 중요하지는 않다는 것을 커플 상담에서 깨달았다. 사람들한테 우리 사이에 관해 이야기하던 것도 섹스에 관해서가 아니었음을, 헌신이야말로 우리가 서로에게 주었던 중요한 그 무언가였음을 알았다. 내가 따로 애인을 두지 못하는 채 바이올렛과 살 수는 있어도, 그가 나가서 어떤 남자와 섹스하게 될지도 모른다는 생각을 하면서 살 수는 없었다. 그리고 그가 실제로 어떤 남자를 좋아하고 있다는 생각을 하면 나는 어쩔 줄 모르겠다. 이것이 지금 바이올렛과 친구가 되기를 피하는 까닭 중 하나다. 그는 남자들과의 경험이 몹시 안 좋아서, 결혼을 해서 끝까지 가리라는 상상이 되지 않는다. 여자와 이어진다면 훨씬 기분이 나을 것 같다. 그러면 바이올렛을 위해 기뻐해주고 그냥 친구로 대할 수 있을 것이다.

이성애자 여자들은 나한테 아주 위험하다. 내겐 이성애자 여자 친구들과 안 좋은 경험이 몇 번 있다. 몇 년 전에 한 이성애자 여자 친구가 있었는데, 학교 친구였던 그 애는 내 우정을 얻으려 무척 노력했다. 우리 사이에는 성적인 기운이 있었고 나는 그 이야기를 꺼냈다. 그 애와 애인이 되고 싶었는지는 모르겠지만 그런 얘기를 하고 싶었다. 이때 그 애는 동성애혐오가 넘치는 말을 쏟아냈다. 우리는 계속 친구로 지내기는 했지만, 결국 내가 그 우정을 깼다. 그 애가 나한테 여전히 지분댔기 때문이다. 그게 짜증 난다고 말하자 그 애는 진짜로 화를 냈다. 나는 레즈비언이기 때문에 그런 짓은 나한테는 예의가 아니라고 했다. 그 애는 내가 살아내고 있는 무언가를 가지고 장난을 치고 있었던 것이다. 바이올렛은 가장 친한 친구인 엘런에게 심하게 지분거렸다. 그의 중국 여행도 엘런을 보려고 간 것이었다. 바이올렛은 이 이야기는 절대 안 했다. 엘런의 결혼에 대해서 바이올렛이 어떤 감정이었는지 나는 모른다. 다만 그는 엘런의 남편이 좋다고 말했다.

　　나는 바이올렛이 마음을 정하는 것을 보고 싶다. 바이올렛이 자기 정체성에 관해 이도 저도 아닌 사람으로 있느니 차라리 확실하게 이성애자인 여자로서 친구인 쪽이 낫다. 그것 때문에 내가 상처받았다는 것과, 그의 우유부단함이 내가 대처하지 못하는 부분임을 알고 있다. 바이올렛은 레즈비언의 사랑과 기운을 원하지만 레즈비언이라는 사회적 낙인은 원치 않았다. 그는 아주 이성애자처럼 보인다. 긴 금발에 작고 귀여우며 옷은 소녀처럼 입는다. 그는 이성애자로 통하는 사회적 인정을 잃고 싶지 않은 것 같다. 힘들게 살아왔으니 이해는 할 수 있지만, 자신이 과연 누구인가에 관해서는 솔직해졌으면 좋겠다. 여자들과 성적인 사이가 된다는 것이 그에게는 아주 무서운 일인가 보다. 바이올렛은 이성애자가 되게끔 사회화됐고 레즈비언 섹스를 금기시한다. 아주 오랜 시간 이성애자로 살아왔다면 정말 커밍아웃을 하고 싶어해야 한다. 그렇지 않다면 사랑에 홀딱 빠져 모든 사회화를 잊고 싶은 마음으로 들끓어야 한다. 이런 명제가 내게는 맞았지만, 그에게는 맞지 않았던 것 같다. 나는 사랑에 빠졌고 욕정을 느꼈다. 그러나 그 무언가가 그에게는 없었다.

우리가 헤어질 적에 가장 힘들었던 것은 내가 속한 레즈비언 공동체의 반응이었다. 동거인 한 명이 무척 힘이 돼줬는데, 그러다 아주 금방 이사 가버리기는 했다. 우리는 한동안 긴밀한 가족이었고, 모두가 서로를 좋아했다. 가정은 나에게 아주 중요했다. 나는 바이올렛과 사귀었다는 애기를 여러 사람한테 하지 않았다. 그러다 상황이 꼬였고 사람들한테 말을 꺼낼 수가 없어졌다. 그들은 우리가 사귀었다는 것을 전혀 모르고 있었다. 보통 사귀다가 헤어지면 주변에서 눈치를 채는데, 나는 헤어졌다고 주변에서 알아차려주지 않는 것이었다. 어쨌든, 우리가 커플로 알려졌다가 헤어졌다면 나는 얼마나 그 이야기를 하고 싶어했을지, 잘 모르겠다. 아마 내가 실제로 했던 그대로 했을 것이다. 나는 시간이 지나기를 조금 기다렸다가 사람들한테 말하기 시작했다. 이야기를 들은 친구들은 나를 지지해주었다. 내가 바이올렛과 얼마나 친했는지 알았기 때문이다. 무슨 일이 일어나고 있는지를 친구들에게 설명할 수 있었고, 이것은 심한 트라우마를 남겼다. 내 상사는 우리가 애인이라고 여기고 있었기 때문에 나를 배려해줬다. 우리가 갈라서자마자 내게 하루 휴가를 베푼 것이다.

바이올렛의 주변에서 얼마큼이나 그를 지지해주었는지

나는 모른다. 그에게는 좋은 레즈비언 친구가 하나 있었지만
그 친구는 동부 쪽으로 다시 이사를 가버렸다. 그 친구한테
바이올렛이 이 얘기를 얼마나 했을까. 내가 알기로 그
친구는 언제나 바이올렛에게 레즈비언이 되라고 북돋웠다.
바이올렛에게는 그간 멘토들도 있었고 많은 사람에게 격려를
받았지만, 확실히 아무 소용이 없었다. 상담사는 우리 둘
각자에게 우리를 지지해주는 인간관계가 있어야 한다고 했다.
우리와 함께 살던 하나는 바이올렛이 원했다면 상담을 해줬을
것이다. 이 모든 과정을 거치면서도 나는 바이올렛이 끔찍한
사람이라거나, 바이올렛이 밉다는 말은 한 번도 하지 않았다.

     지금도 나의 일부는 바이올렛을 되찾고 싶어한다.
그러나 이제, 바이올렛을 되찾고 싶지 않다고, 그가 가진 그
모든 골칫거리에서 자유로운 사람을 바란다고 말하게 됐다.
그와 나는 이제까지 친구들이 달라서 서로 피할 수 있었다.
바이올렛이 레즈비언이었다면 우리 둘을 따로따로 만나는
친구들이 있거나 서로 얼굴 볼 일이 있었겠지만, 정말이지 그럴
일이 없다. 지난번에는 내 동생이 바이올렛 친구와 마주쳤다가
그가 이사 준비 중이라는 말을 들었다. 바이올렛은 혼자 사는
것을 좋아하지 않아서 지금 누군가와 같이 살려고 들어갈
곳을 찾는 중인 것 같다. 그리고 나는 생각했다. 바이올렛이
여기로 올 수도 있겠구나. 그러나 다음 순간 나는 생각했다.
이제 여기는 레즈비언이 사는 집이고, 밤 어느 시간부터 남자는
못 들어오는데. 우리는 변했고, 나도 변했다. 좀 솔직히, 새로
같이 살게 된 사람들이 바이올렛을 좋아하기나 할지 모르겠다.

그래도 아직 나는 그를 그리워하며, 바이올렛과 내가 단 둘이서 같이 아파트를 얻을 수 있을지도 모른다고 생각했다. 현실과는 동떨어진 소리지만, 그 생각은 아직 머릿속에 있다.

바이올렛과 헤어진 뒤로 다른 애인을 만났다. 또 한 번의 재앙이었다. 나에게는 안 좋은 경험이 많았지만 직면하지는 않고 있었는데, 그래서 바이올렛과의 관계가 그렇게 완벽했을 것이다. 성애적 상황은 내게 아주 골치 아픈 일이다. 쉽지도 않고, 꼭 필요해서 없어서는 안 될 정도로 하고 싶은 것도 아니다. 친함, 애정, 헌신 그리고 제일 편한 친구야말로 정말 내가 목말라하는 것임을 깨달았다. 바이올렛과 나의 관계는 각자의 욕구를 채워주었다. 성적인 관계와 그런 관계에 부과되는 모든 의무를 따져보았을 때 그것보다 낫고, 안정적이며, 편한 관계였다. 그때 우리의 삶에서 성적인 사이가 된다는 것은 둘 중 어느 쪽에게도 적절하지 않았다고 생각한다. 그러나 그 모든 과정을 거칠 때까지도 내가 진짜 바랐던 것에 대해 다르게 생각하는 법이나 다른 개념을 알지 못했고, 할 수 있는 말도 훨씬 적었다. 그러고 나자 이미 늦어 있었다. 어쩌면 바이올렛에게 "너는 내게 정말 중요하고, 네가 이 관계에 헌신해줬으면 좋겠다"라고 말했다면 나았을 수도 있다. 그렇게 말했다 해도, 그가 이해했을지는 모르겠다. 우리에게는 헌신적이며 무성애적인 일대일 관계를 맺는다는 것과 관련해 참조할 수 있는 어떤 틀도 없었다. 중요한 요소는 그거였다. 바이올렛이 다른 친구를 둘 수는 있겠지만 나는 그가 다른 사람들과 자는 것은 바라지 않았다. 남자들과 말이다. 바이올렛이 그러려고 했을지는 알 수가 없다.

내게 애인이 있었다면 그 사람은 어떻게 느꼈을까. 알 수 없다. 바이올렛은 화가 나면 방으로 들어가 문을 닫아버렸다. 내게 애인이 있었다면 그는 문을 닫아걸었을 거라고 생각한다. 질투했을지도 모르겠다. 상황에 따라 달랐을 것이다. 확신할 순 없지만, 내가 하룻밤 상대와 잤다면 신경 쓰지 않았을 것 같다. 거기에 반응하는 것이 별 의미가 없다고 생각하고 그런 일에 상처받거나 화낼 권리가 자신에게 없다고 결론 내렸을 것이다. 그러나 친구들끼리 하듯이 내 연애를 지지하거나 격려한다는 것은 그에게 힘든 일이었을 것 같다. 그가 애인을 사귀었다면 나도 똑같이 반응했을 거라고 생각한다. 이 문제는 거의 가설에 지나지 않는데, 나는 애인을 사귈 수 없었을 것이기 때문이다. 그때 우리의 상황은 다른 애인들을 완전히 차단하고 있었다.

나는 애인과 살아본 적이 없었다. 남자든 여자든 바이올렛만큼 친했던 사람은 없었다. 우리가 느꼈던 게 무엇이었든 간에 말이다. 나는 파트너라는 단어를 많이 썼다. 바이올렛은 나와 일을 같이 하고 있었으니 쓰기 괜찮은 말이었고, 내가 그 말을 얼마나 애매한 의미로 쓰는지 아는 건 나 혼자뿐이었다. 내 마음속에서는 그 말이 단순히 동업자를 의미하지 않았다.

이제는 그 사람 얘기를 할 때 '애인'이라는 단어는 쓰지 않는다. 보통은 '뭐였든 하여간 우리가 그거였을 때'라고 한다. 내 친구들은 대부분 이게 무슨 소린지 이해할 만큼 충분히 알고 있다. 내 인생에 새로 등장한 사람들한테는 설명하지 않는다. 축약해서 말하지 않고, 처음부터 끝까지 제대로 다 들려줄 수 있을 때에만 이야기한다. 속으로 변명을 늘어놓는 듯한 소리를 하지 않고서는 짧게 설명할 길이 없다. "글쎄, 우리는 애인이었지. 근데 진짜로는 아니었어"라는 건 거의 변명으로 들리지 않는가. 그럼에도 그건 중요했다. 우리가 진짜 애인은 아니었다고 해도.

친구들에게 설명할 때면 떠오르는 것이 있다. 여자끼리 완전 딱 붙어 지내던 고등학교 시절 그 친구들 말이다. 종종 그런 생각을 한다. 그 관계들은 처음부터 끝까지 의식되지 않은 채로 이어진다고. 그러면서 그 관계들은 일대일이고, 헤어짐도 있다. 친구들은 나를 많이 이해해줬다. 어쩌면 상황은 조금씩 달랐어도 그렇게 특이한 일이 아니었던 것이다. 그걸 의식적으로 인정하는 것이 특이한 일일 뿐.

바이올렛과 내게는 공통된 관심사가 많았다. 아직도 바이올렛과 친구로 지낼지 고민하는 건, 다른 예전 애인들하고는 친구로 지내고 있기 때문이다. 어떤 사람하고는 두 해가 걸렸다. 한 해 동안 친구였다가 아주 짧고 불행한 연애를 한 사이였다. 그러다 한 해 지나서 다시 친구가 돼보려고 했다. 그땐 잘 안 됐지만 두 해가 지난 지금은 됐다. 우리는 트라우마를 극복할 시간이 필요했던 거다. 또 다른 친구와 나는 쭉 친구로 지낼 수 있었는데, 이 경우는 서로에게 별로 바라는 것이 없던 연애였다.

이젠 관계를 맺으면서 무얼 바라는지조차 모르겠다. 바이올렛이 내가 사랑에 빠지게끔 무슨 수를 썼다는 생각마저 조금 든다. 한편 내가 그를 향해 키워온 강렬한 끌림은 유기적이고 자연스러운 것이었다고 본다. 이것이, 그 감정이 어째서 그토록 강렬했는지 부분적으로 해명해준다. 다른 여자들하고는, 내가 그들에게 '끌려야만 한다'고 느꼈다. 바이올렛은 내겐 완전히 그래선 안 될 사람이었고 나는 아니라는 것을 알고 있었지만, 논리는 아무런 영향을 미치지 못했다. 운명이고, 그렇게 정해져 있다는 느낌이었다. 그것이 너무나 갑자기 끝나버렸다는 점도 좌절의 이유다.

나는 정치적으로 매우 활발하고 급진적인 편인데, 정치적이고 급진적인 다른 누군가와 사귀는 것을 두려워한다. 공화당원이나 정치에 관심 없는 사람과 사귀고 싶다는 것이 아니라, 정치가 나에게 부담을 지운다는 얘기다. 그 부담을 실천해야 하고 기준에 부응하며 살아야 한다는 스트레스가 있다. 나보다 정치에 관심이 덜한 애인과 사귄다는 생각이 맘에 든다. "데모 가지 말고 집에 있어. 넌 쉬어야 돼"라면서 날 돌봐주는 사람 말이다. 바이올렛은 어느 정도 정치에 관심이 있었으나 나한테 부담을 준 적은 없다. 바이올렛은 분명 페미니스트지만 인생이 그것을 중심으로 돌아가는 사람은 아니다. 나는 그 점이 정말 좋았다. 그런 유형이 나한테는 이상적인 애인이지 않나 생각한다. 더 보수적이고, 덜 정치적이고, 더 잘 챙겨주는 누군가. 동시에 나는 지금 아주 정치적이고 굉장히 레즈비언다운 여자에게 빠져 있다. 어떤 친구가 말하기를, 레즈비언들은 같은 레즈비언들한테 굉장히 겁을 낸단다. 지금은 덜 그렇지만 내 경우에는 맞는 말이었다. 내가 바이올렛에게 품었던 감정의 일부는 그런 데서 왔다고 생각한다. 바이올렛은 이성애자였고, 나에게 더 안전했다. 어째서 이런지는 알아낼 수가 없다. 다른 레즈비언과 지냈다면 나는 그 상대와 나를

대조해가며 내 정체성을 마름질하고 있었을지도 모른다. 내가
신참 레즈비언이라서 좀 모자랐을 수도 있다. 바이올렛과 있으면
나는 다이크, 좀더 레즈비언인 쪽이었다.

바이올렛을 향한 내 친근감에는 장단이 있다. 의외인
부분은 없었다. 나는 정서적 측면에서 바이올렛을 신뢰했고 그의
바보 같은 점들을 알고 있었다. 그런 점들이 한둘이 아니었지만
나는 그게 어떤 것인지를 이해하고 있었다. 바이올렛이 치료를
계속해야 하고, 입원을 해야 할 수도 있다는 위험까지도. 올겨울
혼자 있으면서 우울해할 그 사람이 많이 걱정됐다. 그래도 잘
이겨냈을 거다.

바이올렛은 잘 챙겨주고, 다정하고, 애정이 넘치고,
사랑을 주는 사람이었다. 그저 자기 성 지향성을 둘러싼
경계선을 제대로 갖지 못했을 뿐이다. 레즈비언들이 여자들과의
관계를 어째서 그리 진지하게 받아들이는지에 관해서는,
이성애자 여자들은 그냥 이해를 못 하는 문제라고 생각한다.
내가 남자였다면 이해받았을 것이다.

나는 성애가 없는 관계가 제대로 굴러갈 수 있다고
생각한다. 우리 삶에는, 그 중요성이 인정돼야 하는데도
성적이지 않다는 이유로 무시받는 관계가 많다고 생각한다.
샌프란시스코에서 만나 친구가 된 많은 여자가 다른 지역으로
떠난 것도 그런 경험 중 하나다. 샌프란시스코는 끊임없이
변화하는 도시고, 나는 여기에 남고 싶은 마음이 매우 크다.
어떤 친구가 이 고장을 떠나려고 생각하고 있다면 내게 와서
이사를 고민 중이라고, 어떻게 생각하느냐고 물어줬으면 싶다.

그렇지만 그들은 그러지 않았다. 좋은 친구이자 전 애인이었던 사람은 내게 와서 말했다. 그는 내 의견을, 인정을 구했다. 허락을 받겠다거나 같이 이사하자고 하는 것이 아니라 그 과정에 나를 포함시킨 것이다. 우리가 서로를 더 중요하게 대했으면 좋겠다. 내 친구들 중에는 본인 의사로 자신의 삶에서 성애적인 측면을 소거시킨 사람들이 좀 있는데, 이들은 독신으로 지내고 싶어한다. 나는 우리를 더 넓은 의미의 커플로, 애인으로, 심지어 세 친구를 한꺼번에 묶어서 보았으면 좋겠다. 어떤 친구는 자기 친구들한테 헌신적이며 질투도 드러낸다. 나는 그 친구의 그런 면을 존중한다. 그 친구는 친구들을 아주아주 진지하게 대한다. 나도 비슷하다. 비록 친구들이 협조를 안 해줘서 그냥 넘길 수밖에 없었지만 말이다. 어릴 적 내 우정은 그랬다. 나와 제일 친한 친구들은 정말, 진짜 친하다. 나한테는 아주 친한 레즈비언 친구들이 있는데, 우리가 선택할 수 있는 부분이 더 많다고 생각했으면 좋겠다. 우리에게는 우리가 서로 헌신하고 있다는 사실을 나타내주는 언어가 필요하다. 이것은 우리가 인생을 결정하는 의논을 같이 하면서도 애인 사이는 아니라는 뜻이다. 우리 공동체에서는 우리가 누구를 살펴주느냐가 아니라 누구에게 끌리는가, 누구와 드디어 잤는가에 지나치게 관심이 쏠리는데, 그 밑바닥에는 공동체 기능을 무척 저해하는 충동이 있는 것 같다.

　　나는 레즈비언으로서 우리가 공동체의 일부이며 단순히 개별 인간이 돌아다니는 상태는 아니라고 생각하려 한다. 이를테면 "나 이 도시로 이사하려고 해. 같이 이사하고 싶은 사람?" 하는 말을 꺼내보고 싶다. 내 언니도 여기 살고 있는데, 내게서 먼 곳으로 가게 될 때는 다시 생각해보겠다고 한 적이 있다. 이런 경우가 사회적으로 더 받아들여지는 것처럼 보이는 까닭은, 우리가 자매이기 때문이다. 만약 언니가 이사한다면 나도 언니를 따라 이사를 심각하게 고려할 것이다. 나는, 친구들끼리도 똑같이 했으면 하고 바란다.

나한테 친구냐 애인이냐 하는 주제는 진정 딜레마다. 이성애 모형은 잘 모르는 누군가를 만나 곧장 애인이 된다는 식이기 때문이다. 그리고 살면서 만나는 남자는 누구나 잠재적 애인이다. 레즈비언들과는 사뭇 다르다. 잠재적 애인으로 느끼지 않는 여자들이 있는데 나는 이들과 굉장히 친하고, 잠재적 애인인 여자들은 따로 있다. 아주 헷갈리는 일이다. 나는 이성애 모형에 따라 사람을 만나고 서로 잘 모르는 채로 애인이 되고 싶은가? 아니면 누군가를 제대로 알아가는 쪽을 택할 것인가? 그런데 일단 친구가 되면 애인이 될 자격도 생기는가? 당신은 좋은 친구인 누군가와 좋은 연인이 될 수 있는가? 나는 원래 내 삶에 있던 사람이든 없던 사람이든, 언젠가 떨어져 나가게 될 사람과는 애인이 되고 싶지 않다. 이성애 모형으로는 섹스가 먼저 와야 하고 그 뒤에 서로를 알아간다는 것인데, 그건 거꾸로 됐다고 생각한다.

바이올렛과 내가 언제 친구이길 그만두고 언제 어떤 뜻에서건 그보다 더한 사이가 되어갔는지 말하기는 힘들 것 같다. 우리 동거 2년 차의 겨울 언제쯤이었을까. 아니 어쩌면 고등학교 동창회에 바이올렛의 상대로 갔을 때 시작됐을까.

모르겠다. 바이올렛에게 끌리는 나 자신을 스스로 허용하기까지 시간이 많이 걸렸다. 그러고 나서도 뭔가 해야 되겠다고 인정하기까지 한참 걸렸다. 모든 것이 끝장났을 때, 나는 심하게 자책했다. 우리가 그 관계를 의식적으로 인정하지 않는 한, 바이올렛은 분명 계속 전과 같이 지내려고 했을 테고 내게 헌신했을 것이다. 그러나 나는 그것을 의식화하지 않고서는 어떻게 해야 할지 몰랐다. 우리는 너무나 천천히 자연스럽게 친해졌지만, 헤어짐은 그토록 폭풍 같았다. 그 헤어짐을 내가 즉각 받아들였다는 점이 흥미롭다. 이 봄에, 무엇이든 우리가 전에 같이 했던 것을 떠올리곤 한다. 아직도 내게는 어떤 환상이 남아 있다. 바이올렛이 나를 찾아와서, 자신이 레즈비언이라 말하며, 다시 한 번 해보자고 말해주는 꿈이다. 그 환상은 흐려지고 있고 나는 이걸 극복해나가는 중이며 이제는 그와 사귈 생각이 없다. 우리가 함께했던 그 시간을 생각한다. 바이올렛도 그럴 것이다. 여기 동성애자들이 넘치는 카스트로 지역에 사는 것이 레즈비언 생활에 몸담는 바이올렛의 방식이다. 바이올렛이 우리 사이에서 벌어진 일을 두고 1년이 지난 지금은 무슨 말을 할지 궁금하다. 바이올렛의 친구들과 마주치면 그들은 내게 지나칠 정도로 잘해줬다.

내가 열 받는 부분은 내가 여자라서 거부당하는 것이다. 이것을 나는 성차별로 본다. 이 분노로부터 회복할 길이 보이질 않는다. 그 때문에 나는 바이올렛을 신뢰하지 않는다. 이성애자인 두 여자가 만나서 함께하게 되는 레즈비언 소설을 내가 너무 많이 읽었나 보다. 사랑에 빠지는 것만으로 충분치 않은 까닭을 이해할 수가 없다.

주변에서 커밍아웃하라고 압박감을 주는 레즈비언들과 살고 있는 경우, 커밍아웃하기는 매우 힘들다. 그래서 나는 바이올렛이 홀로서기만 한다면 이런 압력에서 벗어나 커밍아웃할 것이라는 환상을 품고 있었다. 그렇지만 여전히 이성애자인 모양이다.

우리 사이에서는 바이올렛의 권력이 더 컸다. 이성애자들의 세상을 향해 우리가 어떤 이미지로 얼굴을 드러낼 것인가를 결정하는 쪽은 그였다. 바이올렛은 그것을 하나의 게임으로 시작했다. 우리가 사람들에게 충격을 줄 수 있을까 구경하면서. 그렇지만 그것이 나에게는 인생이었다. 고등학교 동창회에서 그는 자기가 남다른 사람이라는 것을 다른 이들에게 보여주고 싶어했다. "나 변했어"라고 말하고 싶어했다. 그러나 나라면 그런 선택은 하지 않았을 것이었다. "이쪽은 내 여자친구야"라고 말하는 것과 "나 레즈비언이야"라고 말하는 것은 다르다. "내 여자친구는 레즈비언이지만 나는 아냐"라고 쓴 티셔츠가 있는데, 나와 바이올렛이 떠올랐다. 그 티셔츠야 농담이지만, 그게 진실인 경우가 얼마나 흔한지 누가 알겠는가?

후기

이 면담을 하고 1년이 지나 바이올렛과 나는 다시 친구가 됐다. 한때 우리 사이에 존재하던 다정함을 잃지 않았다고 말할 수 있어 기쁘다. 우리의 관계는 변했어도, 우리는 여전히 서로를 챙긴다. 우리가 다시 가까워졌을 때는 둘 다 다른 사람과 사귀고 있었다. 바이올렛은 남자와, 나는 여자와. 바이올렛은 내가 헤어져서 힘들 때 나를 도와줬고, 바이올렛이 헤어질 적에는 내가 도와줬다. 여러 가지 문제가 전면화되었고, 함께하던 시절이 끝난 뒤에는 건드려본 적이 없던 많은 것을 건드려볼 수 있었다. 바이올렛의 이도 저도 아닌 성 지향성이 나를 얼마나 힘들게 했는지나, 우리의 관계와 헤어짐에 영향을 준 다른 요인들에 관해서도 이야기해볼 수 있었다. 그것은 내게 하나의 선물이었다. 나는 헌신을 나눌 친구들을 찾는 것 또한 포기했다. 여전히 바라고는 있지만 말이다. 이 시대 우리 문화는 그런 관계에 준비가 안 돼 있는 것뿐이다. 이성애자 여자들, 특히 레즈비언들에게 지분대는 이들을 나는 위험하게 여기며 그런 이들과 너무 가까워지지 않으려고 한다. 나와 친한 여자들에게, 관계 및 서로가 기대하는 사항들에 대해 아주 분명하게 처신하고, 내가 진정 원하는 것에 스스로 솔직해지려고 노력한다. 여전히 내 인생에 바이올렛이 있다는 사실이 자랑스럽고, 그는 언제나 특별한 자리를 차지할 것이다. 그리고 우리가 함께했던 그 시절로부터 내가 얻어낸 이 명쾌함이 반갑다.

내 여자의 애인은
결코 나만큼
그를 알 수 없을 텐데

10장

나는 처음부터 메리앤이 꽤 어리기는 하지만 아주 재미있고
도전적이고 자극적인 사람이라는 사실을 알았다. 나는 메리앤이
생각하는 방식이 좋았다. 특히 그가 나에게, 내 나이에 위축되지
않는 것이 좋았다. 나이 많은 내가 있을 때 젊은 여자들이
위축되는 경우를 많이 본다. 이 젊은이들에게 나는 성공을
거둔 중년으로 보일 것이다. 그러나 메리앤은 위축되지 않았고
그래서 나는 그와 있는 것이 아주 편했다. 그는 아주 영리하고
지적이었다. 알다시피 세상에는 아주 지적인 사람들이 있다.
그런데 그 사람들은 어쩐지 상상력의 도약을 취하지 못하고,
새롭고 창의적으로 보이는 또 다른 이해 수준에 이르지 못하고

마는 것이다. 메리앤에게는 그 능력이 있었고, 그 점에 나는 아주 깊은 인상을 받았다.

그렇다. 메리앤의 목소리를 듣기를 기대하고 있는 나, 어쩌다 한 번씩 그와 밥 먹으러 나가는 것을 즐기는 나를 발견했다. 또한 그렇게 어린, 딸 연배인 사람한테 끌리고 있다는 게 좀 우스꽝스럽다는 생각도 들었다. 우리는 내가 오랜 관계로부터 막 벗어나 우울하고 슬픔과 외로움에 허덕일 때 만났다. 내가 이렇게 느끼고 있다는 것을 그에게 털어놓기 시작했고, 그의 반응은 놀라웠다. 내가 기분이 좋지 않을 때면 메리앤에게 전화만 하면 되는구나, 하는 시점에 이르렀다. 그러면 그가 내게 오거나 자기 집에 와 있으라고 나를 부르는 것이다. 메리앤은 짧지만 중요했던 관계에서 벗어나고 있었다. 그때까지 그것이 메리앤에게 유일한 레즈비언 관계였다. 그래서 우리 둘 다 많이 고통스러워했다. 이 이행기에 우리는 아주 깊이, 의미 있는 방식으로 서로를 지지해주는 사람이 되어주었다.

그러나 우리가 그렇게 사귀던 동안에 우리는 사귀지 않았다. 어떤 수준에서 우리는 서로에게 누구보다도 우선하는 사람이었다. 우리는 몇 주씩 걸리는 여행을 같이 다니거나 주말을 같이 보내곤 했다. 그러나 동시에 나는 나와 비슷한 연배의 여자를, 메리앤은 남자를 찾는다고 하고 있었다. 첫 번째 연애로 아픔을 겪고 나서 메리앤은 레즈비언 세계와는 거리를 두고 싶다고 얘기했다. 메리앤은 자기가 만나는 사람들 이야기를 했고 나는 내가 만나는 사람들 이야기를 하곤 했으나 어떤 의미에서는 그 사람들 가운데 어느 누구도 정말 '바로 그 사람'은 아님을 우리는 알고 있었다. 이런 일이 있었다. 어느 날 내가 어떤 여자와 나갔다가 집에 밤 열한 시쯤 들어왔는데, 메리앤이 전화를 했다. 그 사람을 만나고 나서 내가 어떻게 하고 있는지 알아보려고 말이다. 결국 메리앤은 그날 밤에 내 집으로 건너와버렸다. 그러니까 어떤 의미에서 메리앤의 전화는 데이트에서 아무 일도 일어나지 않았다는 것을 확인하는 방법이었다. 만약 내가 그 여자와 잘돼서 같이 집으로 오게 될 것이었다든가 했다면, 사실 다른 사람의 전화는 분명 방해가 됐을 것이다. 그러나 메리앤은 그게 방해가 되지 않는다는 것을 그리고 그날 밤 와서 나랑 있겠다고 하면 내가 기꺼이 맞아줄 것을 알고 있었다. 메리앤이 그날 밤에 와 있었다는 말을 좀 명확하게 해두고 싶다. 비록 우리 사이가 몇 번 정도 성적인 분위기가 됐지만, 같이 여행 가고 한 침대에서 자기까지 했어도 아무 일도 없었다. 그냥 아주 좋은 느낌으로 약간의 포옹, 약간의 입맞춤도 했지만 진짜 성적인 것은 아니었다.

우리가 활발히 섹스하던 짧은 기간이 있었다. 그러나 메리앤은 그러고 싶지 않다고 마음을 정했다. 나이 차가 너무 크다며, 스물 몇 해를 뛰어넘는다는 것도, 자기가 여자랑 살고 싶어하는 건지 확신할 수 없는데 내가 여자라는 사실을 감수한다는 것도 너무 버겁다고 했다.

나는 이 관계가 인생에서 가장 중요한 관계 가운데 하나였다고 말하고 싶다. 아직도 이 관계를 떠나보낼 수가 없다. 메리앤은 이제 이브라는 여자랑 사귀는 사이다. 이브는 내가 좋아하지 않는 사람이다. 부분적으로는 나의 질투 때문이고,

부분적으로는 이브가 메리앤에게 맞지 않는 사람이라고
생각하기 때문이다. 두 요소 다 있는 것 같다.

　　메리앤과 나는 약 4년 전에 만났다. 우리가 제대로 사귄
것은 3년 전쯤이다. 지금 1년 정도 각자 다른 도시에서 살고
있다. 그러나 지난 1년 동안 우리는 적어도 6주에 한 번씩 주말에
만났다. 아주 꾸준하게. 우리가 서로를 보지 않고 지낸 가장
오랜 기간은 두 달이다. 전화로도 꽤 규칙적으로 계속 이야기를
해왔다.

　　힘든 시기도 좀 있었다. 말하자면 메리앤이 저 새로운
관계를 시작했을 때라든가. 나는 상처를 받았고 화가 치밀어
올랐다. 메리앤을 잃을까 봐 두려웠던 것이 가장 큰 이유였다.
내가 집을 옮기고 나서 메리앤은 그 관계를 시작했다. 내가
이사하지 않았다면 메리앤이 이브와 사귀는 일은 없었을 거라고
생각한다.

　　그런 느낌이 좀 있다. 우리의 인연이 너무나 중요하고,
그래서 내가 모든 사람을 메리앤과 비교하고, 누구도 마음에
안 차게 되는 식이랄까. 이건 메리앤도 그럴 거라고 생각한다.
메리앤이라면 내게 전화로 이럴 것이다. "누구랑 비교해도
당신이 나를 제일 잘 알지. 그리고 이브랑 내가 그렇게 공통점이
많다는 느낌은 사실 안 들어." 그럼에도 뭐랄까, 메리앤과
이브의 관계는 메리앤을 나로부터 그리고 나를 메리앤으로부터
보호하는 것 같다. 우리는 성적인 사이가 되지 않기로 매우
분명히 해두었기 때문에 늘 우리가 바라던 방식으로 서로 관계를
맺어나갈 수 있는 것이다.

메리앤은 이브에게 나를 전 애인이라 이야기했고, 지금은 우리가 사귀지 않는다고 설명했다. 메리앤이 이브를 만났을 때는 3년이 넘도록 우리 관계에 성적인 부분은 없었다. 나는 이브를 그가 메리앤과 사귀기 전에 만났는데, 곧바로 싫어하게 됐다. 이브가 우리 우정에 참견하고 있다는 생각이 들었다. 메리앤이 이브를 알게 되고 나에게도 만나보라고 했을 때 나는 "그 사람 별로야. 스타일도 별로고, 참견이 심한 것 같더라. 너를 만난 지 얼마 되지도 않았는데 꼭 너를 소유하기라도 한 것처럼 굴고 있어"라고 말할 수밖에 없었다. 둘이 앞으로 사귈 줄도 모르고 이런 소릴 했다. 그러고 나서 둘은 성적인 관계를 맺게 됐고, 그 얘기를 들었을 때 나는 몹시 상처받아서 메리앤에게 이 기분을 이야기했다. 지난 3년간 나는 "사랑해"라는 말을 하지 않았었다. 그러나 이브 얘기를 듣고 나는 메리앤에게 말했다. "내내 너를 사랑해왔어. 지금도 사랑해. 그리고 이건 너무 가슴이 아파." 내 고백에 메리앤이 곧바로 보인 반응은 일종의 분노였는데, 그건 메리앤이 죄책감을 느꼈기 때문이라고 생각한다. 사실 내가 상처받을 까닭이 없었다. 우리는 서로, 다른 사람과 사귀는 건 자유라고 얘기하면서 몇 년이나 보내왔기 때문이다. 그러나 일이 났을 때야 두말할 것 없이 상처가 됐다.

이브는 나와 친구가 되겠다며 수선을 피웠다. 이브는 전 애인들과, 또 전 애인들의 새 애인들과 친구가 되는 부류였다. 나는 이전까지 어떤 관계에서도 그런 적이 없었고, 전 애인의 애인과 친구가 된 적도 없다. 이번에도 그러지 않을 것이다. 여전히 상처가 덜 아문 데다, 이브는 내가 좋아하지 않는 사람이니 말이다. 메리앤이 내가 많이 좋아하는 사람과 사귀었다면, 그러면 아마 친구가 될 수도 있었겠지만 이브는 그렇지 않으므로 친구가 될 맘이 요만큼도 없다.

내가 예전 살던 동네 사람들을 만나려고 와 있을 때 메리앤은 자기 친구들 전부와 같이 하는 활동에 나를 동참하게 해보려고 몇 차례 시도했지만 나는 대체로 거절했다. 그 친구들과 어울리는 일에도, 몰려다니는 일에도 관심이 없다고 말했다. "너를 만난다면, 나는 너랑 둘이 보고 싶어. 나는 다른 많은 사람과 같이 너를 보고 싶은 게 아니야. 그 사람하고도 같이 보고 싶지 않아. 나 여기 정말 가끔 와 있는데 그 시간을 그 사람하고 보내고 싶지 않아." 나는 그곳에 다시 들를 때마다 메리앤과 같이 지내곤 했다. 메리앤이 이브랑 사귀기 시작하고 나서부터 나는 그 동네를 방문할 때 같이 다닐 다른 친구들을 찾았다. 이브는 내가 그들과 다닐 거라고 짐작한 것 같다. 마치 아무 일도 벌어지지 않은 것처럼. 나는 "너희 둘이 한 침대에 같이 있고 내가 거실 소파에서 잠을 자는 일은 있을 수 없어. 절대로"라고도 말했다. 이브는 나를 친구로 만들어 위협이 덜 되도록 하려 한 듯하다. 내 생각에는 그 많은 레즈비언이 전 애인들의 애인들과 얽히는 한 가지 이유가 이것이다. 친구가 되면 덜 위험하다는 뜻인가보다.(하지만 나는 오히려 위험이 늘어난다고 생각한다!) 이브한테는, 나를 친구로 만들겠다 함은 메리앤과 내가 그의 앞에서 만나고 그러면 그가 무슨 일이 벌어지는지 알 수 있다는 뜻인 거다. 또 내가 이브의 친구라면 나는 이브를 배신하면 안 된다. 사실 이브는 아무것도 두려워할

필요가 없다. 메리앤과 나는 지난 3년간 원하기만 하면 성적
관계를 맺을 수 있었는데도 그런 적이 없으니 말이다. 그러나 또
다른 수준에서의 실상은, 이브는 결코 나처럼 메리앤의 온전한
모습에 이를 수 없다는 것이다. 메리앤이 나한테 하는 말이 있다.
"당신은 다른 누구보다도 나를 잘 알아."

　　나로서는 그 둘과 같이 있기가 아주 힘들 수밖에 없다.
한편 메리앤이 내 앞에서는 이브와 신체 접촉을 하지 않겠다는
말을 한 적이 있다. 나는 대답했다. "내가 있다는 이유만으로
너한테 애인과 어떻게 하고 있으라고 할 권리는 없어. 그렇다고
내가 그걸 보게 되는 것도 싫고. 그래서 내가 너희 둘을 같이 보고
싶지 않다는 거야." 내가 메리앤과 지내러 온다는 소리를 들으면
이브가 걱정하고 화낸다고 메리앤이 말했다. 지난번에 내가
들렀을 때 둘이 그걸 놓고 싸웠단다. 난 말했다. "그 여자는 왜
이렇게 걱정을 한다니? 걔는 너를 가졌고 난 아니잖아." 메리앤은
대답했다. "글쎄, 걔는 나를 가졌지만, 날 가진 건 아니야. 누구도
당신처럼은 날 알 길이 없어. 나한테 중요한 문제가 있고 그 얘길
꼭 해야 된다면 당신하고 해야 해. 이브는 그렇다는 걸, 실제로는
자기가 나를 모른다는 걸 아는 거야."

　　나는 내 친구들이 메리앤을 향한 내 감정이 어떤 것인지
알기를 원치 않는다. 친구들은 내 이 감정에 비판적일 것이다.
그간 너무나도 많은 사람에게 메리앤과 그냥 친구인 척해왔고,
내 딸뻘인 사람과 사랑에 빠진다는 것이 터무니없게 느껴지기
때문이다. 그렇지만 이게 진실이다. 그리고 지난 서너 해 사이에
나한테 일어난 일들 가운데 가장 중요한 것을 이야기하지

못하니, 친구들에게는 전혀 말을 할 수가 없다. 그들과 온전히 친구가 될 수 없고, 말하자면 '커밍아웃'하지 않은 것과 비슷하다. '아웃'하지 않는다면 대화는 할 수 있겠지만 자신의 일부를 제외해두게 되고, 그 부분 때문에 의사소통이 온전히 되지 않는다. 나는 메리앤이 인생에서 가장 중요한 사람은 아닌 척한다. 그러나 내 방문 일정에서 맨 처음은 메리앤 만나기, 나머지 사람은 모두 그다음이다.

지난 몇 해 동안 메리앤과 나 둘 다 상대의 삶에서 가장 중요한 사람이었다는 데 동의한다. 그리고 나이 차이만 없었다면, 우리는 다른 종류의 관계에 있었을 테다. 우리는 '진짜' 연애를 했을 것이다. 나이 문제는 메리앤이 의식하는 것이다. 나였다면 기회를 더 줬을 거라고 생각한다. 우리가 성적인 관계를 맺고 나서 메리앤이 더 이상은 원하지 않는다고 했을 적에 나는 말했다. 인생에는 때가 있다고. 정확히는 내가 지금 중년이기 때문이지만, 자신에게 너무나도 완벽한 누군가가 나타나는 때는 정말 드물다고. 똑같은 것들을 좋아하고 가장 좋은 결과를 낼 수 있게 격려해주는 사람, 나를 정말 지켜주면서 정말 도전적이기도 한, 이 두 가지가 동시에 되는 사람. 내게 힘이 되어주고, 성적으로 흥분되고, 매력적이며, 지적 자극을 주는 완벽한 사람. 메리앤에게 내가 좋아할 수 없는, 이상한 점이 없어서가 아니다. 나이 차이 때문에 내가 좋아하지 않는 점들이 좀 있다고 하더라도, 기꺼이 감수할 수 있었을 것이다. 정확히는 나이가 더 많기에, 이것이 내 일생일대의 기회임을 알았기 때문이다. 메리앤은 더 젊다 보니, 나와 비슷하면서 스무 살이

젊은 누군가가 나타날 거라고 생각할 것이다. 메리앤은 완벽한
그 사람이 나타나주기를 기다리는 사치를 누리고 있다. 내게
그런 사치는 남아 있지 않다.

　　하지만 지루해질 때도 있었다. 특히 우리가 20대
친구들과 함께 있을 때 그랬다. 메리앤과는 지루해지지 않는다.
그 사람들이 지루한 것이다. 사실 메리앤은 모든 연령대에
친구들이 있어서 그 친구들이 나한테 거슬릴 일은 없다.
다른 문제들도 있다. 그가 토요일 밤마다 춤을 추러 가고
싶어한다거나, 윈드서핑을 하거나 스키를 타고 싶어하는 것
따위. 그런 활동을 좀 함께 하다 보면 메리앤이 언제나 나를
가르쳐주고 있는데, 그건 굉장히 보살핌받는 기분을 주지만
동시에 그의 자유를 좀 제한하고야 마는 것이다. 이 모든 일이
메리앤에게도 힘들었던 이유는, 나는 내 나이대 사람들 앞에서
우리가 무슨, 사귀는 사이는 아닌 척을 해왔기 때문이다.
메리앤은 그 사람들에게 형편없는 대우를 받는다고 느꼈다.
나한테 딸려 있는 요 '꼬맹이' 같은 식이다. 내 친구 다수에게
메리앤은 아직 어린아이다. 메리앤은 아이 같은 대우를 받고
굴욕을 느낀다. 또 메리앤의 가족들은 나를 알고 있고 내게
굉장히 친절하다. 그렇지만 나를 바람직한 짝으로는 여기지
않을 것이며, 우리 관계에 뭔가 더 있다는 것을 알게 된다면 내가
메리앤을 꼬여냈다고 믿을 것이다. 메리앤의 가족들한테 내가
순진한 아이를 꼬여낸 사람으로 비쳤더라면 환영받지도 못했을
것이다.

　　내 직업 문제에서도 나이 차이는 골칫거리다. 그러나

내가 그를 떠나보내겠다는 결단을 내릴 준비를 하기 전에 메리앤이 먼저 관계를 끝낼 결심을 했다. 우리 둘이 여섯 달을 더 보냈더라면 내가 이 관계를 원치 않는다고 했을 가능성도 충분하다는 얘기다. 내가 줄곧 '푹 빠진' 채로 지내올 수 있었던 건, 이리도 멋진 사람을 발견했는데 그 사람은 나를 거절했고, 그래서 나는 우리가 성적인 사이였던 저 석 달간의 기쁨에 의지해 지난 몇 해를 버텨왔다는 게 부분적인 이유일 것이다. 아니, 이건 과장이다. 왜냐하면 근 3년간 우리가 쌓아온 것들이 이 관계를 단단하게 해주었으니까. 그래도 아직 내 쪽에서 가진 환상이 크다는 걸 안다. 지금 우리 관계에서 앞으로 더 진행될 것은 없으리라는 사실을 아주 잘 알고 있으면서도.

한편, 지금 우리 사이는 멋지고, 뜻깊고, 독특하다. 예전에 한번은 아침 아홉 시에 얘기하기 시작해서 밤 아홉 시 반에 헤어진 적이 있다. 말이 멈추질 않았다. 또 언젠가는 우리가 일곱 시에 저녁을 먹으러 음식점에 갔는데, 누군가 와서 "필요한 것 있나요? 지금 문 닫으려고 하거든요" 했다. 그때가 새벽 한 시였다는 뜻이다! 우리는 그냥 앉아서 얘기를 하고 있었을 뿐이다. 우리가 성적인 사이였을 때도 아주 열정적이고 멋졌다. 문제는 이 관계가 제 길을 따라 흘러갈 수 있게 그냥 둘 시간이 내게 없다는 점이었다. 나는 늘 내가 얻을 수 있던 것보다 더 많이 바라왔다. 그리고 동시에, 나는 너무도 많이 받고 있었고, 그렇기에 그냥 보낼 수 없는 것이다.

내가 이사를 한 데에는 메리앤과 거리를 두고 싶었다는 점도 부분적으로 작용했다. 연락을 유지하고 싶어서 그랬다.

앞서 말한 대로 나는 정기적으로 여행을 다녔고 메리앤도 여행을 다녔다. 그러나 나는 처음으로, 이사를 해서 메리앤과 지리적으로 다른 공간에 있기를 바랐다. 그래야 영화 보러 가겠냐며 메리앤을 부르는 일이 없을 테니까. 여기서는 같이 영화 보러 갈 다른 사람을 생각해내야 한다. 나는 그 관계에서 빠져나와야 했고, 바로 이것이 오래 산 동네에서 떠난 주요 동기였다. 그리고 서로 떨어져 있던 그 한 해가 내 의도대로 작용했다고 생각한다. 메리앤은 내가 거기 있었더라면 시작하지 않았을 이브와의 관계를 시작했다. 아니, 내가 거기 있었다면, 메리앤은 바로 내 코앞에서 열 배는 더 고통스럽게 시작했을 것이다. 그래서 지금 떨어져 있고, 내가 두 달마다 한 번씩 올 수 있고, 서로 너무 오래 못 봤으니까 하룻밤은 같이 보낼 수 있다는 말을 할 수 있는 우리라면, 그걸로 좋다. 충분하다. 그 밖에 다른 것은 필요 없다. 메리앤의 관계나 다른 일들에도 어떤 식으로든 간섭하지 않을 것이다.

이사한 덕택에 나는 우리 관계를 얘기하기 더 편해졌다. 나는 이곳 사람들한테 "이런 사람이 있는데, 젊어"라고 한다. 여기서 만난 많은 사람을 메리앤이 만나봤으면 한다. 메리앤의 이번 관계가 아주 오래갈 것 같지는 않다. 그가 앞으로 또 다른 여자와 안정된 관계를 시작하더라도 나는 언제나 그의 인생에 어떤 방식으로든 존재할 것이고, 그도 언제나 내 인생에 남아 있으리라는 것을 안다. 내 인생에도 다른 누군가가 나타나서, 내 관심이 늘 메리앤만이 아니라 그 새로운 사람에게 향하게 되길 바란다. 동시에 내가 그 누군가를 못 찾고 있는 건 내 관심이 메리앤에게 쏠려 있기 때문이라는 것도 안다.

메리앤과 내가 다시 지리적으로 같은 곳에서 산다고 해도 달라질 것은 없으리라고 생각한다. 요 3년 사이에 우리가 맺어질 수 있는 기회란 기회는 모두 있었고, 아무 일도 일어나지 않았다. 그리고 나는 우리 둘이 사귀는 사이로 돌아가려는 시늉을 하게 될까 아주 두렵다. 또 상처를 받을 테니까. 내 육체적 매력이 나이를 먹음에 따라 스러져가는 데 반해서 메리앤의 매력은 더해가고 있다. 관계라는 것은 생애 주기상 같은 단계를 함께하는 사람들끼리도 힘들다. 중년의 위기를 겪으며 더 젊은 누군가를 찾고 있는 마흔 살 여자 곁에 선 일흔 살 먹은 내 모습은 보고 싶지 않다! 지금 벌어지고 있는 일보다 열 배는 더 가슴 아픈 일이 되리라. 지금 이 순간 나는 여전히 나름대로 매력적이고 힘이 넘침을 느낀다. 주변에는 사람들이 한가득이고, 그 모임에서 내 짝을 찾아볼 수 있다.

메리앤에게도 내가 품은 것과 똑같은 양가감정이 있는 것 같다. 내가 있는 동네로 이사 오는 건 별로라고 생각하면서 동시에 계속 내 근처에 있고 싶어할 것이다. 우리 관계가 앞으로도 변하지 않을 텐데, 뭐하러 그걸 계속 뜨뜻미지근하게 덥히고 있겠는가? 그 불이 꺼지도록, 만사 있는 그대로 놓아두는 편이 낫다. 그러나 우리 둘 다 그 불이 꺼지도록 내버려두지는 않을 마음임을 나는 안다.

메리앤이 새로운 관계를 맺고 있다는 사실이 고통스럽기는 해도 아주 안심이 되고 위안이 된다. 이 관계는 다른 무엇도 할 수 없던 방식으로 우리 관계의 중요성을 지켜준다. 만약에 그가 여전히 성애적 관계를 못 찾고 있었다면, 그런 관계를 찾기 전까지만 나한테 매달려 있는 거라고 생각했을 것이다. 그런 혼잣말을 지난 3년 내내 하면서 지내왔던 거다. 이 관계는 메리앤의 인생에 누가 있든 언제나 내가 그에게 중요할 거라는 사실을 명백하게 보여줬다. 그게 우리 관계를 더 깊게 해줬다. 올여름 둘이 함께 있었을 때, 우리가 서로를 얼마나 사랑하고 서로에게 얼마나 중요한지를 지난 몇 년 사이에 했던 것보다 더 많이 얘기할 수 있었다. 예전에는 어떤 사랑의 표명이든 섹스하는 사이로 되돌아가고자 하는 뜻으로 읽힐까 두려워했고, 그건 우리 둘 다 정말 바라지 않던 바였기 때문이다. 그러려고 내가 그를 초대했다고 생각할까 봐 두려웠고, 그도 자기가 그런 걸 원하지 않는다는 사실을 분명하게 보여주기 위해 내게서 거리를 둬야만 하지 않을까 두려워했다는 생각이 든다. 메리앤은 이브와 성적인 사이이며 이브에게 충실하고, 그러므로 우리가 성적인 사이가 될 수도 있을까 하는 의문 따위는 없다. 추측하건대 메리앤은 자신의 충동이나 내 쪽에서 유혹할 가능성으로부터 보호받는다고 느끼는 것 같다. 섹스와 감정을 따로 유지하고 싶어하는지도 모르겠다.

온전히 우리가 쓴
우리 관계의 역사

앤지 이야기

방금 우리는 8주년 기념일을 축하했다. 나는 시더를 미시간
여성 음악 축제에서 만났다. 꽤나 로맨틱했다. 당신이 상상하는
만큼은. 서로 알아가는 과정에서 '밀당'이 장난이 아니었다.

　　　우리 관계의 첫 여섯 달은 아주 로맨틱하고 아주
섹슈얼했다. 그러다 수그러들기 시작했다. 나는 이 관계에
헌신하고 싶지 않았다. 그 시점에서 나는 시더와 만나고 있기는
하지만 진지하게 사귀는 관계로는 치지 않았다. 그래서 나는
가끔 다른 사람들을 만났다. 그러다 한 해쯤 지나서 우리는
깨졌다. 내가 헤어지자고 했다.

나는 일대일 관계를 바라지 않았고 시더는 바라는
상황이었다. 우리는 6주 정도 헤어져 있었다. 6주가 다 될
무렵 우리 둘의 생각에 큰 변화가 생겼다. 우리가 헤어지기 전,
시더는 강아지처럼 의존하는 편이었고 나는 그를 강아지 같다고
놀려댔다. 나는 거리를 두고 독립적으로 버티는 편이었다.
그런데 6주 동안 떨어져 있으면서 시더는 나 없이도 '살 수 있고'
훨씬 더 독립적인 사람이 됐다고 느꼈으나, 나는 시더 없이 사는
것이 '힘들겠다'고 느꼈다. 어쨌든 나는 관계에 헌신할 태세가 된
것이다.

　　6주짜리 별거를 시험해본 끝에 우리는 저녁 약속을
잡았다. 그 자리에서 우리는 이 관계에만 헌신하고 싶다고
느끼고 있었다. 한데 서로 다른 각도에서였다. 시더는 절박한
입장에서가 아니라 동료이자 대등한 사이로서의 헌신을 바랐다.
나는 내가 반려자에게 바라는 모든 점을 시더가 갖추고 있다는
것을 깨달았기 때문에 헌신하고 싶었다. 그러니까 그게 우리
관계에서 가장 로맨틱한 부분이었다.

　　그다음 해를 우리는 너무 좋아 붙어 다니며 아주
로맨틱하고 섹슈얼하게 보냈다. 우리 관계를 이루는 제일가는
부분이라면 언제나 웃음이었다. 우리는 서로 많이 웃겨주고
둘 다 박장대소하면서 논다. 그래서 함께 있는 것이 참 즐겁다.
우리는 서로를 놀리고 즐거워할 수 있다. 상대를 비웃는 것이
아니라, 놀리기는 하는데 낄낄거리면서 놀리는 거다. 시더는
농담을 정말 잘하고 무척 재치 있는 사람이다. 나는 언제나
재미있어했고 나 또한 비슷한 식으로 시더를 웃길 수 있다.

그래도 내 생각엔 역시 시더가 최고로 웃기다.

첫해에 우리는 뉴멕시코의 라스크루시스에 각자 집을 얻어 살았다. 서로의 집에서 시간을 많이 보냈지만 백 퍼센트는 아니었다. 그러다가 2년째 들어 헌신을 결심하고, 시더는 사실상 거의 백 퍼센트 내 아파트에서 지냈다. 그래서 그때 나는 동거를 시작해보면 어떻겠느냐고 했다.

그해를 넘길 무렵 우리는 이사해서 한집으로 들어갔다. 지금은 그 집에서 산 지 여섯 해째다. 막 이사 왔을 때가 생각난다. 첫 주에 우리는 사랑을 나누었다. 그리고 그게 마지막 섹스였다. 그게 6년 전이다.

동거 첫해, 한집에 같이 산다는 게 그렇게나 좋았다. 시더의 물건과 나의 물건이 모두 있었다. 상대방의 집에 있으면서 자기 물건은 어디 다른 데 있는 것하고는 달랐다. 우리는 집을 꾸미는 일이나 서로 더 편해지는 과정을 즐겼다. 데이트를 하고 상대를 손님으로 대접하는 이전과 달랐다. 둘이 같이 자기 집에 있는 것처럼 편안했다.

그리고 가끔씩 왜 우리가 사랑을 나누지 않을까 얘기하기도 했다. 뭔가 잘못됐나? 그렇지만 둘 다 이에 대해 뭔가 해봐야겠다는 강한 동기가 없었다. 오리무중이었다. 시더보다는 내가 더 이 문제에 신경을 썼거나, 관련 얘기를 더 많이 했던 것 같다. 시더는 "나도 모르겠어, 네가 원한다면 할 수 있어"라고 말하곤 했다. 그러면 나는 "아니, 아니야. 언제나 말 꺼내는 쪽만 되는 건 별로라고. 가끔은 시작하는 쪽이 너였으면 좋겠어"라고 했다. 시더는 "좋아, 조만간 내가 먼저 시작하는 쪽이 돼볼게"라고 했고, 나는 기다렸지만 그런 일은 전혀 일어날 기미가 없었다. 나는 속으로 혼잣말을 했다. '뭐, 시더가 먼저 시작할 때까지 기다릴 필요는 없잖아, 내가 먼저 할 수도 있지.' 모르겠다. 너무 피곤하다든지, 그럴 기분이 아니라는 느낌이었다. 뭔지는 모르겠지만 더는 동기라는 것이 없어 보였다. 그리고 그런 식으로 우리는 1년가량을 보냈다. 같이 자고는 있었다. 한 침대에서 말이다. 각자 침실이 따로 있었는데도.

　　그러는 동안 우리는 살이 찌기 시작했다. 나는 시더와 농담을 했다. 성욕이 있던 자리에 식욕을 들어앉혔다며 지금 우리의 열정은 먹는 거라고 했다. 일하고 집에 돌아오면 둘이서 거창하고 손이 많이 가는 저녁을 차리곤 했다. 내가 그 말을 어느 정도 믿었다고 해야 할까. 정말 속 편한 건 아니었다. 속으로 별생각이 다 들었지만 뭐가 맞는지 알 수 없었다. 우리 둘 다 몸무게가 늘었으니 각자 자기 모습이 괜찮지 않게 느껴지는 거라는 생각을 했다. 나는 좀 부끄러웠다. 그 부분이 궁금해진 나는 비만혐오에 관해서 정말 많이 읽었다. 주변에 내가 진심으로 끌리는 살찐 여자들이 있는데 어째서 '바로 나 자신의' 몸은 같은 태도로 대할 수가 없을까 스스로 질문을 해봤다. 나는 여자가 매력적이거나 아니거나 둘 중 하나라고 생각하는 사람인데, 그 바탕이 그 사람의 몸무게인 것 같지는 않다. 어떻게 처신하는가, 성격이 어떤가의 문제인 것이다. 시더는 자기 모습이 부끄럽게 느껴진다고 했다.

　　우리가 잠자리를 한 첫해에는 둘 다 옷을 입지 않고

지냈다. 그러다 같이 산 지 3년 차, 그러니까 이 집에 들어온 첫해이자 섹스하지 않게 된 첫해, 우리는 티셔츠를 입고 침대에 들기 시작했다. 시더에게 물어보자 자기 몸을 내가 보는 게 싫다고, 자기 몸이 별로라고 했다. 그리고 우리는 그걸로 다투기 시작했다. 나는 "예전처럼 다 벗고 둘이 끌어안고 있지 않으면 앞으로 로맨틱해지는 일은 절대 없을 걸"이라고 말하곤 했다. 그러다 그것 때문에 싸웠고, 그러고서는 서로 화가 난 나머지 안 하려고 했다.

하루는 시더가 집에 돌아와서 친구와 한 이야기를 들려줬다. 그 친구는 일주일에 하룻밤은 애인과 따로 잔단다. 각자 독립되어 있다는 감각을 얻으려고 그런다는데, 그래서 그들은 자기 침대에서는 하고 싶은 대로 뭐든지, 밤을 반쯤 새고 책을 읽는 일 따위도 할 수 있다고 했다. 상대가 잠 못 잘까 걱정할 필요도 없고, 밤에 더 푹 잘 수 있었다고 말이다. 시더는 "우리도 한번 해볼래?"라면서 해보고 싶어했다. 나는 그 발상이 정말 별로였다. 왜냐하면 (무려 텔레비전 중독자, 영화 중독자, 소설 중독자인) 내게 일단 배우자가 있다 함은 언제나 같이 잔다는 소리니까. 그건 내게 중요한 '일부분'이었다. 같이 잘 누군가가 있다는 것. 같이 잔다는 일은 그토록 친밀한 것이니까. 그러나 시더가 원했고, 그래서 나는 그렇게 했다. 우리는 일요일 밤마다 각자의 방에서 따로 자면서 몇 달을 보냈다.

그러다 문제가 생기기 시작했다. 하루는 시더가 허리가 아픈 것 같다고, 그래서 월요일 밤에 따로 자고 싶다고 했다. 몇 달 지나자 시더는 제대로 못 잤으니까 하룻밤만 더 혼자 있고 싶다는 소릴 했다. 또 하룻밤만 더. 아주 점차적인 현상이었지만, 거의 절반을 따로 자고 있는 그런 수준까지 오게 됐다. 나는 점점 더 짜증이 났지만, 그 얘기를 시작하기만 하면 우리는 싸웠다.

어느 순간 나는 코를 골기 시작했다. 지금까지도 어쩌다 코골이를 하게 됐는지 모르겠다. 체중이 늘어서인지, 스트레스 때문인지, 또 다른 무엇 때문인지. 그러자 시더는 내가 코를 골아서 밤새 깨느라 도대체 잠을 잘 수가 없다고 했다. 우리는 완전히 따로 자기 시작했다. 그렇지만 나는 싫었다. 내가 생각했던 반려 관계라는 조건에 전혀 맞지 않았다. 그렇지만 시더를 깨워놓기는 싫었으니 같이 자지 못하는 것은 '내' 잘못이므로, 정말 어쩔 도리가 없는 기분이었다.

우리는 여전히 붙어 다니고, 서로 웃겨주고, 여러 활동도 같이 한다. 말하자면 예나 지금이나 우린 정말 무지 좋은 친구라는 소리다. 내가 화났을 때 시더는 정말 좋은 말 상대가 돼주고, 시더가 화났을 때 시더에게 정말 좋은 말 상대도 나인 것 같다. 그러니까 여러 면에서 우리는 서로 가장 좋은 친구다.

마침내 내가 난리를 쳤고, 시더는 일주일에 하루씩 같이 자는 데 동의했다. 우리는 토요일 밤에 같이 자기로 했다. 그러면 둘 다 일요일 아침에 일찍 일어날 필요가 없을 테니까. 그렇게 2년에 걸쳐, 늘 같이 잤다가, 일주일에 하룻밤만 따로 잤다가, 완전히 따로 잤다가, 일주일에 하룻밤 같이 잤다가 하는 과정을 거쳤다.

그러다 새로운 사람이 나타났다. 나는 이게 좋다거나 자랑스럽다고 느끼지는 않지만, 어쨌든 정사를 벌이고 말았다.

관계는 세 달쯤 지속됐고 나는 바로 시더에게 털어놓았다.
당연히 시더는 무너졌다. 성적으로 다른 여자에게 끌린다는
것은 너무도 혼란스러웠고 죄책감이 들었다. 시더와 내가 3년
동안 섹스를 한 적이 없었는데도 말이다. 이렇게 말하기는
이상하지만, 내가 무성애자가 되긴 아깝다고 생각했다. 나는
무성애자가 되길 '선택한' 적이 없다. 누군가 나타나서 내게
"우리가 서로 사랑하고, 함께 있으면 정말 좋은데, 나한테
충실하겠다고 약속하는 건 어때요? 그리고 우리 다시는
사랑을 나누지 말아요"라고 한다면 나는 "아뇨, 고맙지만
싫어요"라고 했을 것이다. 한데 그게 지금 내가 처한 상황이다.
내가 시더에게 그 정사 얘길 했을 때 상황은 아주 극적이고
감정적이었으며 우리는 심하게 싸웠다. 우리가 섹슈얼하지 않게
된 지 오래인데도 시더는 우리가 분명 여전히 '일대일' 관계라고
느끼고 있었다.

  시더와 나는 주변에 우리를 커플로 소개했다. 우리는
내 새로운 애인인 린다에게도 커플로서 처신했다. 린다는
말했다. 자기는 나한테 반해버렸고, 거기에 죄책감을 느꼈는데
왜냐하면 안정된 관계에 끼어들고 싶지 않았기 때문이라고.
나는 린다가 정말로 매력적이라고 생각했고, 그가 "나 당신한테
반했어"라는 말을 꺼내자마자 우리가 사귀게 될 것임을 알았다.
그리고 나는 시더와 내가 5년 동안 함께해왔고 우리가 커플이며
같이 살지만 3년간 섹스한 적이 없다고 이야기했다. 린다는
그 말을 듣고서 얼마간 죄책감을 떨쳐버렸다. 둘이 성적인
사이여야만 '커플'이라는 걸까. 성적인 사이가 아니면 '커플'도

아닌 것이다. 우리가 정분이 난 동안, 린다는 내가 자신을 위해 시더를 떠날 것이라고, 왜냐하면 그가 내게 성적인 관계를 제공하고 있으니까, 그렇게 생각하는 듯했다. 내가 시더에게 돌아가겠다고 하자 린다는 의문을 표했다. 그는 어째서 내가 성애가 없는 관계로 돌아가려고 하는지 알고 싶어했다. 나는 그 관계가 변할 거라는 희망을 품고 있다고 말했다. 시더와 나는 상담을 시작했고 나는 낙관적이었다. 그러나 우리 관계는 변하지 않았다.

　　　나는 내가 시더를 포기할 준비가 되지 않았다는 것을 알고 있었다. 그 상담사가 내건 조건은 한 달 동안 온전히 죄책감을 버리고 린다와 함께 지내보라는 것이었다. 그 한 달이 끝났을 때, 나는 내가 린다가 아니라 시더와 있고 싶어한다는 것을 정말 확실하게 느꼈다. 그래서 나는 집으로 돌아갔고, 시더와 나는 둘이 잘 해보고 싶다는 이야기를 했으며, 나는 린다와 끝냈다. 시더와 나는 일주일 단위 상담을 제대로 다녀보기 시작했다. 상담사는 좋은 치료사이자 레즈비언이었다. 내 가장 큰 불만은 우리가 섹스를 안 한다는 점이었으므로 그 상담사는 우리한테 멋진 숙제들을 많이 내줬다. 우리는 집에 가서 서로 안마를 해줘야 했다. 하룻밤만. 집에 돌아온 우리는 서로의 등을 문질러주었고, 그게 끝이었다. 부담 없이. 전체적인 구상은 우리가 다시 점차 성적인 사이가 되도록 도와주겠다는 것이었다. 처음 한두 달간 우리는 모든 숙제를 다 했다.

　　　그러다가 숙제 한 가지가 실제로 섹슈얼해지는 순간이 찾아왔다. 글쎄, 우리는 막상 섹스를 하지는 않았다. 한 주 뒤

그 상담사에게 갔는데, 문을 들어서면서 말을 맞추었다고
해야 할까. 내가 "우리 별로 할 기분이 안 들었다고 얘기하자,
괜찮지?"라고 말을 꺼냈고, 시더는 "좋아, 그렇게 얘기해"라고
했다. 한 달쯤 상담을 더 다닌 것 같은데, 섹스 관련 숙제는 하지
않고 있었다. 그달 말, 우리는 서로 마주 보고 얘기했다. "우리
돈 낭비하고 있어." 상담사에게는 우리가 왜 섹스하지 않는가에
관한 가설들이 있었지만, 누가 알겠나. 일단 나는 모른다.

　　그게 3년 전이다. 지난 3년간 우리가 한 일은 일주일에
한 번씩 토요일 밤에 한 침대에서 자면서 나는 코를 골고 시더는
귀마개를 끼는 것이다. 그러나 서로 같이 자는 게 익숙하지 않게
됐을 때부터, 둘 다 아픈 허리를 붙들고 깨는 건 피할 수 없다는
사실만 확인했다. 우리는 섹스하지 않는다.

　　우리는 막 8주년 기념일을 축하했다. 우리는 일대일
관계다. 이게 참, 섹스랑 상관이 없는 경우에는 재미있는 용어인
것이다. 어쨌든 우리가 관계를 달리해보자고 합의를 보지 않는
한은 일대일이다. 대략 지금은 이런 상황이다. 다음에는 무슨
일이 일어날지 모르겠다. 이제 나는 마흔 살이다. 내가 스무
살이었을 적엔 관계에서 관계로, '완벽한' 관계를 찾아서 옮겨
다닐 수 있었던 것 같다. 그렇지만 지금은 스무 살이 아니니까.
어쩌면 나는 다른 모든 측면에서는 좋은 관계에 만족할 필요가
있는 것이다. 우리는 서로 편하고, 상대를 재미있게 해주며, 같이
있는 것이 즐겁고, 서로에게 좋은 조언자다.

　　나는 스물여덟에 커밍아웃했고, 그 전에 남자들과 사귄
적도 여러 번 있었다. 커밍아웃한 후에는 여자들과 사귀었다.

시더가 자기 자신에게 커밍아웃한 것은 열다섯 살 때로 그는 남자와 전혀 사귄 적이 없다. 다른 여자와는 꽤 오래 사귄 경험이 대여섯 번쯤 있다. 시더에게는 일대일 관계에 대한 신조가, 내게는 비-일대일 관계에 대한 신조가 있다. 비록 지금 내가 기꺼이 이 헌신 약속을 지키고 있기는 해도 말이다. 나는 한 여자와 2년 동안 사귄 적이 있지만, 그 밖에 다른 관계는 모두 상당히 짧았으며 비-일대일 관계였던 적이 많다. 말하자면 나는 남자들에게 관심 있는 사춘기를 보냈고, 커밍아웃하고 나서 여자들에게 관심을 가지는 사춘기를 다시 한 번 보냈다고 하면 될 것 같다.

나는 어머니에게 커밍아웃했고, 어머니는 최근에 돌아가셨다. 어머니는 시더를 둘째 딸로 입양했고 둘 사이는 정말로 좋았다. 나는 시더가 내 '배우자'인 것과 같이 어머니가 시더를 가족으로 들였다고 느꼈다. 나는 어머니에게만 커밍아웃했다. 아버지한테는 안 했다. 지난 8년 동안 전화할 때마다 시더 이야기를 했지만 말이다. 내 생각으로는 암묵적인 방식으로 커밍아웃한 셈이긴 한데, 그래도 서로 그 얘기를 해본 적은 없다.

만난 지 1년 되고 우리가 깨졌을 때, 시더는 우리 어머니에게 가서 이야기했다. 그리고 어머니는 "앤지가 왜 이러는지" 이해를 못 하겠다고 했다. 나한테 일어난 일들 가운데서 가장 좋은 게 시더를 만난 것이라고 했단다. 어머니는 시더에게 버텨보라고 용기를 줬다. 우리 어머니는 격려를 아끼지 않았고, 내가 행복하길 바랐다.

어떤 때는 우리가 완전히 깨진 적은 없다는 생각을
한다. 우리는 진짜로 서로를 좋아하며 같이 사는 것이 재미있기
때문이다. 어떤 때는 우리가 깨진 적이 없는 이유가, 내 나이가
마흔인데 시더와 헤어지면 남은 삶은 홀로여야 하는 것이
두려워서라고 생각한다.

　　나는 시더와 부둥켜안고 포옹도 하고 입도 맞출 수
있지만, 명치께에 저 간질간질한 느낌이 없다면 그걸 성적인
접촉이라고 하지 않는다. 하지만 그건 사람마다 다르다는 것을
안다. 어떤 이는 명치에 간질간질한 느낌이 와도 절정이 없다면
그것을 '성 접촉'으로 여기지 않을 수도 있다. 또 어떤 이는
안아주고 입 맞추는 일이 성적인 것이라고 여길 수 있다. 우리는
친구들 옆에서도, 아무도 없을 때에도 끌어안고 있다. 그리고
나는 그런 것들이 맘에 든다.

　　우리 사이에 관해 할 얘기는 많다. 우리는 육체적인
면에서 아주 애정이 넘친다. 자주 끌어안고 손잡고 안는다.
하지만 그 애정 표현을 넘지 않는다. 우리는 밖에서 서로 '나의
배우자'라고 부른다. 시더는 무슨 생각인지 모르겠지만 적어도
나는 우리가 6년 동안이나 섹스하지 않았다는 것을 사람들이
알게 되는 게 창피하다. 사람들한테는 그런 얘기를 하지 않는다.
내 마음속에 어떤 낙인이 있는 것 같다. 만일 내가 어떤 사람과
반려 관계인데 둘이 섹스를 하지 않는다면, 나한테 성기능
장애가 있는 거라는 생각이 든다. 사람들이 그 사실을 몰랐으면
좋겠다. 또 한 가지 이유는, 오랫동안 같이 산 레즈비언 커플이
여전히 섹스한다고 하면 (내 짐작으로) 사람들이 부러워하는

것 같기 때문이다. 주변에서 우리가 여전히 성적인 사이라고
생각해줬으면 좋겠다. 우리가 친구들과 같이 있든 둘이 소파에서
부둥켜안고 있든, 주변에서 우리가 애정이 넘치는 모습을 보고
우리가 여전히 섹스한다고 여길 거라고 생각한다. 그리고 그렇게
보이는 게 내가 바라는 것이다.

시더 이야기

나는 서른다섯 살 여자. 열여섯 살 무렵부터 '커밍아웃'하고
살아왔다. '아웃'이라는 건 세상에 대해서가 아니라,
나 자신에게라는 뜻이다. 대략 열두 명의 여자 애인이
있었고(하룻밤 상대는 없다) 애인 중에 생물학적 남성은
없었다. 대체로 관계들은 예측 가능한 양상을 따랐다. 나는
아주 정열적이고 아주 섹슈얼한 느낌을 받는다. 과하다 싶을
정도로 사랑에 빠진다. 사람을 쫓아다니고 홀린다. 로맨스, 선물,
꽃으로 그 사람을 휘어잡았다. 이내 나는 그 사람을 정복했다.
그 사람들을 단순히 전리품으로 여기지는 않았다. 내가 사랑에
빠졌다고 진지하게 믿었다. 관계가 여섯 달 지속됐다 치면(몇
명은 그랬다) 그동안은 계속 로맨틱하고 섹슈얼했다. 나는
애인과 바로 같이 살고 싶어했다. 사실, 나는 그 사람이 되고 싶은
거였다. 관계가 여섯 달 넘게 지속되면, 특히 동거를 하면 나는
이전만큼 섹슈얼하거나 로맨틱한 기분이 들지 않고, 섹스 요구와
조금이라도 닮은 기미가 보이는 어떤 것에든 상당히 짜증을 내기

시작했다. 스스로 아직 사랑에 빠져 있다고 여기고 있는데도 그냥 상대에게 성적인 느낌이나 끌린다는 느낌이 없었다. 이게, 그런데, 애인으로서 그 사람들이 잘하는지 못하는지와는 전혀 상관이 없다. 하지만 대체로 상대방은 그렇게 받아들이지 않았으며, 내가 더는 자기에게 관심이 없고 관계를 끝내고 싶어한다며 힐난하는 내용의 말싸움이 '많이' 뒤따르곤 했다. 어떤 경우에는 그 불평들이 곧바로 요구로 이어졌다. 섹스를 하든가, 아니면 관계를 끝내겠다고.

상대를 향한 성욕 결핍은 내게 복잡한 감정을 안겼다. 나는 분명, 죄책감을 느꼈다. 안고, 입 맞추고, 애정 표현하는 것은 그만두고 싶지 않았다. 단순히 성적인 느낌이 없던 것뿐이다. 바꿔서도 생각해봤다. 내가 뭔가 잘못돼서 '정상'이 아니라든가, 상대가 뭔가 잘못돼서 '성욕이 넘친다'든가. 말다툼이 벌어지면 어떤 때에는 내가 변하겠다 약속하기도 하고, 또 어떤 때에는 둘 다 화나서 고집을 부리며 서로 상대가 잘못했다고 비난하다 끝이 나기도 했다.

이 와중에 약간 흥미로운 점은 나 자체는 늘 섹슈얼했다는 사실이다. 나는 늘 관계는 일대일에 충실해야 한다고 주장했으며, 상대방이 다른 애인을 둘 기미를 보인다거나, 그럴까 생각을 해본다거나, 딴 애인을 만들었다면 분통을 터뜨렸을 테고 대체로 질투했을 것이다. 그러나 대개 바람을 피우고 관계를 끝낸 쪽은 나였다. 그 관계를 반드시 끝내길 '바랐다'는 것은 아니지만, 상대방한테는 일대일 관계로 남아 있으라고 하면서도 그 열정 그리고 정사를 나눌 때의 '사랑하고 있다는' 그 느낌을 원했다. 나는 여기에 동원된 뻔뻔스러운 이중잣대를 어떻게든 외면했다.

나는 확신하고 있었다. 흥분은 쫓아다닐 때가 전부라는 것을. 그리고 누구하고 맺어지든 그 열정이 오래가지 않을 것이고, 관계의 기한은 섹스와 별개로 서로 얼마나 아끼고 좋아하고 사랑하는가에 따라 결정된다고 믿었다. 앤지를 만날 때까지 나는 그런 관계를 찾지 못했다.

앤지와 나는 8년 전에 만났다. 첫눈에 반하는 사랑은 아니었다. 사실 말 그대로 앤지가 내 뒤통수를 때려줘야 했다. 자기가 나에게 끌리고 있으니 눈치 좀 채보라고 말이다. 당시 3년짜리 관계가 깨지고 그 이별에서 회복하는 중이던 나는 사람을 적극적으로 찾지 않고 있었다. 그런데 앤지는 이미 마음에 흔들림이 없었다. 내가 정신을 차리고 나자 우리는 연인이 되었다. 부드러운 시작은 아니었다. 꽤 험난했던 첫해를 되돌아본다. 우리는 한 번 깨졌지만, 둘 다 변했고 다시 합쳤다. 앤지의 도움으로 나는 나쁜 관계를 반복하던 양상에서 벗어날 수 있었다. 나 아닌 다른 사람이 되려는 것을 그만뒀다. 고함치고 소리 지르는 대신에 건설적인 비판을 하는 법을 배웠다. 자아 존중감을 많이 되찾았다. 내가 드디어 깊이, 영원히 사랑할 수 있는 사람을 만났다는 것을 깨달았다. 그러나 한 가지 양상만은 바뀌지 않고 그대로였다. 시간이 지나면서 정열이 흐려졌다. 나는 상당히 무성애적으로 변했고 지금도 그렇다. 솔직히 우리가 사랑을 나눈 지 얼마나 지났는지 기억나지 않는다. 앤지는 기억할 것이다. 나는 앤지를 아주 많이 사랑하고, 앤지를 내

평생의 배우자로 생각한다. 앤지를 만지고, 잡고, 입 맞추고, 같이 장난치고 싶다. 그러나 섹슈얼한 느낌은 없다. 앤지와 애인이고 '싶다'. 그런데 그 정열을 어떻게 다시 찾을 수 있을지 모르겠다.

우리는 이 문제로 한 번 이상 커플 상담을 받아봤다. 제안해주는 것도 좀 시도해봤으나 이렇다 할 결과는 영 나오지 않는 것 같았다. 어느 순간 앤지는 바람을 피웠다. 몇 주 지나지 않아 앤지가 그 일을 털어놓았다. 나는 가족 문제로 정신이 없어 멀리 다니는 일이 많았기에 무슨 일이 일어나는지 전혀 모르고 있었다. 충격받고, 격분하고, 질투가 났고, 너무 고통스러웠다. 앤지는 나를 떠나고 싶지는 않지만, 그 관계가 지속이 되는 한은 그 여자와 '섹슈얼하게' 지내고 싶다고 했다. 앤지를 다른 여자의 품으로 몰아버린 데 죄책감을 느낀 것이 사실이었기에 나는 상황을 받아들이려고 했다. 미칠 것 같았다. 다른 사람과 같이 자고, 사랑을 나누고 있는 앤지를 생각하면 말이다. 마침내 나는 "그 여자야, 나야?"라는 최후통첩을 날렸고 내게 화를 내면서도 앤지는 내 곁에 남겠다는 선택을 했다. 여전히 우리 관계는 섹슈얼해지지 않았다.

시간이 흘렀고, 우리는 서로를 아끼고 사랑하지만 엄밀히 말해 소위 애인 사이는 아니다. 가끔가다 한 번씩, 내가 나의 몸을 더 좋아하기만 한다면 섹슈얼한 느낌을 되찾을 거라고 나 자신을 설득한다. 우리가 섹슈얼하지 않게 되었을 때는 둘 다 살이 엄청 쪘을 때였다. 우리는 성욕을 식욕으로 갈아치운 게 아닌가 의아해했다. 분명 둘 다 우리 행동에 대한 이성적인 핑계를 생각해낸 것이라 본다. 당연히 우리는 그 이야기를 하지 않는다.

나는 친한 친구 한 사람한테만 말한다. 다른 커플들에게도 이해받지 못할까 봐 겁이 나서 말하지 않는다. 어쩌면 그들은 우리 생각보다 잘 이해해줄 수도 있다. 우리 같은 커플이 많지 않다고 생각했었다. 내 믿음이 흔들린 것은 애틀랜타에서 열린 '미국 레즈비언 콘퍼런스'에 참여하면서 이 주제로 워크숍을 진행하던 사람들을 봤을 때다. 다른 커플들, 우리보다 늙기도 젊기도 한 사람들이 우리와 똑같은 질문을 하는 것을 듣고 놀랐다. 이게 '정상'인가? 왜 이런 일이 일어나는가? 이것이 '나쁜' 것인가? 우리를 제일 친한 친구 사이라고 해야 하는가, 아니면 섹스하지 않지만 계속 '애인'이라고 해도 좋은가? 저 너머 어딘가에 이해하는 사람이 있을까? 우리 자신은 이해하고 있나?

나 자신 그리고 앤지와 내 관계의 본질에 대해서 던지고 싶은 질문이 참 많다. 그런데, 답은 어디 있지?

12장

등장인물 소개

팻―이 이야기를 하는 사람
캐시―팻의 옛 애인
꼬마 캐시―캐시의 조카
바버라―꼬마 캐시의 동거인

캐시와 나는 직장에서 만났다. 우리는 둘 다 교사였는데, 캐시는 아직 교직에 있다. 나는 예순, 캐시는 마흔여덟이다. 우리가 만났을 때 캐시는 우리 군에 새로 온 교사였고, 나는 교편을 잡은 지 몇 년 됐었다. 우리가 어떻게 만났는지 기억은 안 난다. 같이 일하면서 여름이 두 번쯤 지나갔고, 캐시가 레즈비언이라는 것을 알기 전부터 우리는 오랫동안 친구로 지냈다. 캐시가 레즈비언이라는 것을 내가 알기 전부터 캐시는 내가 레즈비언임을 알고 있었다. 그게 언제였는지는 알고 있다. 내가 캐시에게 우리 교장이 동성애자인지 묻자 캐시의 낯빛이 변했다. 그래서 나는 '어이쿠, 저 사람도 틀림없이 동성애자야!'라고 생각했다. 내가 맞았다. 이게 1960년대의 일이다.

나는 대학 다닐 때 처음 커밍아웃했다. 마지막 해, 졸업
준비할 즈음이었다. 나보다 나이가 적고 같이 곧잘 어울려
다니던 여자한테 끌렸다. 우리는 여러 날 밤을 함께 보냈고 나는
그 여자에게 입맞춤을 하고 싶어했으며, 결국 입을 맞췄던 것이
기억난다. 우리는 입맞춤 말고는 아무것도 더 하지 않았다.
하지만 내게는 아주 흥분되는 일이었고, 내 지향이 뭔지 그때
알았다. 그전까지 나는 그 문제를 직면한 적이 없었다.

캐시에 앞서, 나는 한 여자와 18년을 사귀었다. 그 관계의
좋은 부분은 성생활이 없다는 점이었다. 캐시는 교직에 처음
들어올 적에 여자와 사귀고 있었는데, 내가 캐시를 아주 잘 알게
되기 전이었다. 그 관계는 매우 짧았다. 내가 캐시와 알고 지내게
될 즈음 그가 룸메이트라고 하면서 한 번 데리고 나온 적이
있었는데, 캐시보다 몇 살 어렸다. 둘은 6, 7년쯤 함께했다. 그리고
그것도 무성적인, 즉 보스턴 결혼이 되는 것으로 끝났다. 캐시는
학대가 심한 다른 관계에 들었으나 그리 오래가지는 않았고, 그
즈음 우리는 같이 다니게 됐다.

캐시는 옆에 있으면 활기 넘치고 재미있는 사람이다.
자기 일을 사랑하고 또 그 일을 아주 잘한다. 캐시는 젊고 생기가
가득해 나를 즐겁게 해주었다. 내가 보고 싶은 것을 본 건지,
정말 그랬는지 지금은 말하기가 힘들다. 객관적이려고 하지만
내가 얼마나 객관적인지는 모르겠다. 이제야 캐시가 나에게 맨
처음부터 아주 솔직하지는 않았다는 느낌이 든다. 캐시는 그렇게
속마음을 나누려 드는 사람이 아니다. 캐시는 나에게 의사소통

능력이 없다고 했고, 그건 정말 맞는 말이다. 나에게는 어릴 적에 소통을 할 기회가 전혀 주어지지 않았기 때문이다. 나는 손위 형제와 아홉 살 터울인 막내였고 학교에 들어가기 전까지 나를 돌봐주던 할아버지와 대고모가 있었다. 그분들이 내가 말을 못 하게 하려 한 것은 아니라고 생각한다. 단지 나에게 귀 기울여줄 시간이 없었을 뿐이다. 그분들은 나를 사랑했으나 다들 너무 바빴고, 너무 어린 내게 내어줄 시간이 그들에게는 없었다. 대화를 나눌 공간이 부족했던 것이다. 내가 봐도 나는 여전히 대화할 때 의사 전달에 적극적이지 못하다.

캐시도 의사소통을 잘하는 사람이었다고는 생각지 않는다. 캐시 주변에서 대화가 오갈 때 우리는 캐시가 대화에 참여하고 있다고 생각하는데, 그러다 몇 분 지나면 그는 무슨 얘기가 오갔는지 못 들었다는 듯 딴소리 하곤 했다. 드문 일은 아니었으나, 그런 일이 있을 적마다 나는 놀랐다. 그래서 우리가 얼마나 의사소통을 제대로 할 수 있는 사람들이었는지 확신할 수 없다.

이 부분이 우리 관계의 변수라는 것은 확신한다. 만약에 사정이 예상대로 풀리지 않으면, 나는 굳이 밀어붙이지 않았다. 내가 드디어 어떤 입장을 취했을 때(가끔 그러기도 했다) 정작 그게 캐시를 아주 불행하게 만들었고 내 의견은 캐시에게 몹시 거슬리는 것이었다.

우리는 16년간 함께 살았다. 캐시가 애인과 헤어지고, 나도 막 애인과 헤어졌을 때였다. 캐시는 살 곳이 없었고 나는 지출을 더는 데 도움이 될 사람이 필요했다. 캐시는 같이 살기로 하자 기뻐했다. 그는 자신을 학대하던 이로부터 안전한 피난처를 필요로 하고 있었다. 한두 주 지나고 나서 캐시는 말했다. "혼자 자기 싫은데 침대 같이 쓰자." 나는 "좋다"고 했다. 약간 주저하는 마음은 있었지만 문제가 된다는 느낌은 없었다. 캐시가 내 침대에 들어오자 나는 그에게 성적으로 아주 끌리기 시작했다. 나는 행동으로 옮겼고 캐시는 좋아하는 것처럼 보였으며 그렇게 해서 시작됐다.

4, 5년쯤은 활발한 성생활을 했다. 그러다 달마다 한 번쯤으로 줄었다가, 시간이 흐르면서 더 줄어들었다. 나는 우리가 섹스를 언제 그만두었는지 모르겠는데, 적어도 우리가 깨지기 5년 전부터는 성생활을 끊었다.

사귀던 마지막 해까지 우리는 섹스하지 않는 것에 관해 전혀 말을 안 했다. 그러다 캐시가 그 얘길 꺼냈다. "이건 안 좋아. 우리 뭔가를 해야 돼." 나는 동의했다. 하지만 우리는 아무것도 하지 않았다. 어쩐지 나는 캐시가 이 문제를 내게 떠넘기고 있다고 느꼈고, 무엇을 어떻게 해야 할지 몰랐다. 캐시가 날 비난한 것은 아니지만, 그건 그냥 내 책임이었다. 우리가 함께한 세월을 통틀어 캐시가 먼저 섹스를 시작한 것은 열 번도 되지 않는다. 우리가 섹스를 할 때는, 내가 시작한 거다.

우리는 동성애자 친구가 많았고 나는 우리를 동성애자 커플로 여겼다. 캐시도 그랬다고 생각한다. 우리는 선물도 같이 주고 언제나 커플로 초대받았다. 재미있는 것은 함께 즐겼고 휴가도 둘이 갔고 함께 가족들을 방문했다. 양가 모두 우리 둘을 커플로 대해주었다. 나는 가족에게 커밍아웃을 했고, 캐시는 하지 않았다.

'애인'은 내게 절대로 쓰기 편한 말이 아닌데, 왜냐하면 우리 세대에서 그 용어는 불법적 사랑 즉 불륜 같은 것을 이르는 말이었기 때문이다. 그래서 나는 그 말을 쓰지 않았지만 사귀던 후반에는 쓰기 시작했다. 다른 동성애자들이 쓰는 말이었기 때문이다. 이 말은 늘 조금 불편하다. 나는 '내 룸메이트''그 친구'라는 말을 썼고, 가끔 '애인'이라고도 했다. 아니면 캐시의 이름을 사용했다.

캐시한테는 우리가 꼬마 캐시라고 부르는 조카가 있다. 캐시가 나와 처음 애인 사이가 됐을 때 꼬마 캐시는 독일에서 가족과 살고 있었다. 나는 꼬마 캐시네 가족이 함께 미국에 와 우리를 방문했을 때 그들을 만났다. 곁에 있으면 재미있고 활기 넘치는 사람들이었다. 꼬마 캐시는 그때 아직 중학생이었을 것이다. 그러니까 나는 오랫동안 이 아이를 알아왔다. 나중에 꼬마 캐시는 바버라와 볼티모어에서 같이 살았다. 어느 해 성탄절에 캐시네 큰언니가 워싱턴디시로 우리를 초대했다. 그때 우리는 꼬마 캐시를 보면서 바버라라는 그 애 동거인을 만나게 됐다. 둘 다 그때 스물다섯 정도였다. 캐시와 나는 꼬마 캐시와 바버라가 동성애자가 아닌가 의심하기 시작했다. 그 애들은 매사 함께였다. 바버라는 꼬마 캐시 없이 밖에 나갈 때는 남자들 무리에 끼어서 나갔다. 남자애로서 말이다. 그 남자애들과 데이트를 하는 것이 아니라, 같이 바에 가거나 어울려 놀았다. 꼬마 캐시는 데이트를 안 했다. 아주 가끔 했을 수도 있지만. 그 애의 사회생활 대부분은 바버라와 함께였다.

우리는 캐시의 언니를 통해서 그 둘과 계속 연락하고 있었다. 그러다 둘이 우리 집에 들르기 시작했다. 디즈니월드에

가는 길에 종종 잭슨빌에 들렀다. 캐시와 나의 집은 조지아 북부에 있었다. 작은 산장이었는데, 그리로 우리를 만나러 왔다. 캐시네 모부가 거기 산다. 꼬마 캐시는 자기 조모부를 보러 갈 수 있었고, 바버라는 같이 따라다니곤 했다. 한번은 바버라가 아파서 남은 기간을 우리와 지낼 수 있을지 물었고, 우리는 좋다고 했다. 이런 식의 방문이 2년에 걸쳐 일어났다.

후에 자신들과 같이 지내자는 꼬마 캐시와 바버라의 초대에 응해 워싱턴으로 갔다. 바로 그때 캐시와 바버라 사이에 뭔가 심각한 일이 벌어졌던 것 같다. 바버라는 그때 캐시를 유혹하고 있었다. 바로 내 앞에서. 나는 그 꼴을 보고 있었지만, 보고 싶지는 않았다. 내게는 행복한 시간이 아니었다. 되짚어보면, 우리가 다 같이 있을 때 캐시와 바버라는 나와 꼬마 캐시에게서 떨어져 있을 시간을 찾는 경우가 많았다. 이런 일이 벌어지던 워싱턴에서의 그 휴가는 참 길었다. 한번은 상점가에서 저 둘이 한참 동안 사라져버리는 바람에 나와 꼬마 캐시가 발목을 잡혀 있던 적이 있었다. 어찌나 당황스럽던지.

꼬마 캐시는 자기가 바버라한테 말을 해봤는데, 본인이 동성애자일 수도 있겠지만 동성애적 행동을 해본 적은 없다고 했단다. 바버라는 꼬마 캐시가 확실히 동성애자가 아니라고 했다. 그 기간에 바버라는 일자리 때문에 텍사스로 이사 갈 계획을 세우고 있었고 꼬마 캐시는 같이 가고 싶어했다. 그 둘은 이 문제로 약간의 말싸움을 했다. 바버라는 꼬마 캐시가 같이 오지 않기를 바랐기 때문이다. 그리고 꼬마 캐시는 어떻게 해야 좋을지 모르고 있었다. 순진하게도 나는 꼬마 캐시에게 "이게 네

일에 도움이 될 것 같니? 그렇게 해서 네가 발전할 수 있겠니?"
하고 물었다. 그 애는 "예"라고 했고, 나는 "갈지 말지, 그렇게 해서
마음을 정하는 거야"라고 해줬다.

바버라와 캐시는 대화를 많이 하면서 나를 끼워주지
않았다. 바버라는 텍사스에 가는 일로 나와 얘길 한 번 했다. 나는
"네 장기적인 계획은 뭔데"라고 물었다. 바버라는 화가 난 듯 눈을
부릅뜨면서, "글쎄요, 결혼하고 애 낳을 계획인데요"라고 했다.
나는 그럴 계획이라면 착수하기 시작하는 게 좋을 거라고 했다.
나는 무슨 일이 일어나는지도 모르고 있었지만, 바버라의 말이
진심으로는 들리지 않았다. 나를 떨쳐내려고 그런 말을 했다는
생각이 들었다. 바버라는 직장에 무슨 뒷말이라도 새어 나가서
일자리를 잃을까 봐 보수적으로 굴고 있었다. 자기 정체성을
그야말로 꽁꽁 숨겼던 것이다.

캐시와 나는 보통 추수감사절을 캐시의 모부와 함께
보내기 위해서 산장에 갔다. 지난해, 캐시는 내가 같이 안
왔으면 좋겠다고 했다. 혼자인 시간을 갖고 싶다는 거였다. 그는
추수감사절을 양친과 보내고, 그다음에는 생각해봐서 어디
다른 곳으로 가겠다고 했다. 나한테는 말이 안 되는 소리였다.
그 직전에는 나한테 섹스하지 않는 것, 친구들을 만나지 않는
것에 관한 얘기를 또 했다. 캐시 생각엔 그게 잘못됐으며 바꿔야
한다고, 그렇게 바꾸는 것은 내 책임이라고 또 눈치를 줬다.
우리는 친구들하고 어울리는 걸 그만뒀었다. 어쩌다 그렇게
됐는지는 모르겠다. 나는 우리 둘의 친구들과 어울리길 아주
좋아했었다. 같이 야영 다니던 사람들, 종종 같이 저녁을 먹던

사람들이 있었는데 어떤 까닭에서인지 그러지 않게 되어버렸다.
추수감사절 전, 친구들과 주말 야영을 갔다 오는 길에 캐시는
자기가 불행하다는 얘기를 하기 시작했다. 캐시의 말은 자꾸
샛길로 빠졌고 나는 계속 캐시가 어떻게 불행한지 얘기하도록
돌려놓아야 했다. 마침내 나는 우리가 이 문제에서 도움이
필요하다고 생각했다. "상담사 예약을 할게, 같이 가서 도움을
좀 받자"고 했더니, 캐시는 내게 분통을 터뜨리기 시작했다.
그러고는 고개를 획 돌린 채 화가 난 한숨을 뱉으며 나와는 말도
않으려 했다. 놀란 나는 어떻게 말을 돌려야 할지도 모르는 채로
겁에 질리고 말았다. 이것이 추수감사절 두 주 전쯤이었다.
그래서 캐시가 추수감사절에 혼자 가겠다는 말을 했을 때 나는
그가 누군가를 만나고 있다는 것을 눈치챘다. 나와 헤어지려
한다는 것도.

　　발등에 불이 떨어진 심정으로 상담사에게 달려갔다.
캐시가 나를 떠나기 전, 그 상담사와 한 번 만나서 내가
생각하기에 무슨 일이 벌어지고 있는지를 털어놓았다. 그
상담사는 동성애자였는데 여러모로 도움이 돼줬다. 그는 그
시기를 헤쳐나가는 데 꼭 필요한 대처 방법을 가르쳐줬다.

　　나흘간의 휴가에서 돌아온 캐시는 새로운 관심사, 즉
놓치기 싫은 새로운 관계가 생겼다고 했다. 물론 나는 정신이
나가버렸다. 암울했다. 그날 밤 나는 침실에서 나와 다음날 아침
캐시가 일어나서 아래층에 내려오기 전에 출근했다. 그날 저녁
캐시는 집에 와서 내게 불같이 화를 냈다. "내 인생에 구멍을
냈어!" 나는 캐시의 반응에 너무 충격을 받아서 대답도 할 수가

없었다. 아무런 말도 오가지 않았다. 그래서 나는 캐시가 출근할 때까지는 집에 있었다. 그러자 그는 내가 아침에 울고 있는 게 기분이 나쁘다고 했다. 그리고 전날 밤, 우리가 대화에서 빠뜨린 게 있다고 말했다. 자기와 함께하는 게 누구인지 말이다. 나는 그 사람에 관해 알고 싶지 않다고 했다. 내 알 바 아니라고, 그리고 그게 내가 아는 사람이라면 나는 그 사람을 좋아하지 않을 거고 그 사람에게 화가 날 거라고 말했다. 캐시는 침대에서 자지 않았다며 내게 화를 냈다. 나는 소파에서 자고 있었다. 나는 밤에 우느라 캐시의 잠을 방해했을 것이다. 제대로 풀리는 게 없었다. 보시다시피!

그게 크리스마스까지 이어졌다. 자제해보려고 애썼지만 그다지 성공적이지는 않았다. 나는 이를 갈면서 감정을 드러내고 있었다. 친구들이 도와줄까 물어왔지만 나는 우리가 깨질 거고, 왜인지는 말하지 않겠다고, 정말 모르겠으니까, 라고 했다. 어느 날 저녁 내가 있는 데서 캐시 애인이 전화를 해 내 앞에서 둘이 수다를 떨더니, 저녁마다 통화를 했다. 결국 나는 "있잖아, 캐시. 그거 난 정말 힘들어. 그리고 난 귀가 잘 안 들리니까 내가 보청기 빼고 잘 때 통화를 한다면 문제가 간단해질 것 같아. 전화기 울리는 소리도 못 들을 거야"라고 말했다. 이런 설명을 해야 한다는 것이 정말로 화가 났다. 캐시는 그렇게 했다.

그러다 캐시는 애인 이름이 바버라라고, 말실수를 했다. 그냥 얘기할 수밖에 없었다는 듯이. 그 이름을 말하고서는, "오!" 하고 손으로 입을 가렸다. 그건 일종의 가식이었다. 바버라는 내게 전화해 "어떻게 지내세요, 팻?"이라고 물었다. '이 못된 년,

내가 어떨 거 같아?' 하고 생각했다. 정말로 속이 비틀렸다.

텍사스에 있는 바버라를 만나러 비행기를 타는 캐시를
바래다 줄 때, 캐시는 나를 꼭 껴안아주었다. 그리고 되돌아왔을
때는 내 어깨에 손을 짚어 막으며 내가 가까이 다가설 수 없게
했다. 나는 내 방에서 시간을 보냈고 캐시를 더는 보지 않겠다는
뜻을 분명히 했다. 나는 캐시에게 쪽지를 썼고 캐시도 내게
쪽지를 썼다. 나는 심술을 부리려고 이러는 것이 아니라고,
못되게 굴려고 이러는 게 아니라고 했다. 나는 거리가 필요하다.
그리고 너도 거리를 뒀으면 한다! 캐시는 계속 여기 살면서, 노는
시간은 전부 새 애인과 텍사스에서 보내려 할 거였다. 그런 것은
받아들일 수가 없었다.

내 상담사는 나의 '캐시 이사 보내기 계획'을 실행하도록
도와주었다. 나는 쪽지 한 장을 썼다. 2월 1일까지 나가라고.
2주를 준 셈이었다. 캐시는 그때까지는 어렵지만 그 날짜에서
2주 뒤에는 나가겠다고 했다. 그는 우리 친구들한테 다 이야길
하고, 내게는 친구가 되자고 했다. 하지만 캐시가 나간 뒤 연락은
전부 내가 했다. 그가 먼저 연락한 적은 한 번도 없다. 이번 여름에
보낸 생일 축하 카드 하나가 전부다.

캐시는 잭슨빌에서 지내며 아직도 교직에 있다.
정년퇴직까지 몇 해 남았다. 나는 퇴직했기 때문에 캐시와 마주칠
일은 없다. 내가 아는 한 캐시는 아직 바버라와 사귀고 있다.
친구들이 이야기해주기를, 캐시는 그 관계를 즐기고는 있지만
제대로 사귀는 것은 미루는 중이라 했다. 그 이상 알 필요가
없었으므로 나는 더 묻지 않았다.

꼬마 캐시와 나는 오랫동안 연락을 하고 지냈다. 나는 그 애에게 힘이 되어주는 것에 보람을 느꼈다. 캐시는 그 애와 얘기 중에 그가 바버라와 사귄다는 얘기도 했다. 꼬마 캐시는 화가 났고 바버라한테 거부당했다고 느꼈다. 꼬마 캐시는 바버라와 텍사스로 이사했는데, 다른 집으로 나가고 싶어하지 않았다. 그래서 아직 바버라와 살고 있다. 이모 캐시가 주말 내내 자신들과 함께 텍사스에서 지내는데도 말이다. 한번은 꼬마 캐시가 나에게, 말 그대로 자해를 생각해본 적 있는지 물었다. 이 말에 너무 겁이 난 나는 상담사와 얘기했다. 내 상담사와 또 다른 친구를 통해 나는 댈러스, 포트워스, 또 몇 군데 지원 시설로 통하는 직통 상담 전화번호를 그 애에게 줬다. 꼬마 캐시는 자기 상태를 인정하지 못하고, 도움이 필요할 수도 있다는 사실 또한 받아들이지 못하고 있는 듯하다. 꼬마 캐시의 어머니는 사회복지로 학위를 받은 사람이라 도와줄 수도 있을 텐데, 안타깝다. 꼬마 캐시는 사회생활이나 금전 문제로 바버라에게 매우 의존한다. 바버라는 많은 면에서 꼬마 캐시의 보호자였다. 나는 바버라가 사태를 그렇게 키웠다고 생각한다. 꼬마 캐시는 20대 후반으로, 남자하고도 섹스를 안 한다고 했다.

나는 캐시가 행복하길 바란다. 캐시가 어떤 관계를 벗어나 똑같은 종류의 다른 관계로 드는 것을 바라지 않는다. 저보다 스무 살 넘게 어린 여자와 사귀는 관계. 정년까지 5년이 남은 상황에서 캐시가 일을 그만두고 퇴직 연금을 포기할 수는 없다. 일에서 멋진 성과를 내고 있는 바버라도 이사를 할 수는 없다. 잭슨빌에는 캐시와 행복을 나눌 인연이 많다. 캐시는 왜 가까이 있기 힘든 바버라를 택했을까.

　　　나는 친구들에게 우리 관계를 말할 생각이 들지 않았다. 우리 친구 중에 성적인 모험담을 떠들기 좋아하는 남자 동성애자가 하나 있다. 나는 그가 말만 많지 실제로는 아무것도 안 한다고 생각했다. 캐시는 내가 그 친구에게 거짓말을 하고 있어서 내가 그렇게 느끼는 거라고 여겼다. 우리가 섹스하지 않는다는 말을 하지 않았으니 말이다. 캐시는 그걸 무척 싫어했다. 지금은 캐시의 삶에서 내 존재가 언제나 조금 부끄러운 것이었다는 생각이 든다. 왜인지는 모른다.

　　　비성애적이었던 우리 관계에 대해 상담사와 말해본 적은 없다. 상담사에게 이 얘기를 꺼내봐야겠다는 생각이 떠오른 적조차 없다. 우리는 주로, 내가 애도 기간을 어떻게 잘 헤쳐나갈 수 있을까 같은 얘기를 했다. 이제 애도는 뒤로하고 앞으로 나아가기를 간절히 바라고 있다. 그럴 때다.

　　　나는 요즘 어떤 사람과 성적인 사이로 만나고 있다. 그와 함께 살지는 않는다. 아주 천천히 가보자고 서로 마음을 맞췄다. 우리는 가치관이 같고 함께 있으면 재미있다. 우리는 장기적 헌신을 결심하기 전에 좋은 관계가 될지를 확인하고 싶어한다. 그 사람도 이전 애인과 성관계를 그만둔 채였다. 우리는 왜 그런 일이 일어날까, 그런 일이 우리한테 일어나지 않았으면 좋겠다는 이야기를 한다. 나는 그 주제로 될 수 있는 한 많이 읽고 있다. 조앤 룰런과 베티 버존을 읽었고, 이성애 관계라든가 그런 관계를 어떻게 유지하는지를 다룬 글들도 좀 읽어봤다. 이 새로운 관계를 상호 유익하게 유지하는 데 필요한 방법을 배울 수 있으면 좋겠다.

13장

우리는 사랑하며, 아무것도 증명할 필요가 없다

마티 이곳 버몬트에서 우리가 세 번째 맞는 여름이다. 우리는 지금 사십 대 중후반. 우리 관계는 1980년에 시작했다. 그러니까 만난 것은 1979년이고, 1980년에 보스턴으로 이사했다. 우리는 친구의 소개로 프로빈스타운에서 만났다. 재닛은 그때 다른 사람과 사귀고 있었다. 마침내 우리가 사귀게 된 것은 그때로부터 1년쯤 뒤였다. 처음에는 성적인 관계였다. 한 열 달가량.

나는 술과 마약에 빠져 있었다. 대체로 그 기운으로 관계를 했다. 재닛을 만난 게 굉장한 행운이라고 느끼고 있다. 내가 성적으로 굴 필요가 없으니까. 그게 힘들다. 나는 지금 술을 안 마시기 때문에 섹스를 할 수 없다. 사실 다음 달부터 성 학대 경험으로 상담을 좀 받으려고 한다. 그러니까 나한테 재닛이 축복인 이유는, 내가 정말 섹스를 할 수 없기 때문이다. 우리가 성적인 관계가 아니게 된 지는 좀 됐다. 11년쯤. 재닛은 나만큼 운이 좋다고는 할 수 없다. 재닛은 성적인 쪽을 더 좋아할 테니까.

재닛   주변에서 우리는 애인 사이로 여겨지는데, 그들은 우리가 성적인 사이가 아니라는 걸 안다. 이 얘기를 해봤는데(난 아무한테나 말한다!) 반응이 두 가지다. 먼저 그건 내게나 문제지, 마티에게는 아니라고 하는 사람들이 있다. 오랫동안 마티도 그렇게 말했다. 마티는 있는 그대로에 아주 만족하고 있었다. 그리고 "어휴, 끔찍하다. 어떻게 그러냐? 어떡할 거야?" 하는 다른 친구들이 있다. 우리는 일대일 관계를 그만둘까 생각도 해봤지만, 그렇게 하지는 않았다.

마티   우리의 첫 만남. 나는 알래스카에서 일하다가 막 돌아온 참이었고, 친구와 프로빈스타운에 있었다. 거기 살면서 식당에서 일했다. 어느 날 재닛이 들어왔다. 그의 생일이었고, 나는 그 일행에게 샴페인을 한 병 쐈다. 그게 내가 재닛을 처음 본 때다. 그리고 곧바로 이 사람을 사랑하게 돼버렸다. 그의

머리칼, 무척이나 조용한 목소리…… 그의 모든 것을
말이다. 이 사람을 더 알아야겠다는 맘뿐이었다. 바로
내가 찾던 사람이었다. 그해 여름이 끝나고 나는
재닛과 진짜로 아는 사이가 됐다. 손을 다쳐서 전에
일하던 알래스카 게잡이 배에 탈 수 없게 됐던 나는
말하자면 곤란한 처지였는데, 한 친구가 나를 자기
집에 묵게 해줬다. 이 친구는 나를 사랑했지만 나는
아니었다. 이러지도 저러지도 못하는 상황이었다.
재닛이 그 동네로 몇 번 왔다. 나는 대개 술이나
약에 취해 있었다. 그렇지만 어떻게 해서든 우리는
만났다. 우리가 같이 자기 시작한 건 다음 해 여름이
가까워진 무렵이었다.

재닛   부활절에서 전몰장병 추도기념일 사이 언제쯤부터
         같이 자기 시작했다.

마티   나는 늘 동성애자였다. 태어난 첫날부터. 물론
         동성애자가 아니어보려고도 해봤다. 한동안
         남자들이랑 잤다. 효과는 없었다. 그래도 나는 언제나
         동성애자였다. 군대에 들어갔는데 동성애자라고
         쫓겨났다. 십 대일 적, 무려 열한 살 적에도 나는 다른
         여자들과 활발한 성생활을 했다. 나에겐 '특별한
         친구'가 하나 있었다. 무슨 소린지 알 거다. 둘이
         종일 붙어 다녔다. 열세 살 때부터 일을 하게 되면서
         나이가 많은 사람들이랑 사귀기 시작했고, 약도 하고

술도 마시고, 계속 그랬다. 알래스카에서는 알류샨
열도까지 나가는 게잡이 배를 탔다. 다른 어느 곳보다
러시아와 가까이에 있었다.

재닛   나는 끔찍할 정도로 이성애자였다. 그리고 이성애에
정말 끔찍하게 젬병이었다. 내게 다른 선택지가
있을 수 있다고 생각도 못 했다. 뭔가 해야 한다고
생각은 했지만 제대로 할 수가 없었다. 열아홉 살
때 아이를 낳았다. 결혼을 하지 않았기에 아이를
포기하고 입양 보낼 수밖에 없었다. 직업을 얻을
만한 기술이 아무것도 없는데 아이를 키울 수는
없었고, 가족들이 전혀 애를 데리고 살 수 있게
도와주지 않았다. 무의미하리만치 짧고 사랑도
없었던 성관계에 치른 끔찍한 대가였다. 그리고 나이
서른둘에 해리엇이라는 여자와 사귀기 직전이었다.
이 사람이 내가 마티를 만났을 때 같이 있던 여자다.
성애적 관계였는데 해리엇 쪽에서는 일대일 관계가
아니었으며 그게 내 입장에서는 몹시 괴로웠다.
해리엇은 바에 나를 버려두고 딴 사람과 자리를 뜨는
경우가 많았다. 줄줄이 이어지는 여자들이 끝이
없었다. 해리엇은 여러모로 통제 불능이었다. 성적인
부분도 포함해서. 마티를 만나기 한 해쯤 전에 그
관계에서 감정적으로는 떠났지만, 경제적으로는
떠날 수가 없었다. 나는 해리엇과 헤어지려고 돈을

모으려 하고 있었고 돈이 충분히 모였을 때가 마티가 보스턴으로 이사 온 여름이었다. 마침내 해리엇과 인연을 끊을 수 있었다. 마티를 만났을 때 나는 4, 5년쯤 동성애자로 살아온 참이었다.

내가 해리엇에게 끌린 건, 그가 그토록 잘 노는 모습을 구경하면서였다! 해리엇도 나같이, 자기가 이성애자라고 생각하고 있었다. 해리엇과 나 둘 다와 친한 친구 하나가, 해리엇이 재미있게 노는 법을 알고 있으니 나더러 해리엇과 같이 다녀야 한다고 했었고 말이다. 당시에 나는 유부남과 만나고 있었는데 늘 집에서 우울해하면서 전화가 울리기만 기다리고 있었다. 그 남자를 6, 7년쯤 만났다. 이 친구는 내가 시간만 낭비하고 있을 뿐이라고 했다. 해리엇은 거의 주말마다 케이프로 드라이브를 갔다. 어느 주말, 나는 해리엇과 같이 갔고 바로 그 첫 번째 주말에 사랑에 빠졌다. 당시 나는 어떤 일에든 열려 있었다. 너무나 비참하기만 했으니까. 심지어 우리 아버지조차 내가 동성애자라니 정말 잘 됐다고 했다. 내가 행복해했으니까. 아버지는 내가 이성애자로서 얼마나 불행했는지 알았다. 이성애자로 있는 건 마치 짝이 안 맞는 신발을 신는 것 같았다. 맞지 않을뿐더러 아주 고통스러웠다.

마티를 만났을 때, 마티의 눈과 광대뼈가 좋았다. 알래스카에서 왔고 게잡이 배에서 일했다는 게 흥미롭다고 생각했다. 마티는 예뻤다.

마티   나 볼에다 안전핀 끼고 있었는데.

재닛   나를 보는 눈빛으로, 저 사람이 나를 많이
       좋아하는구나 하고 알았다. 티가 나더라.
          보스턴에 살면서 주말마다 케이프에 갔다. 거기에
       친구가 많았다. 프로빈스타운을 사랑했다. 거기서
       춤추러 다니고 흥이 있는 사람들과 어울렸다.
          우리는 보스턴에서 살게 되었다. 여섯 달쯤인가
       지나고부터는 술을 안 마시기 시작했다. 그전에는
       엄청 마셨는데 말이다. 그러고 나서 마티가 섹스하지
       말자고 선언을 했다. 그냥 더는 못하겠다고.

마티   전혀, 아예 그걸 할 수 없었다. 내가 이러다니,
       놀랐다. 너무 활발한 성생활을 했었으니까. 알코올이
       들어가면 평소에는 하지 않을 것들을 할 수 있다.
       흥분이 안 된다는 게 아니라, 그 흥분을 실행에 옮기고
       끝까지 가는 그게 무섭고 싫다. 아마 아버지하고의
       문제 때문인 것 같다. 모두 그 성적 학대와 이어져
       있는 거다. 그게 나를 신체적으로 건강하지 못하게
       만들었다.

재닛   난 "말이 되는 소릴 해라"라고 대답했다. 정말 화났다.
       "너 정말 내가 죽을 때까지 섹스 안 하고 살 거라고
       생각하는 거야?"라고 했다. 나 때문이라고 생각했다.

나한테 뭔가 문제가 있다고. 그게 내가 이겨내야
하는 부분이었다. 내가 못생겼다거나, 냄새가
고약하다거나, 하여튼 뭐든.

그러다가 섹스를 안 한다는 건 다른 일에 쓸
힘이 많다는 뜻이라는 걸 깨달았다. 나는 더 많은
것을 만들어낼 수 있었다. 글쓰기에 더 많은 시간을
들였다. 생각해보기 시작했다. 나한테 섹스가 무슨
의미였고, 내가 왜 성적인 느낌을 받았을까, 대체로
좋은 상황에서 일어나지는 않는 일 아닌가. 내 성
경험에 관해서도 생각해봤다. 얼마나 좋았고 얼마나
나빴는지, 심하게 위험하거나 불쾌한 일은 얼마나
많았는지.

나는 마침내 내가 아니라 마티의 문제라는 점을
이해했다. 드디어 그런 결론에 이르렀다. 마티는 그냥
나하고는 아무 상관없는 일이라고 거듭 말했었다.

마티   내 생각에는 내가 이 사람을 사랑한다는 사실과
관련이 있다. 내가 그 사람을 사랑하지 않는다면,
어떤 일이든 그냥 해버릴 수 있다. 심리학적으로 그게
어떻게 작용하는지는 모르겠는데, 나는 사람을 처음
만났을 때는 정말로 사랑하지는 않는다. 만난 지 두어
해가 지나고 나서 느끼는 감정과 같을 수가 없지. 특히
11년이나 지냈을 때랑은. 그러니 누굴 막 만났을 때는
성적일 수 있다. 그리고 성적인 사이가 된다는 건

누군가와의 만남의 일부다. 모두 화학 작용이다. 어떤 관계인지, 관심이 있는지와는 아무런 상관이 없다. 아는 것은 오로지 내가 흥분했고 저쪽도 흥분했고, 그게 둘을 끌어당기고 있다는 것, 그렇게 끌리는 건 결국 상대방을 단순한 성적 대상 이상으로 알기 위해서라는 것이다.

재닛   이걸 깨닫는 데 몇 년이 걸렸다. 우리에겐 다른 문제들이 있었다. 알코올을 끊어가면서 우리 힘으로 정신을 차렸다. 성적인 문제들 말고도 다른 일들로 우리는 바빴다. 나는 당시 페미니즘 잡지 일을 하고 있었고 그 일은 정신적인 면에서 내 지지 기반이 돼줬다. 우리는 버몬트에 집 지을 계획을 짜기 시작했다. 이 계획이 우리의 힘을 끌어냈다.

친구들이 나한테 섹스하라고 막 부담을 주지는 않지만, "너 참 문제다. 어쩔 거야?"라고는 한다. 가끔가다 한 번씩 내가 "아 진짜 어떡하지?" 이러니까. 그러나 딴 사람을 만나서 하라는 사람은 없다. 그건 엄청난 일이다. 미리 따져보지 않고서 할 일이 아니다. 그래서 내 친구들은 절대 정사를 부추기지는 않는다. 어떤 경우에도. 그리고 사람들은 우리 둘 다를 좋아하며, 친족 성폭력 문제도 공동체 안에 많이 있는 경우라 이해한다. 대체로 알고들 있다. 성적 학대 생존자들 중에서 어떤 사람들한테는 섹스가 학대의

기억을 촉발한다는 것을. 나는 정신과 간호사고 성
학대 생존자들과 일을 한다. 내 환자의 넷 중 셋은 성
학대 생존자다.

어떤 친구들은 이것이 내 문제라며 마티를
지지했다. 마티를 지지해주는 그 두 여자 또한 비슷한
까닭에서 성관계를 하지 않고 있는 듯하다. 둘 다
이성애자다. 여자들 모임은 둘로 나뉘는 것 같다.
섹스를 하는 여자들과 섹스를 안 하는 여자들. 섹스 안
하는 여자들은 꼭 해야 할 필요가 없고 억지로 해서는
안 된다고 느낀다. 이 관계 전에는 나는 애인끼리 서로
지루해져서 섹스를 그만둔다고 생각했다. 한쪽은
섹스하기를 바라지 않지만 다른 쪽은 여전히 바랄 수
있다는 상황을 떠올려본 적이 없다.

사람들은 우리를 커플로 본다. 왜냐하면 우리는
커플이니까. 우리 집은 공동 소유다. 입출금 계좌와
예금 계좌도 합쳤다. 우리는 죽을 때까지 같이 살
계획인데, 이것도 드문 일이다. 사람들은 대체로
그런 종류의 헌신은 안 한다. 어떤 일이 생긴다 해도
지키겠다는 그런 강력한 헌신 서약 말이다.

마티 나는 재닛을 가리켜 '친구'나 '파트너'나 '룸메이트',
아니면 '하우스메이트'라는 말을 쓴다. 대부분의
상황에 맞는 것 같아서 '친구'라는 단어가 좋다. 다른
동성애자들한테 얘기할 때는 '애인'이란 말을 쓴다.

재닛   내 삶의 어떤 영역에서든 나는 다 드러내고 산다. 그리고 사람들한테 마티가 내 '애인'이라고 얘기하는 게 좋다. '룸메이트' 말고!

마티   관계의 맥락에서 섹스를 완전히 빼버릴 수 있으면 하고 바란다. 정말 관계와 아무 상관이 없을 수 있다. 그렇게 된다면 훨씬 간단해질 것이다. 우리는 이성애의 잣대를 사용하고 있다. 나는 결혼한 여자들이 뭘 하는지 모른다. 배우자와의 성적 욕구가 일정 기간이 지난 뒤에는 가라앉는지, 일주일에 한 번 섹스하는지 오 분마다 하는지 아예 안 하는지. 남자들은 테스토스테론 때문에 더 흥분한다. 애초에 이 모든 것이 애 만들기의 문제다.

     다른 때보다 더 성적인 느낌이 강해지는 시기가 있다. 어떤 사람이 정말 괜찮아 보이고. 그렇지만 우리의 인생에서 그것이 과연 이 사회의 다른 사람들이 믿는 것처럼 그렇게까지 중요한 일인가 하면, 그렇지는 않다고 생각한다. 우리는 낮이고 밤이고 섹스 생각만 하면서 다니지 않는다.

재닛   마티와 나는 섹스하기 시작한 날이 아니라 함께 살기 시작한 날을 해마다 기념한다. 같은 주에 헌신 서약을 했다. 몇 차례 그 헌신 서약을 새로 꾸몄다. 사실 언제 우리가 처음 섹스했는지 기억이 나지 않는다. 우리는 거실 바닥 깔개에 앉아서 헌신 약속을 했다. 의식을 치른 거다.

그 뒤에 다시 한 번 정리를 했다. 성관계를 하지 않으면서 관계를 계속 유지하는 것에 관해서. 그 답은 긍정이고, 우리는 관계를 지속하길 바란다. 이 관계 밖에서 섹스하는 것도 생각하고 있다. 하지만 그건 심각한 일이다. 내가 그러고 싶은지 아닌지 모르겠다. 마티는 내게 그런 방식도 생각해보라고 할 수 있겠지만. 심지어 언젠가 나한테 "그렇게 해!"라고까지 했다. 몇 해 전 일이다. "'제발' 그렇게 해. 나가. 바람피워. 나 좀 내버려 둬"라고 했다. 그러나 두 여자와 사귀는 것이 현실이 된다면 그 상황에서 내가 감정적으로 어떨지 모르겠다. 나는 진지하게 생각해보지 않고 행동하는 사람이 아니다.

마티 애초에 섹스가 대체 무엇인지 시험해보게 만드는 것 같다. 그냥 섹스해서 15분 기분 좋았다가 서로 제 갈 길 가고 싶은지 아니면 일주일에 한 번, 한 달에 한 번 하고 싶은지, 모두 따져보자. 만약에 우리 사이에서 한쪽이, 아니면 둘 다 다른 누군가와 잔다면 어떨지?

재닛 지금은 그렇게 하는 건 그냥 맞지 않는다는 느낌이다. 내게는 환상이 하나 있는데, 이전에 본 적 없고 앞으로도 다시는 안 볼 누군가를 만나서 섹스하고, 그게 끝인. 그런데 그런 일이 일어나긴 할지, 어디서 일어나기는 하는 일인지 모르겠다. 그리고 에이즈도 걱정될 것 같다.

마티   가끔은 내게도 충동이 일어난다. 그렇지만 절대
행동에 옮기진 않는다. 사랑에서 나오는 좋은 섹스는
해본 적이 없다. 내게는, 누군가를 사랑한다면, 그
사람에게는 '그것을 하지 않는' 것이다. 생각해봐라,
"씹할(fuck you)"이라는 말이 있는데, 이 표현이
섹스와 사랑에 대해서 말해주는 게 뭐겠나?

    내가 이렇게 생각하는 이상 우리에겐 섹스를 할
도리가 없다. 어쩌면 우리 둘 다 나처럼 생각한다면 할
수 있으려나.

재닛   우리 서로 모르는 척하고, 어디 딴 데서 만나면
어떨까? 기사식당 많잖아.

진행자   가족들한테도 커밍아웃했나?

마티   했다. 내 양부는 나한테 욕을 했었고 그것 때문에
어머니가 힘들었다. 엄마는 내가 행복하다면
괜찮다고 했다.

재닛   우리 가족들은 내가 동성애자인 걸 안다. 모부가 칠십
줄인데 이거에 대해서 말을 안 한다. 그렇지만 내가
지난 15년간 마티하고, 아니면 해리엇하고 살았다는
걸 안다. 아버지가 한번은 내 동생한테 "걔의 관계가
어떤 건지 모르겠지만, 분명 걔가 행복하기는 하구나"

했다. 내 동생은 내가 동성애자이고 우리가 성애 없는
관계라는 것을 알고 있다. 동생은 마티를 지지한다.
동생 첫 남편이 아주 잔인하게 동생을 속이고 바람을
피워서, 동생은 내가 마티를 속이고 바람피운다면
참지 않을 거다. 내가 그러면 정말로 분노하겠지.
"뭣 때문에? 섹스 때문에? 대체 뭘 위해서? 어떤 게
우선인지 몰라?" 동생은 마티가 나에게 잘해왔고
나를 위해줬다고 생각한다. 맞는 소리다. 진짜 그렇다.
우리가 사귀던 초반에 나는 몸이 아팠다. 그리고
마티는 내 몸이 나아지도록, 감정을 가라앉히도록
도와줬다. 나는 상담을 받고 있었고 마티는 내가
헤쳐나갈 수 있도록 내 곁에 꼭 붙어서 챙겨줬다.
드디어 1963년에 입양 보낸 딸을 찾을 정도로 충분히
안정이 됐다. 애를 찾고서, 내가 동성애자라고
이야기했다. 어차피 이 애를 또 잃게 될 거라면 어디
딴 데서 주워듣는 것보다 그냥 처음부터 알려주는 게
낫겠다 싶었다. 그러나 그 애는 나를 그리고 마티까지
받아주었고 우리가 섹스를 끊었다는 것도 안다.

마티   우리 관계는 사랑과 관심에 바탕을 두고 있고 나는
재닛이 품은 가능성을 모두 실현할 수 있도록 도울
것을 다짐했다. 내가 할 수 있는 모든 면에서 재닛을
돕겠다고, 재닛을 사랑하겠다고. 그게 화장실
청소라고 해도 말이다.

재닛 마티는 사람을 어떻게 사랑하는지를 내게
가르쳐줬다. 마티를 만나기 전에는 섹스가 관계의
전부라고 생각했다. 관계가 곧 같이 섹스한다는
뜻이었다. 그거 말고도, 양쪽 다 자기부터 챙긴다는
것. 너무 많이 내줄까 조심해야 하고, 이용당하고
있지 않은가 확인해야 한다고 생각했다. 많이 되돌려
받을 기대를 하지 않았다. 그게 그때까지 내가 배운
관계라는 것이었다. 내 동생과 남편 사이, 학대가
극심했던 그 관계를 얘기하면서 나는 "그래도 그
사람은 내 동생을 사랑해"라고 했다. 그때 마티가 "아,
정말로? 그런 게 사랑이라고?" 그랬던가. "사는 건
정말 고달프지. 사랑의 목표는 네가 삶을 헤쳐나갈 수
있도록 도와줄 수 있는 사람을 얻는 거야. 혼자보다는
둘일 때 훨씬 쉬워지는 법이거든"이라고. 정말
맞는 말이다. 만약에 뭔가 잘못된다면 상대방이
나타나줄 것임을 우리 둘 다 안다. 마티와 함께라면
부를 필요조차 없다는 것을 나는 안다. 마티는 바로
나타난다. 내가 길을 잃으면 마티는 언제나 나를
찾아낸다. 마티는 든든한 바위다.

마티 그리고 재닛도 마찬가지고.

재닛 그래서 주변을 둘러보면, 우리가 가진 모든 것, 수많은
해를 보내며 지금껏 쌓아온 것들을 보면 섹스가
그렇게까지 중요해 보이지 않는다. 그리고 물질적인

것들만이 아니다. 왜냐하면 내 생각에, 사랑이 없었다면 우리에게는 그 물질적인 부분도 없었을 거니까. 그리고 안전도 있고, 성장도 있고, 둘만의 재미가 있고. 우리는 둘 다 성장했고 계속 변하고 있다.

마티　그래도 섹스로 발동을 걸어야 했다고는 생각하는데. 그렇지 않아?

재닛　음, 그렇지. 나도 그렇게 생각하지만 이 관계를 겪어봐서 그런지, 잘 모르겠다. 그래도 그땐 그게 좋아 보였어! 그게 필요했다고 생각한다. 우리가 어떤 감정인지 스스로 알 수 있게끔, 서로를 애인으로서 알아보도록. 애인이라면, 사랑을 나눠야 한다고나 할까. 최소한 처음엔.
　　　우리가 나눈 섹스는 내 인생 최고의 섹스에 속한다. 그리고 이 사람과 아주 오래 같이 살고 싶다고 생각했다. 왜냐하면 섹스에 관해 나한테 많이 가르쳐줄 수 있을 테니까, 라고. 내가 순진했지…….
그리고 나는 아직도 이 사람에게 성적으로 끌린다. 굳이 말하자면.

마티　만약에 앞으로 내가 누군가와 섹스를 한다면, 그 사람은 재닛일 거다.

재닛　나는 편한 동성애자 친구들이 정말 많지 않다. 몇 명

좋은 사람이 있는데 그 친구들과 얘길 한다. 그들이 내 지지 기반이다.

마티   섹스를 하는 사람이 되기 위해 상담을 받지는 않을 거라는 말을 덧붙여야겠다. 상담은 다른 문제들 때문에 받으려고 한다. 이 점은 우리 둘 다 명심해둬야 할 중요한 사실이다. 안 그러면 이게 진짜 덫이 될 수도 있으니까.

재닛   마티가 "직접 해보는 건 어때. 자위하고 넘어가는 건?"이라고 하면 나는, 그건 다른 사람과 하는 성관계와 같은 게 아니라고 대답한다. 별로 오래되지 않은 일인데, 내가 자위를 하고 있었는데 갑자기 내 엉덩이에 마티의 손이 닿아오는 느낌이 들었다. 내 방에 혼자 있었는데도 말이다. 무척 생생한 느낌이었다. 놀라기는커녕 굉장히 좋았다. 그때 생각했다. 이야, 사랑을 나눌 때 누군가와 함께한다는 게 바로 이런 거구나. 타인의 존재감, 같은 공간에 있는 타인의 온기, 강렬한 경험이었다. 아마 순간적인 회상이었을 것이다. 그 일은 내게 다른 누군가와 성적인 사이로 지내는 느낌이 부재한다는 상실감을 일깨워줬다. 새삼스러웠다가, 아주 슬퍼지더라.
        한번은, 마티가 "좋아, 내가 해줄게"라고 했다. 우리가 같이 산 지 5, 6년쯤 됐을 때였다. 마티가 "누워봐" 그랬다. 마티가 해주려고 했지만, 내가

"그러지 말자. 이렇게 하는 건 아니잖아" 그랬다.

마티   재닛을 완전히 행복하게 해주고 싶다. 내가 온전한
애인이 됐으면 좋겠다. 내가 그걸 불가능하게 만들고
있다는 사실을 인정하는 게 쉽지 않다.

재닛   내가 자주 말하는데, "우리가 계속 같이 잤어도 어차피
지금쯤이면 성생활을 끊었을 수 있어. 다른 사람들
관계에 비춰보면."

그러나 나는 또한, 레즈비언들이 다른 사람들보다
섹스를 덜 하고, 그것은 레즈비언들이 이성애적 삶의
방식을 거부하기 때문이라고 생각한다. 레즈비언들은
남자들처럼 뭔가 증명해야 할 필요가 없다.
이성애자 여자들은 자신이 성적으로 매력적이라는
것을 증명해야 하고, 이성애자 남자들은 자신이
남자답다는 것을 증명해야 한다. 우리 레즈비언들
핏줄 속에 테스토스테론이 막 돌아다니지는
않으니까! 우리가 이성애 관계를 모범으로 삼아야
한다면 너무 난감하지 않겠나.

우리는
블리스를 한다

아이리스　우리는 '블리스'를 해요. 오늘 아침에도 막 블리스를
했어요. 지금 거기서 왔고요. 아직도 그 곳의 여운이
가시지 않았네요. 루스를 주차장에서 태워 루스네
집으로 갔죠. 우린 옷을 벗고 침대에 들어갔어요.
서로 닿을 때면 그건 마치 여신에게 가는 것 같아요.
세상 어떤 것도 이거랑은 달라요. 어떻게 말해야 할지
모르겠네요. 나 자신이 각 층위마다 모두 열려 있다는
느낌이에요. 내 피부가 뭐든 드나들 수 있게 되고, 나를
이루는 원자들의 사이 사이가 벌어지는 느낌. 루스의
원자들이 들어와서 어울릴 수 있게 말이에요. 그것은

황홀경이자 영적인 장소예요.

루스   이건 우리 둘 다 전에 겪어본 적 없는 수준의
영성이에요.

아이리스   어떤 사람하고도 이렇게 깊이 사랑에 빠져본 적이
없었어요. 그런 게 있을 수 있다는 것 자체를 몰랐죠.
그곳에 가면 아무것도 없어요. 우리 둘이 있고, 천국
같은 뭔가 있고, 여신과 영적인 존재들만 존재할
뿐이죠.

루스   우리가 어디론가 가는데 그게 꼭 천국 같아요.

아이리스   그리고 그 일부는 기억이에요. 루스나 다른 여자들과
함께 전에 그곳에 있었던 시간의 기억이요. 내 어머니,
내 언니, 내 딸, 내 애인, 내 모든 것인 루스의 기억들.
마치 내가 모든 것을 기억하고 있는 듯한 느낌이에요.
나는 루스를 알아요. 내가 아는 그 누구보다도 루스를
잘 알아요. 내가 루스를 알 수 있고 우리가 이렇게
할 수 있는 부분적인 이유는 이게 섹스가 아니기
때문이에요. 나한테 섹스라는 건 정신적, 육체적인
측면에서 어떤 범주에 들어가는 것이고, 섹스에
관해서 배운 것도 있지 않겠어요? 이게 어떤 것이다
하고. 그런데 이건 섹스가 아니에요.

루스   이걸 할 때면 성적인 느낌이 와요. 의식적으로 그

느낌을 질에서부터 심장으로 끌어올리는 순간이 있어요. 그것이 그대로 아이리스의 심장으로 흘러 들어가는데, 이 연결이 내가 이전에 경험해본 그 어떤 것과도 다르거든요. 나는 특별히 영적인 인간도 아니었는데, 예전 같으면 영적입네 하는 헛소리라고 치부했을 만한 말을 읊어대고 있네요! 여신에게 가고 있다고요.

아이리스　　나는 성적인 느낌에는 언제나 섹스를 함으로써 반응해왔어요. 루스와 나는 아주 성적인 편이고요. 이런 느낌을 가지고 뭔가 다른 선택을 해보기는 이번이 처음이에요. 블리스는 일종의 감화력이에요. 사태의 어떤 부분을 설명하려고 내가 중세나 르네상스 기독교 개념을 쓰게 되네요. 그건 영적인 경험이에요. 정서적 경험이기도 하고요. 총체적인 거죠.

루스　　육체적인 면에서도 경험을 해요. 서로 같이 있으면 피부가 변해요. 우리의 피부에 일어난 변화를 느낄 수가 있어요. 모든 것이 변해요. 모든 수준, 모든 국면에서 일어나는 경험이에요.

아이리스　　내가 그 모든 감각을 경험하는 거예요. 열린다는 느낌, 나를 둘러싸고 있는 것들, 닫히고 접히는 저 모든 감각, 여자들의 말들, 물의 흐름 모두를 말이에요. 또 전에 느껴본 적 없는 행복을 경험해요. 진짜 더없는 행복(블리스), 믿어지지 않는 앎의 기쁨을요. 뭔가를 알게 돼요. 루스에 대해서, 나에 대해서, 세상 모든 것에 대해서 다 알아요. 이 모든 게 하나라는 걸.

루스 내가 아이리스에게 보낸 시가 있어요. 그 시는 우리 안에 우주가 자리한 곳을 이야기하고 있지요.

루스·아이리스 "나는 당신 안, 우주가 자리하고 있는 그곳에 영광을 바칩니다."

루스 당신의 평화, 당신의 고유함, 당신의 사랑에 관해서 얘기하고 있는 거야. 만약 당신이 내 안의 그곳에 있다면, 우리 둘은 하나로서 있는 거지.

아이리스 우리의 블리스가 어떤 것이냐 하면, 우리가 하나가 되고 서로가 되는 경험을 해요. 그러면서도 자주성은 그대로예요. 이 점은 나한테 아주 중요해요. 레즈비언으로서 나는 자주성을 잃어본 적이 몇 번 있어요. 나 자신을 잃기도 했었죠. 루스와 함께 있을 때는 나 자신을 잃어본 적이 없어요. 나 자신을 잃을까 두렵지 않아요. 왜냐하면 내가 나를 잃는다면 블리스도 잃을 테니까. 블리스를 하려면 내 자신 안에 있어야 해요. 내 안으로 더 깊이 들어갈수록, 나는 루스 안 더 깊은 곳까지 들어가요. 이렇게 작용하는 거예요. 피안에나 있을 법하다고 생각했던 것들을 배우고 있어요. 이런 것들을 이 나이에, 남자하고 결혼한 이

양성애자인 여자랑 같이 배우게 될 거라고는 전혀
생각해본 적 없는데!

루스 아이리스는 이것도 싫대요!

아이리스 말도 안 되니까. 그건 내 계획에 없었거든. 지도 같은
것도 없으니까…… 지도도 없이 하고 있어요. 정말
위험하게 느껴져요. 딴 사람한테 헌신하기로 되어
있는 사람에게 이렇게 열려 있는 상태라니 무섭죠.
나랑 섹스도 안 하는 사람에게 이렇게 열려 있다는 건.
이제껏 배운 대로 나 자신을 어떻게 지켜야 하는가,
사귈 때 어떻게 머리를 써야 하는가 따위는 모두
버리고서 말이에요.

루스 쉬운 일이 아니에요. 우리 둘 다 정말 겁이 날 때도
있어요. 온갖 것이 다 무서워져요. 가끔 나 자신을
잃게 될까 두려워지기도 하는데, 그거야 내가 여러
관계에서 공통으로 느끼는 두려움이니까요. 남은
인생에 이 관계를 통합시킬 방법을 제대로 못 찾을까
그게 두려워요. 같이 떠날 때 우린 근사하고 완벽한데.
여기 있으면 전이도 힘들고, 삶의 다른 영역이 우리
사이를 침범하죠. 그래서 블리스를 우리 삶의 결
안으로 들이지 못하고 마는 것이 아닐까 걱정돼요.
그리고 여기에는 아이리스를 잃을지도 모른다는
두려움이 있지요. 우리가 성적인 사이가 아니다

보니, 아이리스가 다른 누군가와 성적 관계라면 내가 아이리스에게 줄 수 없는 뭔가를 그 사람은 줄 수 있고, 그래서 아이리스가 나를 떠날 거라는 두려움이 있어요.

아이리스 난 파트너인 조앤과 일대일 관계가 아닌데, 이게 무슨 뜻이냐 하면, 루스 빼고 다른 여자들과도 성적인 관계를 맺을 수 있다는 말이에요.

　루스와 난 다른 사람들한테 우리 관계를 얘기해보려고 했어요. 조심스러웠죠. 여기는 작은 동네라 다들 말이 많거든요. 걱정되죠. 사람들이 엄청나게 예의 바르다는 것은 알고 있지만, 소문내기도 정말 좋아해요. 추측도 많고, 넘겨짚기도 많고. 사람들한테 위협적으로 느껴지기도 하나 봐요.

　나한테는 사람들이 이 관계에 익숙해지는 게 중요한 문제예요. 바로 그래서 비밀이 되지 않는 것이 중요하고요. 정치적인 의견을 표명하는 건 내 인생에서 중요한 부분인데, 이것도 그만큼 중요해요. 단순히 사회적인, 개인적인 의견 표명이 아니라 정치적인 표명이에요. 세상에는 두 종류 이상의 관계가 있다, 다시 말해 친구 사이 아니면 애인 사이 말고도 더 있다, 라고 사람들의 의식을 끌어올리기 위해서죠.

　이 열정의 세기가 제 영혼에 끼친 충격을 봤을

때 이제까지 내 삶에서 가장 중요한 관계예요.
내가 느끼는 건 그런데, 사람들이 이걸 진지하게
받아들여줘야 되거든요. 그게 어렵더라고요.
동성애자든 이성애자든 상담사든. 우리 상담사는 같은
사람이에요.

루스   어느 여름에 둘 다 많이 힘들어하고 있던 때가
          있었어요. 상담을 받는 곳이 있었는데, 상담사가
          맘에 들지 않아서 바꿨죠. 내가 지금의 상담사를
          만나기 전에, 한참 힘들어하던 아이리스가 먼저 그
          상담사(이성애자 여성)를 만났고요. 아이리스가
          얘기를 해줘서 그다음부터 우리는 그를 같이 봐요.

아이리스   따로, 또 같이.

루스   상황이 특히 힘들 때만 같이 봐요.

아이리스   그분 진짜 복 받을 거예요! 참 애써주시거든요. 다른
          사람들보다 잘하긴 하지만 그래도 어려워하죠. 이
          관계는 정말 가닥이 잡히지 않아요. 어떤 범주에 넣을
          수가 없어요. 친구들, 상담사들, 애인들이 기존에 갖고
          있던 관념에 도전하는 그런 관계예요.

루스   그래도 우리 상담사는 이 관계가 우리에게 얼마나
          중요한가를 이해했어요.

아이리스   섹스에 관해서는 질문을 던져볼 필요가 있어요.

섹스는 중요하죠. 그러면 정말 무슨 일이 일어나고
있는지 이야기를 해야 해요. 이 정도로 강렬한
감정에서는 용어가 바뀔 수밖에 없어요. 우리가,
섹스를 기초로 사회가 구성된 문화 속에서 인간관계를
분류해왔잖아요. 내가 볼 때는 가부장제 모형이죠.
단순한 섹스가 아니라 오르가슴 섹스에 바탕을 두고
있는데. 페미니즘에서 내가 한번 알아보고 싶은
것이, 여자들의 섹슈얼리티에 오르가슴이 얼마나
중요해졌나 하는 부분이에요. 그 얘기 정말 신물 나요.
그런데 앗, 이런 말 하면 페미니스트로서는 되게 나쁜
건데! 오르가슴 느끼는 것보다 훨씬 하고픈 일들이 따로
있다고 하면, 정말 정치적으로 올바르지 않은 건데.

루스 우리가 한 가지 발견한 게 있어요. 오르가슴을 같이
느낄 일이 없으니까 발견한 건데, 말하자면 두 곳이
존재한다는 거예요. 섹스랑 섹스 없음, 오르가슴이랑
오르가슴 없음. 그리고 이 둘 사이에 선을 그어요.
사람들은 이런 식으로 보죠. 다른 곳은 없다, 그것만
길이다. 딴 데로 못 가게 담을 쌓아 올려요. 그런데,
아이리스랑 나는 섹스와 오르가슴에 관한 부분을
차단해버렸어요. 우리는 그리로 갈 수 없어요. 그래서
이 모든 갓길을 사방천지에서 발견해낸 거예요.
아이리스는 소니아 존슨이라는 레즈비언 작가한테서
이런 발상을 많이 얻었어요. 우리는 저 갓길들의

존재를 발견했고 그 길들이 우릴 어디로 이끄는가를
알아내서 그리로 가요. 오르가슴 말고도 갈 수 있는
다른 곳들이 존재한다는 개념이야말로 혁명적인 거죠.

아이리스 　가끔 오르가슴으로 가는 길로는 가기 싫어지기도
한다는 게 너무 신나요. 어떤 때는 그리로 가고 싶죠.
가끔은 루스하고도 가고 싶어요. 그렇지만 대체로
루스와는 그 길로 가고 싶지 않아요.
　　우리가 겪은 것들을 설명해줄 언어를 찾으려고
해요. 나아가서 다른 사람들의 의식을 확장하는 데
적합한 언어를 찾으려고 애쓰고 있어요.

루스 　그리고 우리 관계에 어떤 타당성을 부여할 수 있는
언어를 찾고 있어요. 하지만 이런 개념들을 설명하기
위해 새로운 어휘를 만들어낸다고 해서 그게,
'제인과 샐리의' 경험이 우리의 경험과 똑같다는 말은
아니에요. 사람들이 오르가슴과는 다른, 이 경험을
하고 있다는 것을 설명하기 위해 쓰일 수 있는 거죠.

아이리스 　그렇지만 제인과 샐리에게는 이게 근사한 일이 될
수 있겠죠. 열여덟 살에 레즈비언으로 커밍아웃했을
때 다른 여자들과 사귀면서, 레즈비언이라는
단어가 뭔지 모르던 내가 떠오르네요. 그전까지
그런 단어는 들어본 적도 없었죠. 나는 남부에서
자랐어요. 산속에서요. 아는 말이 없었어요. 맥락도

몰랐고. '다이크'가 무슨 뜻인지 몰랐어요. 그리고
누군가 나를 레즈비언이라고 부르고, 나 같은 다른
사람들이 있다고 얘기해줬을 때 기뻐서 심장이 터질
것 같았거든요. 나 혼자만은 아니구나. 아름다웠죠.
끔찍한 상실이기도 했어요. 아무도 모른다고 생각했던
이것을 다른 사람들도 알고 있었으니까.

　　루스와 나는 친구들이 소개해줘서 만났어요. 서로
굉장히 끌리고 있다는 걸 금방 알게 됐고요. 우리는
같은 분야에서 일해요. 또 우리가 만났을 때 각자에게
깊이 헌신하고 있는 오래된 관계가 있다는 것도 알게
됐어요. 나는 여자와, 루스는 남자와. 루스는 마이클과
이미 결혼 날짜까지 잡아놓은 상태였어요. 우리 둘 다
각자의 상대와 7년 정도 됐었어요.

루스　　우리 배우자들도 여러 면에서 아주 많이 비슷해요.
둘이 취향이 같은 종류랄까. 둘은 같은 식으로 우리와
정말 다르죠. 조앤이 아이리스와 매우 다른 것과 같은
식으로 마이클은 나와 매우 달라요.

아이리스　　우리가 배우자를 아주 많이 사랑한다는 걸 꼭
밝혀둬야겠네요. 우리가 처음에 성애적 관계가 아닌
사이로 시작한 건 상당 부분 각자 배우자에 대한
헌신을 지키기 위해서였어요. 그러나 지금은 우리가
성애적인 관계가 아니라는 점이 우리의 동행을
의미하게 됐고, 그 점이 너무 중요해요.

루스	이것은 여행이에요, 영적인 여행. 그리고 꼭 짚고 넘어가야 할 점은, 우리가 일종의 종신 관계를 위해 서로 헌신 약속을 한 것으로 간주한다는 사실이에요. 우리는 7마일 떨어져서 살아요.
아이리스	적어도 일주일에 한 번 우리 둘을 위해 집중하는 시간을 갖죠. 아예 그날 밤은 같이 있어요.
루스	다른 사람들하고 다 같이 뭔가를 하는 시간이나, 둘이 일을 같이 하는 시간은 따로 있어요. 우리 삶은 여러 가지 방식으로 서로 얽혀 있어요.
아이리스	우리 관계에 관해서도 굉장히 열려 있어요. 문 닫아걸고 숨겨놓지 않아요. 다른 사람들한테 우리를 어떻게 소개할지는 그 사람이 누구인지에 달려 있어요.
루스	서로 이걸 설명할 단어조차 없어요. 우리는 '블리스메이트(bliss-mate)'라는 말을 써요.
아이리스	새로운 말들을 생각해내는 건 재미있죠.
루스	우리 어머니는 이 관계를 몰라요. 형제자매들하고만 이 이야기를 해요. 어머니는 내가 양성애자인 걸 모르세요. 그렇게 지지해줄 만한 사람이 아니에요.
아이리스	마이클네 가족은 몰라요. 조앤네 가족도 몰라요. 내

가족은 알아요. 가족들은 지지해주죠. 언제나 내 편이에요. 나는 전혀 평범하지 않은 가족 출신이에요. 관용이라고는 전혀 없는 남부에서 우리 가족만 희귀하게 진보적이에요. 우리같이 산에서 난 사람들은 달라요. 더 자유로워요.

나는 루스에게 반려가 되겠다는 헌신 약속을 했어요. 인생의 모든 측면에서 우리 관계의 정당성을 지켜내겠다는 약속을 했고요. 조앤에게 상처를 주지 않고, 마이클을 상처 입히지 않고 그러기는 아주 어려운 일이었어요. 굉장히 힘들었고, 서로 조앤, 마이클과의 애정 관계에 관해서는 말을 많이 안 해요. 누가 얘기하든 그 얘기를 할 때마다, 더 많이 알게 될수록 고통스러워질 수 있어요. 그 사람들이 존재하지 않는 양 구는 것이 아니에요. 우리 둘 다 너무 섬세할 뿐이죠. 그래서 우리는 신경을 쓰려고 노력해요. 사려 깊게 처신하려고 하고요. 생일, 크리스마스, 설날…….. 내가 새해 첫날을 루스와 보낸 건 마이클이 다른 지방에 있었기 때문이에요. 마이클이 동네에 있었다면 루스랑 설을 나지는 않았겠죠. 그건 나보다는 루스한테 더 힘들었는데, 그건, 내가 레즈비언이라는 사실과 관련이 있는 것 같네요.

루스   그건 너와 조앤이 맺고 있는 관계의 종류하고도 상관있지. 많은 레즈비언 관계를 봐온 경험으로는 압도적인 숫자의 레즈비언 관계가 일대일이고 커플인 경향이 아주 강한데, 그런 관계를 이성애자들만 선택하는 건 아니야. 당신과 조앤은 그렇지가 않아. 내가 등장하기도 전부터 너희 둘은 각자의 삶을 상당히 따로 끌어 나가고 있었어.

아이리스 사실이에요. 하지만 우리에겐 그 편이 또 더 쉬우니까요. 우리 레즈비언 문화에서는 전통적인 이성애 관계와 사뭇 달라 보이는 것도 받아들이고 지지해주기가 쉽죠. 루스와 나는 그 규범에서 크나큰 한 걸음을 내디딘 거예요. 바로 그렇기 때문에 사람들은 언제나 우리한테 "그냥 애인 해!"라고 하죠.

루스 각자의 배우자와 살거나, 둘이 애인이 되거나 둘 중 하나만 하라는 거죠. 너무 빡빡해요!

아이리스 사람들은 우리한테 이게 얼마나 힘든지 느껴진다고 얘기하지만, 그들한테도 힘들 거예요. 맞아요. 어려워요. 그래도 우릴 보세요. 많은 사람은 우리가 친구라고 추측해요. 그냥 친구.

루스 상상해보세요. 사람들이 '우리 그냥 친구야'라고 말하는 것처럼 '우리 그냥 애인이야'라고 말하는 걸요. 만약에 사람들이 "우리는 친구가 아니에요. 우린 그저 애인 사이일 뿐이에요"라고 말한다면 어떨까요.

보스턴 약혼이라 불러줘

나는 해나라는 여자와 사귀고 있다. 그전에는 약 1년 동안 조앤과 평범한 레즈비언 관계였다. 꽤 좋은 관계였지만, 끝이 났다. 그 관계를 끝내도록 한 것은 해나와 사랑에 빠졌다는 깨달음이었다. 나는 해나를 걸프전 시기에 만났다. 캘리포니아에서는 유대인들에 의해 전면적인 걸프전 관련 조직화가 이뤄지고 있었다. 사실 해나가 조앤을 조금 알고 있었다. 해나도 다른 단체에서 활동하고 있었는데, 미군 점령에 항의하는 여성 단체였다.

해나는 경험이 많았다. 30대 초반으로 당시 20대 중반이던 나보다 나이가 많았다. 난 해나를 우러러보았다. 내

눈에 그는 바로 이 사람이다 싶은 이상형이었다. 당시 나는 마침내 나의 유대인 정체성을 좀더 의식적으로 받아들이려고 하고 있었다. 그 때문에 그리고 부분적으로는 전쟁 때문에 나는 돌아버릴 것 같았다. 그래서 해나 같은 사람들을 찾아다녔고 그때 해나가 내 삶으로 들어왔다.

해나가 자신을 이성애자라고 여기는지 아니면 양성애자라고 여기는지 알 수 없었다. 분간이 어려웠다. 그러다 그가 스스로 양성애자라 여기고 있다는 사실이 꽤 확실히 밝혀졌다. 그러나 해나는 샘이라는 남자와 오래 사귀고 있었고 내가 해나를 만났을 때는 그 관계가 막 끝나가던 중이었다.

나는 해나와 늘 같이 다닐 구실을 생각해내기 시작했다. 이런 식으로 발전은 있었으나 성애적 사이는 아니었는데, 그 부분적인 이유는 내가 조앤이 아닌 사람하고는 성적인 사이가 될 수 없었기 때문인 것 같다. 내가 사귀는 사람은 조앤이었으니까. 특히 해나 같은 사람과는 그럴 수 없었다. 분명 해나는 하나의 선택지가 될 순 있어도 단순히 가벼운 장난은 될 수 없는 영역의 사람이었다. 나는 그를 사랑했다.

해나를 처음 봤을 때 반해버렸다. 나는 해나의 집에 들르게 되었다. 해나가 회의 장소를 그의 집으로 하기 시작한 것이다. 해나를 만난 지 얼마 지나지 않아 나는 그에게 사랑을, 거의 사로잡힌 기분을 느꼈다. 이상했던 건, 해나가 거기에 응하고 있다는 느낌이 들었던 것이다. 해나가 친구들한테 내 얘기를 많이 했다는 걸 나중에 알게 됐다. 나를 콕 집어 "아, 세라하고 내가 이야기를 했는데" 하며 들먹이곤 했다고.

해나의 남자친구 샘은 해나에게 심하게 매달렸고(지금도
그렇다) 굉장히 질투를 했다. 그러면 해나는 샘한테 "야, 걔는
그냥 친구야. 아무 일도 없어"라고 했다. 해나가 같이 다니는
친한 친구가 또 하나 있었는데, 샘은 절대 그 친구는 질투하지
않았다. 해나는 내가 그냥 친구라고 말하곤 했지만, 해나가
내 얘기를 하는 투를 듣는 다른 사람들에게는 이게 뭔가 싶은
부분이 있었다. 그러던 와중에 해나가 단체 회원인 남자와
바람을 피웠다. 그 남자는 내 친구였고 나는 정말로 화가 났다.
그때까지는 내 감정을 의식하지 않고 있었다가, 이 질투는 내가
해나를 사랑하고 있으며 그를 잡아야 한다는 뜻임을 깨달았다.

　　나는 결국 조앤과 관계를 끝내고 마냥 해나를
쫓아다녔다. 나는 레즈비언이고 해나는 이성애자인 것 같은
느낌이었다. 어쨌든 모든 접근은 꽤 정석적이었다. 전화를
많이 걸고, 늘 둘이 같이 다닐 구실을 만들어냈다. 바보 같은
짓이었다. 해나는 어쨌거나 나와 다니고 싶어 했으니까. 하지만
나는 어떻게든 변명을 해야 할 것 같은 기분이었다. 결국 나는
이상해지기 시작했다. 여기 와서 있다가 시간이 자꾸 늦어만
갔다. 그러다 혼자 "자, 이제 가야겠다"라고 하면서 자리를
박차고 집으로 가는 것이다. 내가 '여기'라고 한 까닭은, 지금
나는 해나가 이스라엘에 가 있는 동안 해나의 아파트에 와 있기
때문이다. 말하자면 그의 집에 들어와 지내고 있는 거다.

　　마침내 나는 해나에게 끌린다고 이야기했다. 그는
나한테 정말 화를 냈다. 내 말을 믿지 않았으며, 내가 자기를
함부로 대한다고 했다. 우리는 둘이 같은 생각을 하면서도 정말

이상하게 행동하고 있었다. 약속에 나오지 않았던 것도 그렇다. 해나는 약속 자리에 오지 않고, 나중에 아주 미안해했다. 그러다 어느 날 밤에 같이 놀러 나갔는데, 어떻게 보면 좀 의도적으로 취했고, 우리 집으로 와서 사랑을 나누는 모종의 행위를 시작하려 했는데, 정말 '최악'이었다. 섹스를 하고 있는데 해나가 이러는 것이었다. "이거 정말 흥미롭구나." 그는 참 지독한 분석가다. 곧 박사학위를 받을, 참 똑똑한 사람.

그러다 해나가 전에 여자와 어떤 관계를 맺은 적이 있다는 사실이 드러났다. 크리스틴이라는 사람이었고, 우리 관계와 비슷하지 않았을까 의심스럽다. 다른 점이라면 해나에게 홀딱 빠져 있던 크리스틴이 해나와 섹스를 하려 하면 해나는 그냥 가만히 앉아만 있었다는 것이다. 두 사람은 2년간 동거했다. 둘은 정말로 애인 사이는 아니었으나 애인이 아닌 것도 아니었다. 그리고 둘 다 남자를 만났다. 그게 1년 반쯤 전에 끝이 났고 해나는 샘과 사귀기 시작했다.

그 외에도 해나는 여자들과 어울린 적이 있었다. 옛날에 여자 애인들이 있었다는 소리다. 아주 오래간 적은 없다. 어느 여자와의 관계에서는 섹스를 많이 했는데 둘 사이는 그게 전부였다. 사실 그 둘은 친한 친구가 아니었다. 해나에게는 두 인물이 공존하는 것 같다. 여자들과도 남자들과도 섹스가 넘치고 친구는 아닌 한쪽과, 친한 친구 사이이지만 섹스는 안 하는 나머지 한쪽.

후자 쪽이 우리 관계에 해당한다. 지금은 이 관계가 어떤 것인지 둘 다 명확히 알고 있다. 우리 관계는 안정을 찾았고,

이제는 이해가 간다. 우리가 최우선적 관계를 맺고 있는 것 같기는 한데, 섹스는 하지 않는다. 그리고 우리는, 아니 적어도 나는 다른 사람들을 만난다. 해나는 이스라엘에 가 있는 일이 많다. 해나가 돌아오면 우리는 집에만 붙어 있다. 그저 같이 생활하노라면 딴 사람을 만나는 일에는 관심이 생기지 않는다.

그리고 해나는 내가 자기 여자친구라고 사방에 말하고 다닌다.(나도 그러는 것 같긴 하다.) 요새 해나는 이스라엘에서 사람들이 자기 말을 진지하게 받아들이지 않는다고 화가 나 있다. 해나는 그 사람들한테 우리가 섹스하지 않고 있다는 말은 안 한다. 해나의 레즈비언 친구들은 유독 해나를 이성애자로 취급하는데, 부분적으로는 해나가 여전히 남자를 좋아하기 때문이다.

섹스 얘길 하자면 우리 둘 다 신경과민이이지만 서로 다른 측면에서다. 지금처럼 조정한 관계가 둘 다에게 잘 맞는 것 같다. 나는 우리가 보스턴 결혼 생활을 하고 있다고 본다. 아니면 적어도 보스턴 약혼. 아직 함께 지낸 지 7, 8개월밖에 안 됐으니까.

해나가 출국하고 나서 나는 남자들과 몇 번 가볍게 만났다. 여자와 섹스하면 죄책감이 들지만, 남자와 섹스한 것은 셈에 넣지 않는다. 해나가 질투를 드러낸 적은 없던 것 같다. 그래서 어떤 것이 해나를 거슬리게 하고 어떤 것은 안 그럴지 내가 판단해야 한다. 남자와 하는 쪽이 해나를 덜 거슬리게 하는 것 같다. 적어도 크리스틴과 그의 관계에서는 그랬다.

해나와 지내면서부터 레즈비언으로서의 내 정체성이 통째로 흔들렸다고 할 수 있다. 내가 만나고 있고 같이 관계를

꾸려나가는 사람과 섹스를 하지 않는다니. 내가 섹스하고
있는 사람이 남자가 됐다. 그리고 이제 나는 섹스를 남자들과
연관 짓는다. 정말 오랫동안 안 그러고 살았는데. 한 사람의
여자(조앤)와 강렬한 관계를 맺었던 나였다. 그러나 그 섹스는
그저 너무 강렬했고 이후 한동안 그런 건 불가능했다. 그 관계는
잘 안 됐다. 성적 측면이 지나치게 강한 관계여서 우정으로서
잘 안 됐다는 것도 문제 중 하나다. 지금의 삶은 그저 무척
편안하지만, 내 정체성에 의문이 든다. 지금의 이 그다지
섹슈얼하지 않지만 사랑하는 관계는 내게 편하다. 그리고 섹스는
남자들과 하고.

　　나는 친구들에게 각기 이야기를 다르게 한다. 친구들
가운데 고르고 고른 몇 명만이, 이것이 나의 관계이며 섹스를 안
하는 것은 말하자면 상관없다는 점을 온전히 받아들이고 있다.
내 친언니도 이 범주에 들어 있다. 언니는 그냥 나를 해나와
사귀는 사이로 본다. 내가 섹스를 안 하는 것은 상관도 없고,
그냥 네 관계는 그렇구나, 라고 말이다. 이것이 내 정체성에 관한
언니의 관점에는 아무 영향을 못 준다. 언니는 나를 꽤 잘 안다.

　　레즈비언 공동체에서 알고 지내는 많은 사람은 해나와
나를 애인 사이로 생각한다. 굉장히 이상한 일인데, 많은 이가
내가 조앤과 깨졌다는 사실에 아주 실망했고 그래서 나는,
조앤에 대한 의리에서 해나와 내가 섹스하는 것이 알려지지
않게 하려고 했다. 너무 쉬웠다. 왜냐면 안 하고 있었으니까! 나는
"해나는 친구야. 무슨 소리야?"라고 했다. 조앤과 나의 관계를
쭉 알고 있던 사람들은 해나가 이제 내 애인이 아닌가 짐작하기

시작했다. 그들은 우리가 같이 자는지 아닌지 확신하지 못하고, 나는 말을 하지 않는다. 그들은 기본적으로, 우리가 같이 자는 사이일 거라고 전제하고 있다. 우리가 아는 사람들 대다수가 그렇다. 이건 비교적 최근의 상황인데, 왜냐하면 사람들한테 그렇게 말해놓고 어떨지 두고 보면서 애인이 된다는 것을 시험해보기로 결정했기 때문이다. 우리는 양가감정을 심하게 느끼고 있고, 커플이 되고 싶어하지 않는 그런 상태다. 동지라는 느낌이다. 사귀는 관계일 때는, 어느 정도는 동지이지만 또 다른 차원에서는 적이다. 따라서 우리는 동지의 느낌으로 서로 모든 것을 털어놓을 수 있다. 바로 그래서 질투가 아직까지 큰 문젯거리였던 적이 없다고 느끼는 것이다. 우리는 다른 사람과 끝까지 갔다는 둥 그런 이야기도 할 수 있다. 하지만 그러기가 점점 어려워진다. 이렇게 관계를 가늠해보며 석 달을 보내고 나니, 관계라는 것에 대한 다른 이들의 관점과는 다를지라도 이게 우리 사이라고 하련다. 우리는 한 쌍이고, 다들 우리를 그냥 이렇게 받아들여야 할 거라고. 일단 우리가 그렇게 말을 하기 시작하자, 점점 더 이것이 사귀는 관계처럼 보이기 시작했다. 그리고 내가 다른 사람들을 만난다고 해나에게 이야기하기가 힘들어졌다.

해나는 질투가 나도 꽤 잘 참고, 나도 그렇다. 그런데 해나가 이스라엘에서 요즘 어떤 남자 밑에서 일한다고 했을 때, 나는 질투하면서 "그 남자랑 자?"라고 묻고 있었던 것이다. 이제 내가 질투를 좀 하는구나 싶다. 갈수록 어려워진다. 해나가 여자랑 만났다면 나는 완전히 뚜껑 열렸을 것이다. 해나는 여자

만날 거라는 말을 끊임없이 한다.

　　해나는 나와 섹스를 못 하겠다고 느낀다. 그건 그냥 선을 넘는 일인 거다. 해나는 다른 여자가 뒤꽁무니를 쫓아다니는 '이성애자 여성'이라는 역할을 맡았고, 그래서 여자들과 섹스할 때도 그냥 거기 있기만 했을 뿐 자신의 욕망을 의식해본 적이 없었다고 인정한다. 그리고 지금 해나는 자신의 욕망을 의식하기 시작했다. 여자를 사랑하는 여자로서. 해나는 아주 강렬하게 커밍아웃을 하고 싶어진다고, 모든 여자가 아름답게 느껴진다고 한다. 그러니 나로서는 정말로 그가 여자와 자게 될 거고 이스라엘에서 그럴 수도 있겠다고 생각한다. 해나가 그런 말을 꺼낸 적은 없지만 말이다. 그냥 거기에서 관계를 꾸린다면 그것도 괜찮겠지. 해나는 거기 꽤 자주 가니까. 나한테는 괜찮다. 그러나 여기서라면? 절대 안 된다. 난 그냥, 해나를 어떤 사람하고도 공유할 수 없을 거다. 그렇게 쉽게 깨질 관계도 아니고 힘든 것도 아니지만. 그러다 내가 우정이라는 지위로 떨어져버릴 수도 있다. 그건 해나에게도 나에게도 상당히 두려운 일이다. 우리는 다른 사람과의 정사에 질투한다기보다는(그런 건 사귀는 관계에서 하는 것이고) 궁금한 거다. 둘 중 하나가 다른 사람과 사귀게 되고, 사랑에 빠지고, 그걸 평범하게 하게 되는 때가 언제일까 그리고 그게 둘 중에 누가 될까. 그리고 그게 해나라면, 여자와 그렇게 될 거라고 확신한다. 해나는 분명 지금 남자에는 관심이 없고, 이쪽을 좇고 있다. 나는 지금 다른 사람과 사귀는 내 모습을 상상할 수 없다. 조앤과 사귀던 때보다도 확률이 낮다. 그러나 나는 정말 적절하지 못한 시기에 사람들이랑 엮이기도 했었으니까, 그런 일도 일어날 수는 있겠지.

소위 사교적인 장소에서 우리의 역학관계는 정말 괴상하다! 같이 밖에 나가면 우리는 커플다운 커플처럼 보일 것이다. 그러다 어느 순간 우리 둘 다, 또는 한쪽이(특히 해나가) 다른 사람과 시시덕거리고 있고 나는 '친구'가 된다. 우리가 성적인 사이로 변할 수도 있다. 어떤 의미에서는, 우리가 섹스를 안 하고 있다는 사실은 전혀 상관이 없다. 그러나 이런 사실이 상관있게 되는 것은, 우리의 관계를 낡은 규칙으로는 완전하게 정의할 수 없기 때문이다. 둘 중 한쪽이 다른 사람과 잔다 해도 정확히 말하자면 불륜과는 다르다. 섹스라는 실제 행위는 문제가 아니다. 정의되지 않은 관계야말로 문제다. 여기에 어떤 규칙들이 있는지가 불명확하다. 우리가 섹스하기 시작했어도 많이 다르지 않았을 것이다. 크게 변하지 않을까 생각할 수도 있겠지만, 그렇지도 않을 듯?

그러나 이제는, 우리가 섹스를 하지 않고 있는 한 이유가 너무 깊이 빠질까 두려워하고 있기 때문이라는 것을 나도 느낄 수 있다. 섹스는 우리를 너무 지독하게 강렬한 사이로 만들지도 모른다. 지금 우리의 친밀함을 넘어버릴 정도로. 꼭 한 번 했던 섹스는 강렬한 것과는 거리가 멀긴 했다. 하지만 그러고 나서도 훨씬 오랫동안 해나와 만났으니까. 섹스 자체가 그렇게 강렬해질 수는 없을 것 같고, 뭐랄까, 별로일 수는 있겠지.

우리 관계는 레즈비언 관계에 감춰진 것들을 수면 위로 드러낸다. 여기서 감춰진 것들이라 함은 어떤 규칙이 있는가·레즈비언들은 어떻게 해서 사귀게 되는가·우리는 그저 이성애 모형을 따라가는 것인가 아니면 달리하는가 등이다. 그리고 보통 레즈비언들은 뭔가 달라져보겠다고 대안을 시도하지만, 끝내 이성애 관계와 동일한 규칙을 따르고 만다.

장기간의 열정적인 일대일 관계가 제대로 굴러간 적이 내게 한 번도 없었다는 사실은 슬픈 일이다. 나는 5년 전, 열아홉 살에 커밍아웃했다. 제대로 한 것은 아니고, 여러 단계에 걸쳐서 했다. 나는 레즈비언으로서 남자와는 자지 않던 단계를 거쳤다. 이 단계는 별로 길지 않았다. 때때로 남자와 섹스하는 레즈비언, 이 말이 나한테 유효한 정의였다. 어쩌다 남자와 사귄 적도 있지만 그리 길게 간 적은 없다. 마지막으로 여자(조앤)와 사귄 관계는 끝이 지저분했지만 대략 1년쯤 갔다. 내 또래 사람들한테는 정말 평범한 경우였다. 우리는 미친 듯 사랑에 빠져서 2초 만에 침대에 뛰어들어 거기서 6개월 동안 나오지 않았다! 우리는 그런 한 쌍이었다. 우리는 완전히 합쳐 살지는 않았고, 각자 생활을 어느 정도까지는 유지하려고 했다. 그러나 분명 얼마간 합쳐지기는 했다. 그는 아주 매력적인 여자고 나보다 어렸는데 여자와 사귄 적이 없었다. 그 점이 나한테는 엄청난 흥분제였다. 젊음을 타락시킨다는 것. 지금 그는 완전히 드러내놓고 다이크가 다 됐다. 그 관계는 아주 로맨틱했지만 내가 뭔가를 그리 많이 받지는 않았다는 느낌이다. 내가 많이 줬다. 관계를 내가 이끌고 있었다. 강렬하고도 로맨틱한 관계였다. 그러나 궁극적인 차이라면, 조앤과는 대화가 재미있던 적이 없다는 것 그리고 해나와 내가 하는 일이라고는 뭉개고 앉아서 재미있는 대화를 나누는 게 전부라는 사실이다. 해나는 나를 지적으로 뒷받침해준다는 느낌이 강한데, 조앤한테서는 그런 식으로 느껴본 적이 없다. 그 관계는 지극히 조앤의 발전을 중심으로 돌아갔다. 그야 발전하고 있던 당사자가 조앤이었으니까. 따라서 내가 어린애가 되는 경우는 없었고 발전도 없었다.

해나는 내 멘토다. 나는 그를 정말 존경한다. 나에게 힘을 주는 사람이며, 지적이다. 해나의 양친은 홀로코스트 생존자다. 그는 보수 유대교 가정에서 컸고, 거개가 학살 생존자인 브루클린 어느 동네에서 자랐다. 우리는 그 얘길 많이 하는데, 해나는 내가 전에 생각해보지 않았거나 깨닫지 못한 유대인 문제들을 가르쳐줬다. 요즈음 내 지적 접근법 전체가 그의 영향을 깊이 받고 있다.

조앤과 사귈 적에 나는 레즈비언 공동체 안에서 소위 좋은 역할 모델이었다. 공동체에서 내 지위는 확고했다. 내게는 진짜 레즈비언이 될 수 있는 좋은 기회였다. 그리고 지금은, 그런 은총으로부터 타락하고 말았다. 조앤이 해나에게 어떻게 대했는지 재구성하는 건 힘든 일이다. 조앤과 나는 결별 과정에서 드라마를 한 편 쓰다시피 했고, 해나가 관련이 있었다는 것이 드러났다. 그래도 우리는 그 이야기를 직접적으로 해본 적은 없다. 내가 해나 때문에 자기를 떠날 거라는 생각이 조앤에게는 믿을 수 없는 충격이었을 것이다. 해나는, 조앤이 자기한테 없다고 느끼는 너무나도 많은 것을 대표한다. 예컨대 조앤은 천주교도로 자랐기 때문에 자신이 유대인이라는 사실에 갈등이 심하다. 가족 전체가 유대인이지만 어머니가 개종을 해서 가족으로부터 쫓겨났다. 그는 유대인이라는 사실에 내적 갈등을 겪고 있으나 나는 완전히 받아들여가고 있어서, 그런 면에서 해나는 조앤에게 아주 위협적인 인물이다. 나는 지금 상황이 조앤 귀에 들어갈까 걱정이 된다. 해나와 나는 세상에 대고 우리가 애인 사이라는 거짓말을 뿌리고 다니고 있으니까.

비록 우리의 관계를 기술할 만한 좋은 낱말이 없다 해도, 우리를 애인이라고 부르는 것만큼은 틀린 말이란 걸 안다. 우리는 애인이 아니다. 우리가 애인 사이였으면 좋겠다. 내가 해나와 더 육체적인 사이가 될 수 있다면. 한편 해나와 육체적인 사이가 되기가 겁난다. 해나는 우리가 같이 자는 건 뭔가 근친상간스러운 면이 있지 않냐는 식이다.

우리가 새로운 사람들을 만났을 때 "이쪽은 내 애인입니다"라고 말하는 경우는 매우 드물다. 그러는 일은 절대 없다. 그러나 해나 얘기를 하고 있을 때는 '내 애인'이라고 한다. 아니면 '내 친구'라고 하지만, '친구'라는 낱말에 강조를 얹는다. 나더러 어디서 사느냐고 물으면 "내 친구 아파트를 빌려서 살고 있어요"라고 한다. 만약 그냥 아는 사람의 아파트를 빌린 것이었다면 "아는 사람 아파트를 빌려 살고 있다"라든가 "누구 아파트를 빌렸다"라고 했을 것이다. '내 친구'라고 할 때면 나는 해나가 내 '친구'인 친구라는 점을 확실하게 보여주려고 한다. 참 복잡하다!

사람들과 정사를 가질 때 나는 내가 그들과 사귀지 않을 것임을 분명히 알 수 있도록 내게는 해나가 최우선적 관계라고 설명한다. 간단히는 "나는 어떤 여자와 아주 친해서 우리는 애인이나 마찬가지"라고 설명거나, 우리가 애인 사이라고 말하기도 한다. 극히 드물게 몇 번쯤 아주 솔직히 털어놓기도 했었다. 앞으로는 "우리는 애인 사이가 아니다. 우리는 육체적으로 친하진 않지만 우리의 관계가 제일 우선이다"라고 말할 것이다. 그로써 내가 왜 끊임없이 해나를 들먹이는지 많은 이에게 설명할 수 있다. 해나가 지칭의 표준이 되는 것이다.

해나는 나를 여자친구라고 언급하고 있는 것 같다. 이스라엘에서, 해나는 자기한테 여자친구가 있다는 말을 모두에게 하고 싶었다고 했다. 해나와 같은 과에 우리 둘 다와 친한 조슈아라는 게이가 있다. 조슈아와 나는 어느 공연에 같이 간 적이 있다. 해나는 조슈아한테 내 이야기를 충분히 해줬다고 했다. 나는 조슈아에게 이 책의 기획을 설명해줬는데, 그러자 우리 관계가 왜 이 책에 들어가느냐고 묻는 게 아닌가? 나는 해나가 우리 관계의 그 부분을 설명해줬을 거라고 생각했는데, 조슈아는 완전히 충격을 받았다. 분명 해나는 우리가 애인 사이인 양 말하고 다니는 것이다. 조슈아는 마침내 "둘이 어떻게 해소해? 다른 사람 만나?" 하고 물었다. 조슈아는 우리 관계에서 요상한 역할을 맡고 있다. 그는 해나와 내가 같이 시시덕거리며 노는 게이다. 조슈아는 레즈비언에 대해서 이런 식이다. 즉 여자들과 절대 섹스는 안 하지만, 레즈비언들과 시시덕거리고 노는 걸 매우 좋아한다. 셋이 같이 있을 때마다, 에너지가 넘쳐서 주체를 못 할 지경이다. 나와 해나 사이에서도 그렇다. 해나와 나는, 섹스할 생각을 한 번도 안 해본 그런 친구 사이 같은 게 아니다. 성적으로 센 이야기들도 하고,

그냥 늘 서로 시시덕거리고 논다. 우리는 언제나 껴안고 있다. 특히 밖에서. 그러면 정말 편안할뿐더러 우리가 무엇인지를 드러낼 수 있다. 해나는 그러는 걸 굉장히 좋아한다. 해나가 여자한테 정말 바라온 것은, 운명의 상대와 손잡고 교정을 거니는 일이라고 예전에 말한 적이 있다. 그리고 바로 그걸 우리가 하고 있는 것이다. 우리가 함께하게 되기도 전부터 내가 그려온 우리 관계의 모습도 종일 우리의 아파트에서 같이 노는, 이렇듯 평온하고 친근하며 가정적인 것이었다. 그 일이 실제로 일어났다. 페이드아웃이 있는 영화, 우리 관계를 그린 한 편의 영화처럼.

　　　　우리는 사귀는 관계에 있는 사람들이 하는 일은 전부 한다. 아침을 같이 먹고 함께 잠자리에 들며, 거의 매일 밤 막 섹스한 사람들처럼 둘이 잔뜩 껴안은 채로 같이 잔다. 그리고 우리에게는 일련의 의식이 있다. 침대에 들어가서, 텔레비전을 켜고 「스타 트렉」을 본다. 텔레비전을 끄고 잠시 이야기를 나누다 잠든다. 그리고 아침마다 일어나서 정해진 커피숍에 가 둘이 일정을 훑어본다. 해나가 이스라엘에 가기 대략 두 주 전, 나는 그의 집에 들락날락하면서 내 집으로 돌아가지 않고 있었다. 꼭 동거를 하는 것처럼. 믿을 수 없을 만큼 가정적인, 결혼한 기분이었다. 짐작건대 관계가 오래된 사람들은 어차피 섹스가 멎을 거다. 그리고 그것 때문에 고민할 것이다. 그러나 해나와 나는 그런 고민을 하지 않는다. 우리 관계에는 아주 아름다운 무언가가 존재한다. 해나는 나를 붙들고 있는 닻이며, 나를 학교에 남아 있게 하고 나를 전진하게 만든다. 바로 그 이유 때문에 해나가 다른 누군가와 진짜 관계를 꾸리게 되면 나는 망가지고 말겠구나, 하고 느끼는 것이다. 해나가 위스콘신에서 일자리를 얻을까 얘기했을 때 나는 거기서 살까 생각했다. 나는 해나를 오래갈 관계로 대하며 해나와 이어져 있다고 느낀다. 얼마간은 매우 좌절할 만한 일이기도 하다. 나는 아주 성적인 인간인데, 내가 꾸려가고 있는 딱 하나밖에 없는 관계에 성애가 쏙 빠져 있다니. 무척 혼란스럽다.

나한테 마지막으로 전화했을 때 해나는 이스라엘에서 가르치는 일을 하게 될 수도 있다고 했는데, 나는 이스라엘에서 살 준비가 돼 있지 않다. 하지만 그전에 해나에게 함께 위스콘신으로 이사 갈 생각이 있다는 얘길 했었고 그때 해나는 "아, 잘됐다. 거기서 혼자가 아니겠네!" 하며 좋아했다. 해나가 그렇게 말하자마자 난 그러면 안 되겠구나, 그러면 난 망하겠다 싶어졌다. 왜냐면, 위스콘신이라니!

살면서 세상 누구보다 나의 언니와 친하다고 느끼며 언니와 함께 끝까지 여생을 보내려고 했던 때가 있었다. 생각해보면 언니를 해나가 대신하게 됐다. 나는 아직도 언니와 친하지만, 언니의 역할은 해나가 맡게 됐다. 해나가 우리의 섹스가 근친상간 같다거나 섹스를 하면 우리 관계가 지나치게 강렬해질 거라는 말까지 한 걸 보면, 해나가 정말 내 언니이기라도 한 것 같다. 사람들이 나더러 언니와 섹스하고 싶은 거냐고 물어본 적이 있는데, 이게 나한테는 정말 모욕적이었다. 근친상간 같은 문제가 얼마나 고통스러운 건데. 농담할 거리가 아니지 않나. 어쨌든 나는 언니와 너무 강렬한

사이였고, 언니와 섹스하게 됐다면 완전 바닥을 쳤을 거라고
생각한다. 그 선을 넘는다는 건 나한테는 그냥 말도 안 되는,
그저 상상 불가인 일이다. 단순히 근친상간 금기 때문이 아니라,
우리가 그저 너무 끈끈해서다. 언니와 나는 이 지역으로 같이
이사를 왔고 가족들 중에 의지할 수 있는 것도 우리 둘밖에 없다.
우리 가족 전체는 엉망진창이지만 언니와 나는 서로 의지해왔다.
이 점이 정말 해나와 비슷하다. 나는 해나를 똑같은 식으로
우러러본다. 해나네 가족은 수가 많고, 해나의 여자 형제는 보수
유대교 신도들이다.

　　내 생각에 이건 관계에 있어서 친근감과 상관이 있다.
내가 성적인 관계를 맺을 때면 아주 낯선 뭔가가 진행되는데,
그게 뭔지는 전혀 모르겠다. 조앤의 경우에서처럼, 전혀 실존
인물 같지 않은 느낌이었다. 내가 조앤에게 그냥 친구가 된
지금이야 조앤이 재미있는 사람이고 성격이 어떻다는 것이
보이지만, 사귀는 동안에는 저런 것들이 말하자면 붕괴된
채였다. 나는 조앤을 알아볼 수 없었고, 눈으로 보고 있으면서도
조앤이 어떤 사람인지 전혀 알지 못했다. 조앤에게 뭔가
이질적인 것이 있거나, 그렇지 않으면 나 자체가 조앤을 제대로
보지 못하는 부분이 너무 컸다.

　　해나와 나는 동지다. 서로 알아감에 따라 우리 관계에는
무언가 유기적인 것이 존재한다. 여기에는 근사한 면이 있다.
누군가와 침대로 직행할 일이 절대 없다는 것은, 이런 동맹을
맺을 수 있다는 뜻이다. 애인과는 갖가지 문젯거리가 즉각
나타난다. 나의 에고가 섹스에 빠져 주변과 차단된다. 섹스를 안

하면 그 사람과 나를 구별할 수가 있다. 해나가 나와 지나치게 가까워서 해나를 알아볼 수 없을 지경으로 보인 적은 없다. 이렇게 그 사람을 한 명의 개인으로서 분명히 마주하고, 그 사람과 같이 있을 때는 늘 정보를 모으는 상태가 된다. 조앤 이후, 너무나 신선한 일이다. 성적인 관계에서는 할 얘기가 거의 없으며, 심하게 흔들리는 땅 위를 걸어가는 느낌이 들게 마련이다.

해나는 나보다 나이가 많고, 완전히 다른 삶을 꾸리고 있다. 해나의 삶을 거푸집 삼아 지금 내 삶을 맞춰가고 있기는 하지만 말이다. 나는 해나를 숭배하고 해나처럼 되고 싶은데, 그런 부분이 간혹 한 번씩 혼란스럽고 두렵기도 하다. 내가 대학원에 다니는 것은 해나의 영향이다. 해나는 그야말로 아득히 지워져 있던 어딘가에서 그 선택지를 꺼내 내게 쥐여주었다.

우리 관계는 괜찮게 굴러가고 있다. 내가 전에 꾸린 다른 관계들은 진정 그랬다고는 할 수 없다. 모든 관계에는 장단점이 있다. 대개 섹스는 내 강점이었고 늘 모든 것이 지나친 상태였다. 그리고 지금은 섹스가 강점이 아니면서 다른 모든 것이 좋은 관계를 꾸리고 있다. 좋은 상쇄 효과다. 그게 상쇄될 수밖에 없다는 게 좀 유감이다. 내가 무슨 좌절에 빠져서 해나가 나랑 섹스하게 만들려고 애쓰는 그런 건 아니다. 양가감정이 있을 뿐.

그리고 상황은 오락가락한다. 처음에 나는 섹스하고 싶었고 해나는 아니었다. 그러다 거꾸로 됐다. 그렇게 길고 끔찍한 시간이 지나갔다. 죄책감이 심했다. 머리를 쥐어짜며 내가 왜 섹스하고 싶지 않은지 생각해보았다. 하지만 내가 느낀

것은 해나가 섹스하고 싶은 척 연기하고 있지만 실은 아니라는 것이다. 그렇지 않다면 나는 해나와 섹스하기를 더 원했을 테다. 나는 타인의 욕구에 너무나 많이 좌우되는 사람이라, 해나가 섹스를 원하지 않는다는 것을 알 수밖에 없었다. 해나는 내가 자기를 사랑한다는 것은 믿지만 자기와 섹스하고 싶어한다고는 믿지 않는다. 그리고 나는 해나가 나와 섹스하고 싶어한다는 믿음이 없다. 섹스가 문젯거리인 이유에는, 우리 같은 상황의 사람들이라면 서로 섹스하기를 원하리라고 기대되기 때문도 있다. 만약 우리가 가치 평가에서 자유로운 사회에 산다면 그건 아예 문젯거리로 떠오르지도 않았을 것이다.

  섹스는 우리 관계의 일부다. 성적 요소들은 존재한다. 우리 사이에는 성적인 면이 있다. 이것이 육체적인 행위까지는 가지 않지만, 분명히 존재한다. 가령 우리가 밖에 있을 때, 해나는 나를 자기 연구실에 데려가려고 한다. 거기엔 조교가 있을 텐데, 분명 해나는 이것을 즐기고 있다. 내가 그곳에 가서, 동료들이나 교수들한테 이 다이크처럼 보이는 사람이 자기와 관련된 사람으로서 떡하니 서 있는 모습을 보여주고 싶어한다. 해나가 오토바이를 갖고 있을 적에 내가 가장 좋아한 일은 그의 오토바이 뒤에 앉아 같이 질주하는 것이었다. 정말 흥분되는 일이었다. 오르가슴은 없었지만, 해나를 꼭 붙든 채 아주 빨리 달리는 걸 굉장히 좋아했다. 그게 우리가 섹스하는 방법이었다. 그리고 그 오토바이가 고장 났을 때, 우리 성생활도 물 건너갔다. 어쩌면 그 오토바이가 없으니 우리도 언젠간 섹스란 걸 하게 되겠지!

섹스 섹스 말만 하지
사실 다들 별로 안 해

마리아 이야기

나는 마흔두 살이며 키는 5피트 6½인치(약 169센티미터),
몸무게는 230파운드(약 104킬로그램)쯤 된다. 피부는 올리브색.
눈은 푸른 색이며 청록색 콘택트 렌즈로 강조한다. 머리는
갈색이며 중간서부터 아래로 바짝 깎아내린 크루컷의 짧은
머리에 정수리는 펌을 했다. 우리 가족은 딸 다섯과 아들 하나,
모두 여섯 형제가 있고 나는 그중 셋째다. 양친은 내가 이혼하던
해에 이혼했는데 그때가 1974년이었다. 나는 전문간호학사
학위가 있다.

자, 캐슬린과 나의 관계로 들어가기 앞서 내 이전

관계들은 이렇다. 나는 스물네 살에 결혼했다. 간호학교를 졸업한 때부터 나보다 7, 8살쯤 많은 남자와 4년 동안 같이 살았다. 4년간 동거하다가 결혼을 했고, 그 결혼은 대략 6~8개월가량 지속됐으며 그러고 이혼했다. 이혼한 지 얼마 지나지 않아 나는 알코올 중독자 모임에서(전 남편이 알코올 중독자였다) 레즈비언 관계로는 첫 여자를 만났다. 그 여자는 나보다 거의 스무 살이 많았고 우리 관계는 1년 반쯤 이어졌는데 그 관계를 꾸려가는 동안에도 그는 여전히 예전 동거인과 관계를 유지하고 있었다. 그런 채로 그 사람과 살 수는 없다고 생각했을 때, 끝낼 결심을 했다.

　나는 장기 정신 질환자들을 위한 병상 오십 개짜리 입주 시설에서 일하는 간호부장이었고 그곳에서 캐슬린을 만났다. 캐슬린을 내 밑에서 일하도록 고용한 것이 나였다. 당시 캐슬린은 간호조무사였는데, 그를 만난 바로 그 순간 나는 사랑에 빠졌다. 그리고 나는 오로지 그의 옆에 있기 위해서 직장에서 여러 시간 죽치고 있는 내 모습을 발견했다. 캐슬린에게 여자와 맺는 관계는 내가 처음이었기에 구애 기간이 꽤 길어졌고, 그게 재미있었다. 무지하게. 내 첫 번째 레즈비언 관계에서는 그런 기간이 사실상 없었기에 구애는 캐슬린에게 한 것이 처음이다. 캐슬린은 밤, 나는 낮 교대 근무여서 하루 열여섯 시간씩 직장에서 버티던 기억이 난다. 나는 캐슬린과 있으려고 저녁 시간대까지 남아 있곤 했고, 그러다 그가 쉬는 날 내 아파트에 오기 시작했으며, 그다음엔 내가 캐슬린의 아파트에 가기 시작했다. 우리는 그저 같이 있으면서 많은 시간을 보냈다.

우리는 사귀는 것 자체에 대해선 별로 말을 안 했다. 전부
무슨 얘기였냐 하면, 그냥 우리가 좋아하는 것들과 싫어하는
것들에 관한 이야기를 하고 간호·인간·삶에 관한 철학을 나눴다.
이야기하고 공감하고 서로를 알아가는 일에 시간을 많이 썼는데,
굉장히 좋았다. 우리는 긍정적이고 낙관적인 문구들이 적힌
카드를 많이 주고받았다.

　　아마 캐슬린과 나 사이에서 가장 멋진 점은 우리가 함께
성장했고 개인으로서도 성장했다는 사실일 것이다. 성장했다는
말은, 우리가 그다지 건강하지 않은 행동 양식에서 벗어날
정도로 발전해 어떤 새롭고 건강한 습관을 키웠다는 뜻이다.
그리고 정확히 언제였는지 모르겠지만 우리가 만난 지 5, 6년쯤
됐을 때 캐슬린한테 약물과 술 문제가 있었다. 나는 알코올
중독자와 결혼해본 적이 있으며 알코올 중독인 아버지 밑에서
자란 사람으로서 나의 관계에서는 그런 일이 일어나도록 두지
않겠다고 결심하고 캐슬린에게 끊도록 요구했는데, 그는 그렇게
했다. 정말 깔끔하게 끝냈기 때문에 나는 크게 감동 받았다. 이
일과 똑같이, 한때 나는 화가 나면 어쩔 줄을 모르고 그럴 때면
캐슬린을 팼다. 마침내 어느 날 캐슬린이 그런 짓 좀 그만하라고
했고 그래서 나는 상담을 받았고 그 짓을 멈췄다. 나는 어떻게
분노를 조절하고 다른 방법들을 통해 처리하는지 배웠다.

　　우리의 첫 성 접촉은 내게 약간의 흥분을 주는 즐거운
사건이었다. 우리는 캐슬린의 아파트에 있었다. 아직 집을
합치지는 않았는데, 뭐랄까, 합치긴 했는데 합친 게 아니었다.
실제로는 캐슬린의 아파트에서 많이 지냈지만 여전히 내 집을

유지하고 있었다. 캐슬린이 침대 위에 붙여놓은 거울이나, 뭘 해야 할지 몰라서 정말 조심스러워하던 모습이 기억난다. 이게 그에게는 첫 번째 레즈비언 관계였고 캐슬린은 어떻게 해야 내가 좋아할지, 무엇을 해야 하는지 몰랐다. 나는 말하자면 캐슬린을 이끌었으며 그날 저녁은 굉장히 근사했고 밤에도 아주 좋았다.

우리는 같은 곳에서 몇 달 더 일하다가 마침내 다른 곳에 채용돼 옮겨 갔다. 아마 우리 관계가 3, 4년쯤 되던 때까지 같이 일한 것 같고 그 뒤 캐슬린은 주립 정신병원으로 출근하고 나는 직장을 이곳저곳으로 옮겨 다녔다.

언제부터였는지 내게 이런저런 문제가 생겼는데, 주로 심한 우울증으로 거의 매주 정신과 의사를 만나고 있었다. 캐슬린은 조울증이 있는 남자와 결혼해서 꽤 오래 살아봤기에, 인생 전체를 정신 질환이 있는 사람과 함께한 셈이었다. 캐슬린은 그런 것들과 거리 두는 법을 이미 배운 상태였고 그건 그의 건강을 위해 정말 다행이었다는 생각이 든다. 왜냐하면 내 행동거지가 몇 년 사이에 바닥으로 곤두박질쳤기 때문이다. 그러다 끝내 1981년 자살 시도까지 하게 돼, 나는 잠시 캐슬린이 일하던 주립 정신병원 신세를 졌다. 캐슬린은 내 행동과 쉽게 거리를 둘 줄 알았고, 우리는 그 특별한 전투를 성공적으로 치러냈다. 그렇게 여기까지 온 것이 우리의 삶이다. 각자가 개인적으로 성장했고 또 우리의 성장에 필요한 공간을 서로에게 내줬다.

어느 순간 내가 결심을 했던 때가 떠오른다. 사귀고 나서 얼마나 지났을 때였는지는 기억나지 않는다. 그러나

더는 캐슬린과 잠자리에 들길 바라지 않는다는 결심이 선 때가 있었다. 그래서 나는 캐슬린에게 침실을 따로 쓸 수 있을지 물었다. 캐슬린은 동의했다. 그에게도 괜찮았는지는 모르지만 동의를 해줬고…… 내가 둘 중에서는 기억력이 나쁜 쪽이라, 자세한 부분은 캐슬린이 많이 채워줘야 할 것이다. 당시 나한테 어떤 일이 일어나고 있었는지 모르겠지만, 그저 여유가 좀 필요했다. 그리고 캐슬린은 나에게 여유를 줬다. 다시 한 번 말하지만, 우리 관계 전체가 바로 그런 것이었다. 우리가 성장하고 자기 자신이 될 수 있는 여유와 공간을 상대방에게 내어주는 것.

　　짧은 기간 커플 상담을 다니면서, 우리가 한 어떤 종류의 행동이 집안 상황을 계속 흔들어놓는지 알게 됐다. 캐슬린이 아플 때 돌봐주고 곁에 있어주는 게 나에게는 힘든 일이었는데, 내가 어릴 적에 어머니가 병으로 꽤 아팠고 그 상황을 내가 끔찍하게 싫어했기 때문이라는 사실을 알게 됐다. 나에게는 어렵고 가혹한 일이었던 것이다. 한편 캐슬린은 아픈 것도 안 좋아하고 돌봄을 받는 것도 안 좋아한다. 캐슬린은 가족 안에서 늘 강하고 건강한 사람이어야 했기에, 집안에서 자신이 아프다는 것이 그에게 언제나 어려운 일이었다. 나는 정말 응석받이지만, 캐슬린은 나를 보살펴주는 걸 무척 즐긴다. 개인적으로는 캐슬린이 지극히 공동의존적이라 생각하지만 우리는 이 이야기를 해본 적이 한 번도 없다.

　　우리가 언제 섹스를 관뒀는지 정확히 기억나지 않는다. 왜인지는 기억이 난다. 또한 사귀고 초반 몇 해 동안 우리가 한 성행위들이 조금 기억나는데, 내 생각에는 그게 잘 통하지 않았으며 서로 해준 것들이나 같이 한 일들이 정말 이상했다고 생각한다. 그렇지만 나중에 우리의 성관계가 조금 정상적으로 된 것 같다고 생각한다. 나는 늘 캐슬린에게 해주는 게 아주 어려웠다. 내가 어떻게 하는지 제대로 몰라서 그런 것 같은데, 캐슬린과 그 얘기를 하는 게 편하지는 않고 그래서…….

아마 두서너 해 전 우리가 친구들과 함께 여럿이서 주말에 놀러 갔을 때였다. 캐슬린이 나한테 해주고 나서 바로 내가 캐슬린에게 해줬는데, 캐슬린이 정말 좋았다고, 내가 더 많이 하기를 바란다고 했다. 뭐랄까 내게는 그게, 듣고 싶지 않은 얘기였다고 해야 할까. 그 순간 섹스가 필요하지 않고 정말 하고 싶지도 않다는 결심이 섰기 때문이다. 내게는 그저 캐슬린 곁에 있는 것으로 충분하다고, 보듬고 챙겨주고 아껴주고 안아주고 입 맞추고 어루만져주는 것이면 된다고 말이다. 섹스, 소위 사랑을 나눈다라는 것의 실제 행위는 뭔가 내가 필요로 하거나 원하는 것이 아니었고, 내게는 아니라고 말할 권리가 있었다.

우리가 섹스 없이 지내온 지난 몇 년 사이에 어떤 격정이나 섹스하고픈 욕망을 느낀 적은 몇 번 있었다. 다시 한 번 말하지만 나는 그 얘길 하는 것이 편치 않고, 하고 싶을 때 요구할 수 있었던 적도 없었다. 그래서 나는 그냥 그것 없이 살아왔다. 그리고 그게 나한테는 괜찮았다.

지난 한 해 동안, 나는 어린 시절의 상처를 치유하는 상담치료 모임에 다녔다. 나는 내가 누구인지를 배우는 과정에 있다. 상담 과정에서 여러 발달 단계를 거쳐 결국 성적 독립이라는 통합 단계에 다다르게 될 것이며, 그런 문제들을 살펴볼 힘이 생길 것이다. 그런 것들을 스스로 처리하고 해결할 수도 있게 될 것이며 그러면 캐슬린과 내가 성행위를 다시 시작할 수 있게 되리라는 것도 알고 있다. 그때까지는 섹스를 하지 않는 쪽이 편하지만 캐슬린은 섹스를 하고 싶어하며 그것이 그에게 어느 정도 중요하다는 것도 알고 있다. 그럼에도 또 한 번 말하건대 우리 관계의 모든 것은 상대방에게 우리 자신이 되고 우리가 성장할 시간, 공간, 권리를 주는 것을 바탕으로 해왔다. 그냥 그렇게 예전부터 진짜 멋진 관계다. 의논하기 어려운 점을 내가 터놓고 말하는 것이 아주 중요해졌다. 내가 그렇게 하기 시작하면 캐슬린 또한 똑같이 하리라는 것을 알고 있다. 우리는 함께 자라고 있기 때문이다. 우리는 한쪽이 관계에서 새로운 기술이나 행동 방식을 배우면, 다른 쪽이 거기에서 고르고 배워서 시도해본다. 캐슬린에게 또는 내게 맞는 것은 유지하고 안 맞는 것은 버린다. 거듭 얘기하지만, 이렇게 해온 것이 우리의 관계다.

또 생각나는 것이 있다. 레즈비언 관계로 처음 사귀었을 때 같이 지내던 1년 반 동안, 사랑을 나눌 때면 그가 나에게 해주고 나는 해준 적이 없다는 사실을 언급해두는 것이 중요할 것 같다. 캐슬린은 절대로 못 하게 했다. 내 결혼 생활 중에도 전남편이 내게 해줬지 나는 전남편에게 해준 적이 없다. 그러니까 다시 말하면, 나는 전혀 배운 적도 탐색해본 적도 시도해본 적도 없다. 심지어 스스로 배워보고 싶던 적도 없는 행위, 뭐 그런 것이라는 생각만 머릿속에서 심해지는 듯하다.

특히 지금이 내가 배우고 싶은 때인지 별로 확신이 들지 않는다.
그러나 그게 캐슬린에게는 중요하다는 것을 알고 있으므로 상담
과정에서 이 문제를 탐색해보기로 했다. 캐슬린의 욕구, 바람,
욕망은 내게 중요하다. 섹스는 그냥 우리 우선순위 목록에서
꼭대기에 있지 않을 뿐이다. 적어도 내 목록 맨 위에는 없으며,
그렇다고 캐슬린이 그리 자주 맨 위로 올려놓지도 않는다.

　　　　우리는 지역 레즈비언 단체에 친구가 많은데, 우리가 늘
새로 만난 사람들을 그곳에 데리고 들어온다. 따라서 우리는
근사한 친구 네트워크를 갖추고 있다. 친구들과 같이 있을 때
가끔 농담조로 우리의 성생활이 활발하다는 암시를 하는데,
캐슬린은 그게 불편하다고 했다. 이것이 정직하지 못하다고
생각하는 것이다. 그래서 나는 우리가 비성애적인 관계라는
사실을 친구 한 사람에게 털어놓았지만, 다른 이들에게는 하지
않았다. 사람들에게 그런 사실을 알려서 내 마음이 편할지
모르겠고, 우리 관계가 14년째나 되다 보니 내가 아는 한
공동체에서 가장 오래된 커플이 우리라는 점도 부분적인 이유다.
관계의 유지력이라는 측면에서 우리는 역할 모델로서 존경을
받고 있다. 그와 내가 성애적인 관계인지 아닌지가 중요하지
않을 정도로 친구들과 친하다고 생각은 하지만, 선뜻 의논할
만한 문제는 아니다. 이 문제는 그 친구들이 우리와 얼마나
가까운가에 달려 있다. 내 말은, 정말 가까운 친구들, 굉장히
가까운 친구들이 있는 반면 그냥 아는 사람들도 있다는 소리다.
지금 우리 관계가 비성애적이라는 사실을 말하면 맘이 편할지
자신이 없다. 나랑 의논한 한 사람을 빼고서는 말이다. 그것도

그저 우리가 갔던 콘퍼런스에서 그 얘기가 나왔기 때문에 했을 뿐이다.

　　캐슬린과 나는 레즈비언이라는 사실을 숨기고 있지 않다. 비록 우리가 레즈비언이라는 사실을 두고 어머니와 대화를 주고받지는 않지만 말이다. 아버지는 돌아가셨다. 캐슬린과 나는 둘째 언니와 여동생 둘, 남동생과는 거리낌 없이 우리 사이를 이야기하지만 우리 성생활에 관한 이야기는 하지 않는다. 캐슬린 가족은 남자 형제가 둘 있고 양친 두 분 다 돌아가셨는데, 지금 동생 쪽과 약간 문제가 있다고 할 수 있다.

　　나는 언제나 내가 레즈비언이라는 사실을 드러내지 않고 있다고 여겨왔다. 특히 직장에서는. 비록 내 전 직장 두 군데서 동료들이 캐슬린에 관해서나 우리 관계를 알고 있기는 했지만 말이다. 뭔가 직장에서 얘기하기 편치 않다고 생각했다. 우리 가족에게 밝힌 것은, 가족들은 내가 캐슬린을 만나고 둘이 집을 합쳤을 때부터 우리 사이를 알았을 것이며, 그전에도 내가 누군가를 사귄 적이 있으니까 그것도 레즈비언 관계라고 알고 있을 거라고 생각한다. 나 자신에 대한 커밍아웃의 경우, 남편과 이혼한 지 얼마 지나지 않아 지역 레즈비언 지원 모임 몇 곳과 커밍아웃 지원 모임 그리고 관계를 위한 지원 모임에 다녔는데 그때 레즈비언이 된다는 게 무슨 뜻인지 조금 배웠고 차별에 관해서 많이 배웠다. 그때가 내 인생에서 정말 중요한 시간이었고, 내가 레즈비언이라고 깨닫는 데 아주 도움이 됐다.

캐슬린 이야기

내 이름은 캐슬린. 마흔일곱 살, 몸무게 203파운드(92킬로그램), 키는 5피트 4인치(약 163센티미터)다. 금발인데, 염색으로 유지하는 색이다. 나름 크루컷이고, 26년 차 간호사다. 지난 3년 동안은 학사학위를 따려고 대학을 다녔다. 그렇게 해서 나는 장기 정신 질환자들과 관련된 일을 계속하고 싶다.

내 관심사는 다음과 같다. 요리를 아주 좋아하고 정원 가꾸기를 좋아한다. 온갖 것을 읽기를 무척 즐기는데, 학교를 다니는 내게 이것은 분명 좋은 일이다. 그리고 친구들과 있는 것을 너무 좋아한다. 포틀럭, 파티, 그런 모임들이 좋다. 워싱턴 출신이다. 그런 사람이다.

우리가 어떻게 사귀게 됐는지 살펴보자. 나는 남자와 결혼해서 9년 살고 이혼했다. 2년 동안 지방 정신병원에서 일했는데, 더는 정신과 간호 일을 하고 싶지 않아졌다. 그때 나는 번아웃이었다고 생각한다. 사실 나를 소진시킨 것은 정신과가 아니라 관료제였다. 다시 간호 일을 구하러 다녔다. 나를 부르는 곳이 있었고 거기서 일 제안을 받았지만 나는 처음엔 싫다고 했다. 정신과에서 일하고 싶지 않았기 때문이다. 그러나 그쪽에서 나를 설득했고, 거기서 마리아를 만났다. 마리아는 정신과 요양원 간호부장이었다. 내게 그곳을 둘러보게 해주었고 나는 첫눈에 마리아와 사랑에 빠졌다. 그야말로 만나자마자 첫눈에. 그 사람이 멋지다고 생각했다.

나는 레즈비언 관계를 꾸려본 적도 없었고 동성애라는 것도 몰랐다. 내 말은, 살아오면서 여러 여자에게 다양하게

끌렸지만 그게 뭔지 전혀 몰랐다는 뜻이다. 나는 이해를 전혀 못
했다. 그러나 마리아를 만났을 때 나는 알았다. 마리아와 성적인
쪽으로, 사귀는 방향으로 관심이 생긴 것이다. 한 달쯤 걸렸다.
우물쭈물하며 서로 주변을 맴돌다가 편지며 쪽지를 주고받고,
그러다가 같이 다니고, 오랫동안 아무 말도 하지 않다가 드디어
이야기를 하기까지. 나는 마리아가 레즈비언 관계를 꾸려왔으며
거기서 벗어나던 참이었고, 그러다 그 관계가 끝이 났다는
사실을 알게 되었다. 그리고 우리는 어느 날 밤 침대에 들었다.
레즈비언 관계에서는 뭘 해야 할지 모르던 내가 안 것은 우리가
거기 누워서 키스하고 있다는 것뿐이었다. 그다음에 어떡할지를
몰랐는데 마리아가 내 손을 성감대에 가져다 대었고, 거기서부터
진행해서 끝을 볼 때까지 즐겼다. 정말로 나는 우리 관계의
성적인 부분을 좋아했다.

　　　그 뒤로도 얼마 동안 우리는 성관계를 했고 얼마 지나지
않아 동거하기 시작했다. 같이 살기 시작한 지 한 달쯤 뒤
마리아가, 우리가 섹스를 너무 많이 하지 않느냐며 좀 줄여야
한다고 말한 기억이 난다. 여기서 섹스는 성기를 자극하고 입
맞추고 껴안는 것만이 아니라 절정, 즉 성적인 절정에 이르는
것까지 포함한, 당시 우리가 하던 대로의 섹스를 말한다. 우리는
밤마다 섹스를 했는데, 잘 모르겠지만 그때 아마 한 주에 한
번으로 줄였던 것 같다. 우리가 같이 산 지 14년이나 됐기에
기억해내기가 힘들지만, 성애적이었고 또한 무성애적이었던
우리 관계에는 여러 단계가 있었다. 몇 년 정도 우리는 성관계를
가졌다. 사실은 마리아가 나와의 반려 관계 바깥에서 다른 이와

성관계를 한 번 한 적이 있다. 그 뒤로 우리 둘은 일대일 관계로 지내왔다. 그리고 우리 둘 다 일대일 관계라는 것이 중요하다고 느꼈다(고 어쨌든 나는 생각했다).

대략 8년 전, 어쩌면 9년 전이나 그쯤이었던 것 같은데, 마리아가 침대를 따로 쓰고 싶다고 했고 그래서 그렇게 했다. 그리고 2년간 우리는 거의 아무런 접촉을 하지 않았다. 마리아는 그때 정신적으로 문제가 좀 있었고 우리는 방을 같이 쓰는 친구 이상이 아니었다. 그러다 드디어 마리아가 말을 꺼냈다. "어떡할까, 우리. 다시 같이 잘 수 있으면 좋겠어. 그러니까, 한 침실에 같이 있는 거 말이야"라고. 그래서 그렇게 했고 지금껏 그렇게 하고 있다. 우리는 그때부터 일종의 성애적 관계를 꾸려왔지만, 그게 뭐냐 하면, 정말 가끔가다 한 번씩 내가 성관계를 좀 해보려고 하는 거였다. 내 기억에 마리아가 시작한 적은 없다. 그리고 나는 자위도 어느 정도 했다. 가끔 나는 성적인 부분에서 심하게 좌절했는데 그 이유는 마리아가 나에게 해주는 경우는 없고 일방통행에 가까웠기 때문이다. 내가 마리아에게 해주곤 했고, 늘 그런 식이었다. 심지어 내가 마리아의 손을 끌어다 대거나 어떻게 해달라고 청해도 마리아는 안 하고 싶어했다. 사귄 지 오래되고 나중에야 마리아가 정말로 성적으로 만족하고 있는 것이 아니었다는 사실을 깨달았다. 말하자면 내가 마리아에게 나를 강제했다는 느낌이었다. 마리아는 그저 즐기고 있는 척할 뿐이었고 정말 즐긴 것은 아니었다. 그래서 마리아가 요구를 해오든지, 아니면 괜찮겠다고 상호 동의가 될 때까지 나는 하지 않았다. 그렇지만 마리아는 절대 요구하지 않았다.

그래서 아무튼 성관계를 하고 싶어지면 내가 요구해야 했다. 그러니까 그게 두 달에 한 번이 됐다가 넉 달에 한 번, 여섯 달에 한 번이 되고 곧 한 해가 넘어가도록 우리는 아무런 성 접촉도 하지 않게 되었다. 지금 나는 앞서 말했듯 절정까지 이르는 흥분, 그런 유의 성관계를 이야기하고 하고 있는 것이다. 우리는 지금도 꼭 끌어안고 있는 일이 잦고, 서로 만지고 입 맞추는 등 두 번째 유형의 성적 관계─성적 관계라 부르자면 부를 수 있는─는 하고 있다. 한 해쯤 전에 우리는, 내가 하고 싶어했음에도, 절정까지 가는 유형의 섹스를 그만뒀다.

　　우리는 그 이야기를 하지 않는다. 마리아에게는 섹스 얘기를 좋아하지 않는 나름의 이유가 있다. 나 자신도 섹스는 더럽다고 믿게끔 길러진 우리의 천주교 양육법 덕에 삼갈 수밖에 없는 한계가 더러 있기 때문에 이해한다. 그러니까 나는 섹스를 좋아하며, 그 느낌이 좋고 하고 싶은데, 마리아는 아니니까 이 점에서는 내가 그런 그를 존중한다는 말이다. 나는 마리아가 다시 성관계를 원하게 되기를 바라왔다. 특히 요즘에 힘들다. 왜냐하면 우리는 오랜 기간 서로를 안기도 하고 만지기도 많이 하고 입도 맞추는 그런 성관계의 일부나마 해왔는데, 이제는 그것조차 안 하기 때문이다. 마리아는 여덟 달쯤 전에 상담치료 모임을 하나 시작했고, 그 모임에서는 만지고 안고 어르는 행위를 많이 한다. 마리아는 내가 성관계를 하고 싶어하는 것이나 이런 종류의 접촉을 원하는 것까지도 내 문제라고 했다. 나는 이게 우리 둘의 문제라고 생각하기에 그 말에 어떤 식으로도 동의할 수 없었고 정말 화가 났다. 이건 관계의 문제라고 생각하며, 마리아는 다니는 모임에서 이런 욕구들을 충족시키지만 나는 전혀 내 욕구에 맞출 수가 없으니 질투가 난다고 마리아에게 여러 번 말했다. 그러니까 나는 버려진 느낌인 것이다. 불쾌하고, 뭐 그 비슷한 느낌. 적어도 안아주고 사랑하고 토닥이는 관계를 더 했으면 좋겠다. 성관계는 못 한다고 해도 말이다. 앞으로 언젠가 우리가 섹스할 수 있기를 바란다. 정말로 그립다. 우리 관계 밖에서 내 성적 욕구를 충족시키는 것도 고려해봤지만 그건 내가 마리아와 사귀는 동안에는 '옳지' 않다고 판단했고, 헤어질 의사도 없다. 우리 관계에서 내게 무척 중요한 다른 부분들이 있고, 그러니까 나는 마리아와 함께 지내고 싶다.

우리 관계가 성적이지 않다는 사실을 친구들이 아느냐고? 아니, 모른다. 사실 내가 마리아한테 말을 했기 때문에, 그가 더러 한 번씩 우리가 하지도 않는 성관계를 하고 있는 척 농담을 해서 때로 화가 난다는 걸 그도 안다. 무성애적인 관계를 더 포용하는 쪽으로 바뀌고 있는 사회에 관해서는, 좋다. 나도 그래야 한다고 생각한다. '~해야 한다' 따위는 싫어하지만, 어쨌든 사회가 무성애적 관계들을 더 포용해야 한다고 진심으로 믿는다. 무성애자는 더 많이 있을 거라고, 설사 그렇지 않더라도 섹스가 많지 않은 관계들이 존재할 거라고, 그게 사회에서 벌어지고 있는 일이라고 생각한다. 또한 텔레비전, 책, 사람들이 이야기하는 것 때문에 실제보다 섹스가 많이 벌어지고 있는 것처럼 보인다고 말이다. 실제로는 그렇게 많지 않으리라 생각한다. 우리는 섹스가 관계에서 전부이자 궁극인 것이라 여기게끔 강제당하고 있는 셈이다. 우리는 섹스만이 중요한 관계가 아니다. 서로 함께하는 것, 상대가 성장할 수 있게끔 해주는 것, 상대를 위한 일을 하고 그 곁을 지켜주는 것 또한 우리 관계다. 그걸 달리 어떻게 설명할 수 있을지 모르겠다.

우리 관계를 끝낸다는 것은 어떤 의미일까? 글쎄, 모르겠다. 우리 관계는 지난 14년을 보내면서 다양한 단계를 거쳤으며 이 관계가 여러 번 끝났던 걸 수도 있다고 생각하는 사람들도 있었을 것이다. 우리가 서로 다른 방에서 잤다든가 하는 일이 있었을 때 말이다. 몇 차례 끝이 났다가 다른 종류의 관계로 들어서며 이어져온 관계라고 말할 수도 있다고 생각한다. 지금 우리의 관계는 우리가 처음 시작했을 때와 같지 않다. 관계는 변해왔고, 나는 더 나아졌다고 생각한다. 그리고 우리 둘 다 성장하고 있으니만큼 관계도 계속해서 바뀌어가리라 생각한다. 어떻게 생각하면 많은 부분에서 운이 좋았다. 둘 다 성장을 했는데 운 좋게도 둘이 같은 방향으로 자라온 것이다.

벌써 내 관계의 역사 이야기를 다 했을까, 어디 보자. 나는 고등학교를 졸업하자마자 바로 수녀원에서 한 해 조금 넘게 있었고, 한동안 남자들과도 만났으며 결혼해서 9년을 살았다. 남자들과 몇 번 성적인 관계로 만난 적도 있다. 8, 9번쯤 되는데 오래가지는 않았다. 오래간 것은 남편과의 관계였다. 레즈비언으로서 커밍아웃한 지 얼마나 됐느냐 하면, 말했듯이 마리아가 내 첫 레즈비언 관계다. 말하자면 처음부터 줄곧 커밍아웃한 채로 산 셈이지만, 드러내고 다니는 것에도 여러 단계가 존재한다. 지난 4년 동안은 아주 드러내놓고 다녔다.

직장에서도 말이다. 자연스러운 대화의 일부로 마리아를 내 반려로 이야기함으로써 사람들이 이것을 일종의 '일반적인' 사정으로, 다시 말해 이건 그냥 이성애 관계와 같은 일상이고 이상할 건 아무것도 없음을 받아들이게 만들었다.

　　　이제 거의 다 얘기한 것 같은데, 우리에게 동네 레즈비언 모임에서 만난 친구가 많다는 이야기를 빠뜨린 것 같다. 여러 친구와 지인이 우리를 이상적인 관계로 여긴다고 그러는데, 재미있는 소리다. 나는 우리가 좋은 관계를 맺고 있고 이 관계가 행복하다고 생각한다. 우리가 노력을 더 해볼 수도 있을 것 같고, 지금도 얼마간 하고 있다고 생각하지만, 사람들은 보고 싶은 것을 본다. 사람들은 우리에게서 이상적인 관계를 보는 것이다. 나는 그런 건 없다고 생각한다. 관계는 개인적이며 각자가 제게 맞는 관계를 맺는다.

고찰들

섹스는
생리 작용인가?
─ 보스턴 결혼과
성 상담[1]

나는 『보스턴 결혼』을 상당한 의구심을 품고 읽기 시작했다. 이
책을 쓰는 데 참여한 사람들과 이야기를 충분히 나눠보았고,
이들은 레즈비언끼리의 로맨틱하면서도 비성애적인 관계를
합리적 선택지로 본다는 것도 알고 있었다. 한편 나는 속으로
몰래 (정말 아무도 모르게 말이다…….모욕하게 되는 것은
바라지 않으므로) 생각하고 있었다. 그 사람들은 그저 '탈선'한

자기네 지난 망가진 관계를 합리화하고 있을 뿐이라고. 성 상담치료사로서 나는 매스터스와 존슨에 의한 교육[a]을 받았고 어쨌든 일할 때 어느 정도는 그들이 만든 모형을 쓰므로 나는 "섹스는 생리 작용이다"라는 명제를 믿었고, 규칙적이고 만족스럽던 성생활이 '탈선'했을 때 장애물을 발견해내고 치우는 것이 성 상담치료사의 일이라고 믿었다. 그러면 그 커플은 규칙적이고 만족스러운 생식기가 동원되는 성 접촉의 생리 작용 흐름을 재개할 수 있다. 이와 다른 해결 방식은 무조건 부자연스럽고 병리적이며 '치료 실패'로 여겨졌다. 이어지는 글 첫 번째는 이러한 배경에서 이 책을 읽은 나의 첫 반응이며, 두 번째는 '여성 심리학'이라는 나의 학부 강의에서 『보스턴 결혼』을 원고 상태로 읽고 짧은 소감을 써준 학생 열네 명의 반응이다. 세 번째 글에는 보스턴 결혼 관계들에 대한 나의 결론 그리고 성 상담치료와 관련한 시사점들에 관한 고찰을 담았다.

나의 첫 반응

첫째, 나는 이 책 형식이 마음에 든다. 이론을 다룬 논문들이 먼저 나오고 나서 무척 다양한 형식과 내용으로 이뤄진 개인의

---

[a] 매스터스(William H. Masters)와 존슨(Virginia E. Johnson)은 1960~1970년대에 가장 주목받은 성과학 연구팀으로 성의 생물학적 측면을 강조하는 편이며 성기능 장애의 '치료' 가능성을 활짝 열었다.

이야기들이 뒤따른다는 점이 좋다. 둘째, 이 책의 내용은 충격적이고, 마음을 뒤흔들며, 도전적이고, 궁극적으로는 나를 사로잡고 말았다.

성 상담치료사들이 널리 받아들이는 관념들 중에는 다음과 같은 것들이 포함된다. 즉, 섹스는 생리 작용이다. 섹스가 잘 되지 않는 데는 이유가 있는데, 대개는 발생부터가 심인성이고 본성상 병리적인 것이다. 성 상담치료사의 첫 번째 목표는 성기능 장애를 정확하게 진단하고 이에 따라 치료 계획을 개발하는 것이다. 규칙적인 성생활은 육체적·정서적 건강 양 측면에서 권장된다.(매스터스·존슨 연구소 접수 창구 표지판에는 "쓰지 않으면 잃어버린다"라고 적혀 있다.) 미국 커플은 평균적으로 한 주에 2.5회 섹스(거의 언제나 이성애 삽입 성교로 정의되는)를 한다. 이 관념들 하나하나에 『보스턴 결혼』은 도전했다.

여러 달 전 다른 주에서 레즈비언 한 쌍이 나를 찾아왔다. 수전은 이제 섹스를 안 하고 싶어하는데 상대방인 재닛은 상처받고 혼란스러워하며 화를 냈다. 수전과 재닛은 집을 같이 샀고 레저용 차도 한 대 마련해서 주말마다 놀러 다녔으며 재산도 합친, 명백하게 헌신적인 한 쌍이었다. 이들은 결혼식도 치렀고 서로 상대방을 "나의 배우자"라고 불렀다. 처음에 나는, 성적 내력을 광범위하게 되짚어보고 확인한 바에 따라 수전이 "성적인 것을 기피하며", 수전의 이러한 혐오는 어린 시절에 받은 성적 학대에서 비롯되었다고 진단했다. 나는 수전이 재닛과 섹스를 즐길 수 있도록, 두려움에서 놓여나 과민함을 줄이는

연습으로 구성된 치료 계획을 고안했다. 재닌에게는 수전이
두려움을 극복하고 타고난 자연스러운 것으로서의 섹스를 통한
사랑을 발견하는 동안 물러나 있는 역할이 주어졌다. 즉, 수전은
진단이 가능한 상태였고 재닌은 그 치료의 일부이긴 했으나
수동적인 역할로서만이었다. 그렇게 해서 결국 수전은 좀 더
재닌처럼 될 것이었다. 나는 수전과 재닌이 진정으로 만족스럽고
편안하고 쾌감을 누리는 에로틱한 성교를 정기적으로 할 날을
상상했다.

좋은 성 상담치료에서 빼놓을 수 없는 조건은
상담치료사의 목표가 반드시 내담자의 목표여야 한다는 것이다.
내가 보았을 때 내가 예상한 만족스러운 상담치료 결과와
내담자들이 이야기한 목표 사이에 어긋나는 점은 없었다.
재닌은 섹스하고 싶어했다. 수전은 죄책감, 부적절함, "역겨움"을
느꼈으며, 재닌을 잃게 될까 겁을 먹고 있었다. 수전은 자기가
섹스를 하고 싶어한다는 가정에 동의했다. 따라서 그 둘의
목표는 서로 합의된 것이었고 내 눈에 매우 타당해 보였다. 나는
그 목표에 굳이 도전해야 할 필요가 없다고 여겼다.

내가 만났던 것이 보스턴 결혼이라는 것을 지금은 안다.
나는 수전과 재닌 간의 성애가 그들 관계의 생존에 절대적으로
우선하는 필수적인 것이라고 가정하고 있었다. 이제야 이런
가정에 의문을 던지며, 내가 어떻게 달리 진행할 수 있었을까
상상해본다.

만약 수전과 재닌이 상담소에 오늘 처음 들어왔다면
어땠을까. 나는 이들의 공통된 입장 그리고 관계라는 것에

대해 각자가 내린 정의를 살펴보도록 권했을 것이며, 수전이
좀 더 재닌처럼 되어야 한다는 가정은 하지 않았을 것 같다.
적극적인 섹슈얼리티를 개발하는 것이 공동 목표로 보였을
수도 있겠지만, 그렇지 않았을 수도 있다. 수전이 불쾌감이나
거부감을 느끼는 영역으로 들어가지 않으면서도 자기를 위한
재미있고 관능적이고 성적으로 해볼 만한 것들을 찾기 위해 훨씬
더 많은 노력을 기울였을 것이다. 예를 들어 서로를 곁에 두고
자위를 한다면? 성기와 결부되지 않는 한에서 가슴을 만지는
것이 자극적이면서 즐거울 수 있을까? 둘에게 나는 유효한
선택지들의 범위를 생각해보라고 했을 것이다.

　　　실제로 수전과 재닌을 매주 본 지 약 세 달 뒤, 수전은
섹스하는 것을 겁내지 않게 되었고 편안했던, 때로 가벼이 즐길
만했던 성 경험들을 이야기했다. 섹스를 주기적으로 (수전의
경우에는 어림잡아 매주) 하려 했던 그의 마음은 진심이었다.
그러나 열정이 없었다. 재닌이 없었다면 수전은 여전히 전혀
섹스하지 않는 쪽을 더 좋아했을 것이다. 아마 두 사람에게는
섹스에 관한 소통이 더 잘 이뤄지게 됐다는 점이 상담치료에서
얻은 가장 큰 성과였을 것이다. 둘 중 어느 쪽에게도 더 이상
섹스는 금기이거나 무서운 주제가 아니었고, 각자 마음 놓고
솔직하게 자기 욕망, 바람, 선호를 상의할 수 있었다. 이런
결과는 전통적 성 상담치료 기준에 따르면 아마 치료 성공으로
여겨질 것이다. 둘은 상담치료 끝에 두려움이나 압력에서
벗어나 매주 섹스를 하게 됐기 때문이다. 하지만 '보스턴 결혼'의
렌즈를 통해서라면, 내가 하지 않은 일은 상담 초반에 수전과

재닌의 가정에 도전하는 것이었다. 그리고 물론 나는 그렇게 할 수가 없었다. 나부터도 내가 갖고 있던 가정에 도전해본 적이 없으니까.

학부생들이 보인 반응

내 여성 심리학 수업은 애리조나에 있는 작은 진보 성향의 교양대학에 다니는 대학생 열네 명으로 구성돼 있다. 여자가 열셋, 남자가 하나다. 여자 중 열한 명은 일차적으로는 이성애자로서 정체화했고 한 명은 현재 연애 중인 레즈비언으로, 본인은 그 관계를 "단연 성적이다"라고 묘사했다. 내 수업의 모든 학생은 백인이다. 학생들은『보스턴 결혼』의 출판 전 원고를 읽고 짧은 소감문을 한 편씩 썼다.

학생들의 긍정적인 반응에 나는 놀랐다. 나는 이들에게 무성애가 낯설고 이상하게 보일 수 있으며 처음부터 모든 레즈비언 관계에 대해 동성애혐오적인 태도를 보일 것이라 예상했다. 이 책이 잘못된 정보를 제공하게 되지 않을까, 레즈비언들은 정신 질환이 있다는 저 낡디 낡은 고정관념이라든지 모든 레즈비언이 섹스를 하지 않는다든지 하는 관념들을 영구화할 수도 있다는 걱정이 들었다. 해서 나는 이 책에 관한 소감문을 쓰는 과제를 내기까지 여러 차례 주저했다.

그런데 절대다수는 이 책을 사랑했고, 크게 공감했다. 한 학생은 소감을 마무리 지으면서 "이 책을 읽고 새로운 문제를 배울 수 있어서 정말 고마운 마음이다. 여기 나온 이야기들은 감동적이었고 흡인력이 있다. 이 여성들의 삶에 관해 읽을 수 있어 영광이다"라고 썼다.

비판적인 목소리는 단 둘뿐이었다. 한 사람은 수업의 유일한 레즈비언이던 학생이었는데, 레즈비언이라는 이름표가 붙는 것을 싫어했다. 그는 "나는 평생 이름표 때문에 공포에 시달려왔다. 여섯 살에 안경을 쓰게 되자 '네눈이'라고 불릴까 봐 겁을 냈고 열세 살에는 스스로 '레즈비언'이라는 이름표를 붙이는 것이 두려웠다. 내가 여자들에게 끌린다는 것을 인정하면 모두 나를 싫어할 것 같았다. 오늘도 여전히 그 이름표는 어쩐지 멀리하고 싶다. 이 이름표는 나를 제한하고 낙인찍지만 지우기는 너무 힘들기 때문이다"라고 했다. 그 학생은 '보스턴 결혼'이라는 용어는 또 하나의 이름표로서, 범주화고 차별일 뿐이라고 보았다. 의견이 달랐던 다른 한 사람(여자)은 사례로 실린 개인적인 이야기들에 "실망했다"고 했다. 그 학생은 이론 부분을 읽고 나서 "서로 사랑하는 건강한 레즈비언 관계를 묘사한 사랑스러운 글들"을 기대하고 있었는데 그 대신 "이용하기, 조종하기, 부정하기, 뒤틀린 태도, 왜곡된 인식, 슬프고 병적인 이야기들의 늪"을 보게 됐다고 했다.

그런데 이들이 예외였다. 많은 학생이 미국 사회에서 레즈비언이나 게이가 무성애보다 잘 받아들여진다는 사실을 당혹감과 함께 언급했다. 많은 학생이 본인이 다른 여성과 맺고 있는 비성애적이고 로맨틱한 관계를 더 깊이 이해하고 그 가치를 인정하는 경험을 했다. 한 학생은 이렇게 썼다. "나는 보스턴 결혼이라는 개념에 많이 공감한다. 나는 여자들과의 우정이 굉장히 소중하고 즐겁다. 스스로 여자들에게 성적으로 끌린다는 것을 발견하지만, 내 안의 무언가가 육체적 친밀성과 거리를 두도록 나를 붙들고 있다." 그리고 또 한 사람은 "나는 거듭해서 여자들과 아주 친밀하고 매우 감각적인 관계를 발전시킨다. 많은 사람이 우리에게 '사귀냐'고 물었지만 나는 뭐라고 해야 할지 몰랐다. 하지만 이제는 단지 성행위만이 아니라 더 많은 방법을 통해서 헌신적인 관계를 정의할 수 있다는 것을 안다."

'블리스메이트'인 아이리스와 루스의 이야기는 학생들에게 특별한 울림을 주었다. 한 학생은 그 관계를 다음과 같이 설명했다.

> 극히 여성중심적인 내 삶과, 남성을 대상으로 한 나의 성적 끌림, 이 둘을 이해할 수 있도록 도와준 유용한 헌신의 모형. 나의 최우선적 관계들은 언제나 여자들과의 관계였다. 심지어 내가 특정 남자와 사귀며 그 남자에게 충실할 때도 그랬다. 내가 여자들에게 느끼는 것은 성적인 욕망이라기보다는 정신적인 욕망이라고 생각한다. 절친 둘과 함께 평생 가는 헌신 약속을 의논하고 있는데, 이것을 어떻게 구체화할지 방법을 찾는 중이다. 나는 『보스턴 결혼』을 인용해 이 친구들에게 보냈다.

그리고 마지막은 학생들이 제출한 글과 이어진 토론의 주제다.
그것은 이 책이 제안하는 선택지에 대한 단연하고 강한 지지
그리고 섹슈얼리티와 여러 종류의 관계를 재정의할 필요성의
인식이었다. 한 사람이 하는 말을 거의 교실 전체가 따라 하는
것처럼 비슷한 표현들이었다.

> 더 이상 우리에게 '해야 한다' 같은 것들은 필요치 않다.
> 내 관계에 관한 선택은 내가 하길 원한다. 여성 동지들을
> 향한 내 헌신을 어떤 방식으로 표명할지 내 스스로 정할
> 자유를 바란다. 성적 표현은 내게 아주 중요한 문제다.
> 『보스턴 결혼』에서 읽은 관계들을 모두 건강하거나
> 행복한 것으로 받아들일 수는 없었지만, 그럼에도
> 따를 만한 모범도 별로 없고 지지, 인정, 함께하는
> 사람들도 거의 없는 상황에서 자신이 바라는 대로 삶을
> 창조해가려는 시도로서 나는 이 여성들의 관계에 존경을
> 표한다.

또 다른 학생 하나도 대다수 의견을 반영, '재정의'를 요구했다.
이 학생은 우리(상담치료사, 레즈비언, 대학생, 나아가 모든
사람)가 섹슈얼리티가 무엇이고 친밀 관계란 무엇인지 끊임없이
정의를 내려보아야 한다고 주장했다. 또한 "부정적인 눈으로
섹스리스라는 것만 보지 말고, 이 여성들이 보스턴 결혼에서
찾아내는 사랑과 솔직함을 반갑게 즐기자"고 했다.

성 상담치료와 관련한 시사점들

우리 대학 학생들 사이에서 아직도 인기 있는 범퍼 스티커
하나는 "권위에 질문을 던져라"다. 학생들의 '보스턴 결혼'
소감문이 내게 다시 한 번 일깨워준 것은, 진실과 지혜는
상대적인 개념이며 절대적인 것이 아니라는 사실이다. 학생들은
선택의 자유야말로 사회를 조직하는 질서 중 최상위 원리이며,
사랑하고 헌신하는 관계는 가슴이나 성기의 상호 자극보다는 더
많은 것에 기반하고 있음을 내게 일깨워줬다.

나는 이제, 성 상담에서 쓰이는 관념들의 목록에 다음과
같은 항목들을 반드시 더하려고 한다.

✓ 일정 기간의 금욕이나 무기한 금욕까지도 개인과
   커플에게 적합할 수 있다.
✓ 상호 합의한 보스턴 결혼의 가치를 성 상담치료사가
   인정해주는 것이 적절할 수 있다.
✓ 만약 한쪽이 섹스를 하고 싶어하고 다른 쪽은 안
   하고 싶어한다면, 상담치료사는 후자가 고쳐야 할
   고질적인 병적 상태라거나, 상담치료가 성공할 길은
   그쪽이 바뀌는 것이라고 자동적으로 상정해서는 안
   된다.
✓ 성 상담치료의 목표는 언제나 커플을 조화시키는
   것이어야 하며, 경우에 따라서는 이것이 무성애를
   받아들인다는 뜻일 수 있다.
✓ 만약 한 커플이 상담치료에 들었다가, 규칙적으로

섹스하지 않는 상태로 상담치료를 마치게 됐다고
해도 이것이 반드시 치료 실패는 아니다.

✓ 성 상담치료는 성적 행위의 어떤 절대적인 표준을
상정해놓고 검토 없이 목표를 세워서는 안 된다.

현재 성 상담치료는 섹스하게 되는 것을 목표로 둔다. 『보스턴
결혼』은 이런 가정에 관한 내 생각에 미묘한 전환을 가져왔다.
관계의 지평을 탐사할 수 있는 길들은 폭넓게 존재하는데,
우리는 섹스가 포함되지 않을 수도 있는 길들을 자동적으로
병리학의 대상으로 만들어버리는 실수를 하고 있다.

사실 『보스턴 결혼』을 읽고 나서는 이런 생각이 들었다.
섹스를 하지 않는 여자들이나 커플들한테는 심지어 유리한
점이 있을 수 있겠다고 말이다. 달리 말해 비성애적인 것이 꼭
병적인 것은 아니라는 말이다. 또한 이것은 불쾌하고 탐탁지
못한 활동의 단순한 회피라기보다는 더 긍정적인 무언가의
표현일 수도 있다. 어떤 이들에게는 좀 더 고양된 상태를 의미할
수도 있는 것이다. 한 가지 예로 떠오르는 것은, 견줄 데 없이
강렬한 10대 초반의 로맨스다. 적어도 나에게 이것은 강력하고
순수하며 긍정적인, 섹스 없는 욕망과 사랑의 느낌으로 이뤄진
시간이었다. 수도자 생활의 전통에서는 금욕을 통해 다잡은
어떤 종류의 주의력이 가장 깊은 자아나 영적인 영역과 통할 수
있게 해준다고 본다. 종교학과 교수인 한 친구는 "사람이 살면서
육체적인 관계가 없을 때는 궁극을 쫓는 열정이 다른 방향으로
맞춰진다"라고 이야기한 적이 있다.

재닛과 수전의 사례나 이 책에 나온 여러 커플처럼 한쪽은 섹스하고 싶어하고 다른 쪽은 아닌 때에는 어떤 일이 일어나는가? 그럴 때 성 상담치료사의 임무는 두 사람 모두 자신을 명확하게 표현하고 드러낼 수 있게끔 돕는 데 최선을 다하는 것이다. 여자들은 자기 자신의 진심을 해치면서까지 묵종하고 희생하는 경향이 너무 크다. 여기서 핵심은 섹스하고 싶어하는 쪽이 '옳다'고 가정하지 않는 것이다. 동시에 이것을 배려받아야 할 주장이자 포기할 수밖에 없는 권리 같은 것으로 보는 시각에는 신중하게 맞서야 한다. 성 상담치료의 목표가 당사자인 두 사람이 조화를 이루는 것이라면(나는 그래야 한다고 믿는다) 이것은 두 사람 각자의 바람이 똑같이 존중돼야 한다는 뜻이다. 성적인 쪽이 그 관계에 의무를 다하면서 자기 욕구를 줄이거나 타협할 수 있고, 성적이지 않은 쪽도 자기 욕구와 타협 가능한 좋은 방법을 찾을 수 있다. 전통적인 성 상담치료는 언제나 최선이 아니라 가능한 차선을 고려한다.

섹스는 생리 작용일까? 『보스턴 결혼』을 읽고 난 내 대답은 '그렇다'……동시에 '아니다'이다. 나는 윌리엄 매스터스와 버지니아 존슨에게 배웠기에 섹스가 자연적·생물학적 기능이라고 믿는다. 이것은 자고 먹고 숨 쉬는 것과 무척 비슷하다. 또 나는 매스터스와 존슨에게 생리 작용은 의지에 따른 통제에 복속된다고도 배웠다. 예컨대 나는 숨을 참을 수 있다. 그리고 사람들이 잠을 자는 양상이나 먹는 습성은 엄청나게 다양하다. 그렇기에 매스터스와 존슨에 따르면 성 상담치료사의 역할은 어째서, 어떻게 섹스라는 생리 작용이

자의적으로 통제되고 있는가를 밝혀내고 상황을 바로잡는 것이라고 결론짓게 되는 것이다. 『보스턴 결혼』을 읽고 난 내 생각은 조금 다르다. 먹고 자는 양상이 엄청나게 다양한 것과 똑같이, 특히 성적 기호에는 엄청난 다양성이 존재한다. 사실상 여성에 대한 악질적이고 학대적인 섹스가 거의 문화적으로 규범처럼 주어져 있기에, 여성들이 어쩌다 상대와 섹스하기를 바라게까지 되는지 자체가 의아할 수도 있다. 그리고 그렇기에 섹스는 자연적·생물학적 기능이다. 그러나 어떤 여성들에게는 심리적으로, 감정적으로, 정신적으로 섹스가 자연스럽지 않은 일이라는 것이 아주 당연하다. 무성애가 '생리 작용'인 시대가 역사상 한 번만은 아닐 것이다. 『보스턴 결혼』은 우리에게 분명히, 그렇다고 일러주고 있다.

우리에겐
언어가 필요하다

백인 중산층 미국이라는 문화 규범의 수호자는 아주 세심하게
한정 지은 조건 아래서 관계가 합당함을 인정한다. 다른
시대, 다른 지역에서는 관계에 대한 기대 사항이 지금 우리가
요구하는 것들과 달랐다. 무엇이 '자연'스럽거나 '본능'적인지에
관한 가설도 시대에 따라 달라진다. 시대와 장소가 다른 경우,
예컨대 성적 상대보다 가족 구성원들이나 부족에 우선적으로

헌신하도록 기대될 수 있다. 또는 릴리언 페이더먼이 기술하듯, 여성 두 사람 사이의 친밀성이 둘 중 한쪽이 그의 남편과 맺은 친밀성보다 중대한 것으로 이해될 수도 있는 것이다. 이 책의 엮은이들이 요즘 유행하는 담론에는 없는 관계 양식을 이야기할 방법을 찾기 위해서 미국 역사 속에서 발견되는 모형들에게로 눈을 돌린 것은 우연이 아니다.

시공간에 따라 양식이 달라질 수는 있어도 관계 양식에 대한 정의와 승인이 일어나는 지점이 [개인의 마음속이 아니라] 외부에 있다는 사실은 계속 남아 있는 듯하다. 어떤 종류의 친밀성이나 헌신 약속을 승인할지 판단하는 문화적 통제는, 아마 특정 집단 소속 여부에 따라 사람의 생존이 예측되는 시대였을 때 더욱 필수적이었을 테다. 그래서 개인의 (씨족이나 종교 같은) 소속을 결정하는 방식이 다른 무엇보다 중요했다. 집단 구성원 자격 요건은 엄격했으나 동시에 세세하게 분별됐다. 가족 관계 안의 특정 인맥, 부족에 대한 특정한 종류의 의무, 종교 공동체를 향한 다른 종류의 헌신 등. 서구사회에서는 점차로 씨족 정체성이라는 표식의 중요성이 흐려져 이것에 초점이 맞춰지는 경우는 드물게 됐다. 그러나 개인의 외부에서 정의된 구별이라는 패러다임은 변하지 않았다. 그저 집단 구성원 자격에서 성적 반려 관계로 승인의 초점을 바꿨을 뿐이다. 문화적으로 반려자 간 헌신 서약에 대한 기대 사항들이 훨씬 줄어들었지만, 지금도 유지되고 있는 것들은 여전히 엄격하게 적용되며 지금까지의 역사에 견주어 훨씬 모호하고 은근해지기까지 했다.

물론 억압받는 집단 구성원들도 자신에게 자동적으로

소속 자격을 부여하지 않는 문화 안에서 살아남는 방편으로 집단 정체성을 유지하거나 만들어내야만 했다. 레즈비언, 유대인, 아시아계 미국인뿐만 아니라 여타 인종집단, 장애인, 보통 여자, 그밖에 모든 사람이 집단 정체성을 억압의 완충물이자 자긍심의 원천으로 본다. 그러나 각 집단 안의 대인 관계 수준에서 무엇이 '진짜' 관계를 구성하는가, 헌신에 합당하다고 여겨지는 영역은 어디서부터 어디까지인가에 관한 규칙 및 기대 사항의 조합은 여러 벌 존재한다. 나는 이 부분, 즉 대인 관계 수준에 초점을 맞춰 규칙 그 자체의 문제를 살펴보고자 한다.

어쩌면 우리는 관계를 어떻게 이해할 것인가에 관한 패러다임 변혁을 감당할 수 있는 시대를 맞고 있는지 모른다. 이는 관계를 집단으로 묶는 방식뿐 아니라, 집단으로 묶는 방식을 사용한다는 사실 자체에 변화를 가져올 것이다. 예를 들어 성적 친밀성보다 헌신을 바탕으로 관계들을 묶어내고 정의하고 구별하는 것은, 관계들을 평가하는 근거를 바꿀 뿐 평가한다는 사실 자체를 바꾸지는 않는다. 어떤 관계를 합당한 것으로서 승인할지 판단하는 방법을 바꾸는 일이, 합당성을 정의하는 위치가 외부에 있다는 관념을 전복시키지는 않는 것이다. 진정한 패러다임 변화는 관계 정의에 집단적/외적 방식보다는 개인적/내적 방식의 사용을 수반할 것이다. 물론 그런 변화를 일구어낸다면 잃을 것도 많다. 예를 들어 이성애의 특권은 쓸모가 없어진다. 만약 관계들을 집단으로 묶어내며 외적 기준에 근거한 승인에 따라 더/덜 가치 있는 것으로 계급화할 길이 없다면, 어떤 개인이나 커플도 그 관계 자체의 특징에 근거한 지위를 주장할 수 없다. 그러나 잠깐, 축하하기에 앞서 우리도 레즈비언 집단 정체성을 잃는다고 생각해보라. 적어도 이것은 지금 존재하는 것이 아닌가. 레즈비언 정체성이란, 어쨌든 섹스에 기초해 관계를 파악하는 현재 패러다임의 한 기능이다.

섹스에 대한, 우리의 성적인 관계나 행동에 이름을 붙이는 일에 대한, 또 그 관계들이 얼마나 합당한지 정하는 일에 대한 이 모든 집착은 '대체' 무엇인가? 영어는 확실히 섹슈얼리티를 가장 우선하는 근거로 삼아 관계를 기술하는 것으로 보인다. 영어에는 (주로 이성애를 암시하는) 'mate(짝)' 'spouse(배우자)' 'consort(동반자)' 같은 단어들이 있고 성애가 없는 관계를 나타내는 일군의 단어 'friend(친구)' 'comrade(동무)' 'chum(벗)' 등이 있다. 후자에 드는 단어들 가운데는 또한 업무 상황에서의 관계—'colleague(동료)'나 'partner(동업자)'—를 암시하는 것들이 있다. 그런데 일과 일 아닌 것이라는 구분법은 제쳐두고서라도, 성애가 없는 사이에 해당하는 낱말은 대개 친밀성이나 헌신 여부에 관한 정보를 거의 주지 않는다. 관계에 있어 중요한 사실은 성적 친밀성이 있느냐 없느냐인 것처럼 말이다. 우리는 성적 친밀성이라는 맥락 속에서 헌신을 언급한다. 그러나 성적 친밀함이 없으면, 헌신은 물론이고 어떤 종류의 친밀성도, 그것이 얼마큼 깊든 신경 쓰지 않는 것 같다. 좀 이상하지 않은가?

왜 그럴까? 가부장제가 섹스와 관련된 모든 문제를 뒤덮어 완전히 망쳐놓았다. 섹스는 여성을 통제하는 무기로 일관되게, 구조적으로 사용된다. 강간, 친족 성폭력, 괴롭힘, 이런 일들을 당할 수 있다는 위협. 우리 가운데 많은 이가 성을 매개로 상해를 입고, 그렇지 않은 이들조차 언제나 전쟁 지역에 사는 듯한 영향력 속에 있다. 세상에 자기 신체와 섹슈얼리티가 온전히 자기 것인 여자가 있을까? 이런 상황에서 우리가, 자신에게 욕망이란 어떤 의미가 있는지 알아보려 엄두나 낼 수 있을까? 과연 우리가, 얼마나 장난스러운지/열정적인지, 조용한지/격렬한지, 잦은지/드문지, 성적 밀접도를 알 수 있는 표현들을 형상화할 수나 있을까?

이 책 곳곳에서는 어떤 통렬한 시사점이 보인다. 자기 삶의 중심이 되는 관계인데도 축소되고 왜곡당해서, 이 관계를 설명할 방법을 암중모색하는 여자들의 이야기를 들을 수 있다. 이 관계는 진짜인가? 나는 정상인가? 앤지는 "만일 내가 어떤 사람과 반려 관계인데 둘이 섹스를 하지 않는다면, 나한테 성기능 장애가 있는 거라는 생각이 든다"고 말한다. 또한 관계에 대한 대안적 사고방식, 즉 섹스가 주요 정의항이 아닌 방식에 대한 이들의 상상에는 아련한 소망 같은 면이 있다. 에스더 로스블룸은 서론에서 어린 시절 제일 친한 친구들의 '무조건적 수용'을 그리워하며, 그런 친구들을 로라 막시는 "완전 딱 붙어 지내던" 친구들이라고 표현했다. 로라는 나중에 이런 종류의 헌신 약속을 어쩌면 실제로 이행시킬 방법을 하나 궁리한다. "'나이 도시로 이사하려고 해. 같이 이사하고 싶은 사람?' 하는 말을 꺼내보고 싶다." 실로 이것은 성적인 관계만이 집을 옮길 정도로 헌신할 수 있는 유일한 관계로 여겨지는 문화적 맥락 속에서는 급진적인 제안이다. 루스는 말한다. "상상해보세요. 사람들이 '우리 그냥 친구야'라고 말하는 것처럼 '우리 그냥 애인이야'라고 말하는 걸." 한번 상상해보자.

그리고 이것은 단지 시작일 뿐이다. 무엇이 괜찮다고 여겨지고 있는지에 대해서도 검증되지 않은 시각을 들이대면 대부분의 사람이 병리학의 대상이 되고 만다. 인간이란 그저 너무도 다양하므로. 그래서 미국 문화가 여성의 몸에 대한 폄하와 통제를 끊임없이 시도함에 따라 우리는 다음과 같은 현상을 보게 되는 것이다. 몸무게에 관한 강박적 고민, 섭식 장애를 지닌 여성의 수 증가, 단순히 먹고 싶은 것을 먹는 것조차 안 된다고 생각하는 여성의 압도적인 비율, 거의 모든 여성이 공유하는, 우리 몸이 잘못됐다는 감각. 섹스에 관한 우리 문화의 강박도 비슷한 결과를 보인다. 우리는 섹스를 너무 자주 하는가? 아니면 충분히 자주 하지 않고 있는가? 이런저런 활동을 어쨌거나 섹스로 '치는가'? 우리의 환상과 열정의 수준과 성적인 습관은 정상인가? 우리 관계는 괜찮은 것일까? 특정한 형식의 성적 표현을 하고 있다면, 또는 성적 표현이 없다면, 표현은 안 하지만 감정은 있다면. 이런 것들이 괜찮은 것일까?

'보스턴 결혼'이라는 용어는 또 하나의 관계 형식을 위한 언어를 제공한다는 면에서 혁명적이다. 루스는 이렇게 이야기했다. "이것을 가리키는 이름이 있으면 좋겠다고 생각하는 이유는 하나다. 그러면 사람들의 의식이 확장될 것이기 때문이다." 이름이 있으면 이 특정한 관계를 합당하다고 인정해주고, 그러면 '진짜' 관계가 된다. 그 관계를 가리키는

이름을 갖는다는 것은 무엇이 관계라는 범주에 포함될 수
있는지의 경계를 확장한다. 나아가 흔한 유형—성적인 사이니까
중요하다 또는 성적인 사이가 아니니까 '그냥 친구'다, 둘 중
하나라고 말하는—에 깔끔하게 맞아떨어지지 않기에 주어진
질서에 도전하는 관계를 정의하는 것은, 용감하고 특별한
행위다.

그러나 '보스턴 결혼'이라는 용어를 쓴다는 것은
궁극적으로 패배를 자초하는 길이기도 하다. 마니 홀이
이야기하듯, 관계의 중요성을 나타내는 지표로서 생식기 이용의
위상을 낮추다 보면 생식기 이용에 의거해 관계를 정의하는
낱말이 하나 더 생겼다는 것을 발견하게 된다. 위계질서와 성을
기준으로 한 개념 정의에 집착하는 사회에서, 우리의 현실을
설명할 방법을 우리가 만들어낼 수도 있다. 그러나 이것은
불가피하게도 가부장제적 관계 중요도 목록상에서 다시 순위가
매겨지고 만다. '보스턴 결혼'이 '애인'과 '일생의 동반자' 사이,
'친구'와 '동거인' 사이 어디쯤에 있는 모습이 상상된다. 우리는
덫에 걸렸다. 우리에게 언어가 없다면, 우리는 억압 속에서 길을
잃는다. 우리가 어떤 경험을 하는지 서로 말할 길조차 없는 채로
말이다. 그러나 우리가 새로운 언어를 만들어낸다면, 우리가
그 뜻을 살아내며 형성한 맥락이 아니고서는 사용될 수가 없다.
마니 홀이 지적하듯 "어떤 시대든 그 시대의 담론들로부터
독립적인 레즈비언 섹스를 정의하기란 불가능"하다. 여기에
덧붙일 말은, '어떤' 관계든 그 시대의 담론으로부터 독립적으로
정의하기란 불가능하다는 것이다.

나아가 이 책 속 커플들의 이야기가 생생히 보여주고
있듯 보스턴 결혼의 구성에는 변이의 폭이 아주 넓다. 이
관계들은 정서적 친밀성, 그밖에 다른 종류의 친밀성, 헌신, 기대
사항이라는 측면에서 엄청나게 넓은 범위에 걸쳐 있다. 어떤
것들은 나에게 만족스럽고 완전하다는 인상을 주었지만, 또 어떤
것들은 정도에 차이는 있어도 고통스러워 보였다. 아마 관계
안 상호성의 수준이 해당 관계의 건강성을 가장 잘 보여주는
지표일 것이다. 예를 들어 레슬리 레이머의 공동 목표나
애정에 관한 이야기라든가 루스와 아이리스의 '블리스' 묘사는,
상대방의 기대(섹스가 헌신의 중심 요소라고 보는)와 본인의
기대가 너무나도 달라 고통스럽고 혼란스러워한 팻의 이야기와
날카로운 대조를 이룬다. 이렇게 넓은 범위의 경험을 '보스턴
결혼'이라는 겨우 한 개의 용어에 담는다면 각 관계마다 다른
풍부하고 현실적인 특질을 잃는 위험을 감수해야 한다.

　　이와 같이 지적할 점들이 있음에도 관계를 이야기하는
방법이 하나 더 늘어난 것은 반가운 일이다. 내게 '보스턴
결혼'이라는 용어는 급진적 변화를 향한 여러 중간 단계 가운데
하나로 보인다. 궁극적으로 우리에게 필요한 언어는, 어떤
관계에도 전제를 붙이기를 거부하는 언어이거나 관계가 지닌
풍요로운 특질을 남김없이 기술할 수 있는 언어로서, 친밀성의
다른 측면보다 섹스에 치중하지 않는 언어일 테다. 하지만
우리가 관계를 설명할 때 지금 존재하는 우리 언어의 한계에
도전하지 않고서는 그 마지막 단계까지 갈 수 없다. 그리고
이것은 우리의 관계에서 '실제로' 어떤 일이 일어나는지 말할

방법을 찾아낸다는 뜻이다. 1970년대 페미니즘 의식 고양
모임에서 그랬듯이, 우리 서로가 자신의 삶을 진실하게 이야기할
수 있을 때 우리는 생각했던 것만큼 그렇게 홀로인 것도, 서로
다른 것도 아니라는 사실을 발견한다. 더 깊이 들어가면 우리가
'진실'이거나 '진짜'이거나 '정상'이라고 생각한 많은 것이 단순히
가부장제의 병적 상상의 산물이었다는 것을 발견한다.

　　　이 책의 핵심은 언어에 관한 것이다. 독자들이 관계를
새로운 방식으로 생각하고 말하는 것을 돕는 데까지는 성공했다.
이 전제를 더 밀고 나간다면, 우리는 어떻게 섹스와 소유에
치중한 맥락에서 벗어나 관계를 달리 기술할 수 있을 것인가?
관계란 어떤 수준의 친밀성을 암시한다. 아는 사이임을 확인하며
타인을 단순히 알아보는 것부터 상대와 가장 깊은 수준의 상호
이해를 나누는 것까지. 우리에게는 친밀성의 깊이를 기술할
방법이 필요하다. 우리에게 가장 강력하게 영향을 끼치고,
우리의 외로움을 쫓아주며, 우리가 누구인가를 거울처럼
비춰주는 그런 타인들과 연결된 각 측면을 아주 정확하게
기술하는 일이 불가능하다는 사실은 충격적이다. 또 친밀성의
종류라는 문제도 있다. 육체적 친밀성이 그중 하나로서 애정과
섹슈얼리티를 포함하며, 육체적 친숙함이라는 것은 동거인 또는
육체적으로 돌봄을 받아야 하는 사람(예컨대 어린아이)에게
느끼는 것이다. 정서적 친밀성은 또 다른 것이다. 이것은
공유하는 과거, 취약점, 감정에서 오는 친밀성이다. 지적 또는
인지적인 친연성은 예컨대 업무와 관련해서는 상대의 마음이
어떻게 돌아가는지 잘 알지만 직장 밖의 삶은 거의 모르는

직무상 관계자들과 나눌 수 있는 것이다. 영적 친밀성은 이 모든 것을 초월하는 유대를 기술하는 방법일 수 있다.

헌신은 관계에서 또 다른 중요한 요소다. 우리 시대는 특정한 성적 반려 간 헌신서약만을 인정한다. 이 책이 선사하는 한 가지 선물은, 성적 관계 바깥의 헌신에 대한 암묵적 승인이다. 그렇다면 보호자(주간 탁아소 노동자, 장애인 생활 돌봄 노동자, 상담치료사, 교사)가 자기 책임의 대상과 맺은 관계에서의 헌신, 즉 상대편 복지의 어떤 측면을 기꺼이 책임지겠다고 하는 의지는 어떤가? 이것은 특정한 방식으로 의존할 수 있는 사람이 되어주겠다는 헌신 약속이고, 한쪽이 다른 쪽에게 무엇을 요구할 수 있는지를 다룬 동의서다. 그리고 여기에는 다양한 변이형이 존재한다. 현실적으로, 당신이 자동차 정비사를 찾아가야 할 때 누구한테 태워달라고 부탁할 것 같은지 생각해보라. 당신이 아플 때, 누가 당신의 운신과 장보기를 도와주겠는가? 정서적인 측면에서는, 기분이 가장 상했을 때 누구에게 지지를 구하고 공감하며 들어달라 할 수 있는가? 우리가 우정 관계에서 경험하는 헌신은 어떠한가? 오해와 실망에도 불구하고 친밀 관계를 지키기 위해서는 양측에서 의식적으로 걸러내고 정리하는 어려운 과정이 요구된다. 많은 관계에는 서로 얼마나 시간과 노력을 바칠지 암묵적 헌신 약속이 만들어져 있다. 중요한 결정을 내릴 때 상대를 고려 범위에 넣는 헌신도 있다. 이것은 관계로 우리의 삶을 형성하는 하나의 방법이다. 어떤 종류의 헌신이 '허용되는지' 습관적으로 따르던 가정에서 벗어나, 특정 관계에서 실제로 경험하거나 바라는 헌신의 수준을 고찰해볼 수 있다면 아마 서로 상처 주는 일도 줄어들 것이다. 더 나아가 그런 대안적 헌신, 또 다른 친밀 관계를 기념하고 축하하는 방법도 찾을 수 있지 않을까.

처음에는 이런 가능성들이 매우 부담스럽게 보일 수 있다. 그러나 여기에는 우리를 자유롭게 해주는 뭔가가 존재한다. 대안이 곱절로 늘어나면서 펼쳐지는 풍요로움과 함께 일종의 흥분이 찾아온다. 마니 홀은 우리가 관계에 순위를 매기고 정의를 내리는 정식화된 방법에서 멀어짐에 따라 모습을 드러내는 친밀성의 다양한 양상을 그려 보인다. 이런 이야기들을 어느 동료에게 하는데 그가 하는 말이, 관계를 기술하는 데 바쳐진 사회학 문헌이 참 많단다. 그렇게나 많은 정보와 설명이 주류 담론으로 들어가는 길을 찾지 못하고 있다니 어떻게 된 일일까? 현실을 설명하는 데 쓸 수 있는 언어, 특히 인간관계처럼 기초적인 측면의 현실을 설명하는 데 쓰이는 언어는 사회적 통제의 수단으로 작용한다. 만약 우리가 어떤 것을 말할 수 없다면 그것을 생각하기가 어렵고, 행하기는 더욱 어렵다. 모든 정치 분석의 기초가 되는 질문 '누구에게 이득이 되는가?'는 여기서도 잘 통한다. 현재 상태에서 가장 합당한 것으로 여겨지는 관계 즉 이성애 결혼이 가장 득을 보는 것이다. 수많은 연구로 밝혀진바, 그 관계 내에서 일반적으로 득을 보는 사람은 남성이다. 좀 더 따져보자. 우리가 성적 맥락 밖에서는 헌신 약속을 맺지 않아서 득을 보는 것은 누구인가? 우리가 성애 없는 친밀성의 가치를 인정하지 못하고 있어서 득을 보는 것은 누구인가? 우리의 언어가 친밀성을 잘 설명하지 못해서 득을 보는 것은 누구인가? 만약 우리가 경험하는 현실을 바탕으로 관계를 정의한다면, 우리는 어떤 종류의 친밀성을 설명하려 하고, 어느 것에 가치를 둘까? 어떤 종류의 헌신 약속을 하고, 어느 것을 존중할까?

당신의 인간관계에서 정말로 무엇을 경험했는지 잠시 떠올려보라. 어떤 관계에서 헌신을 경험하는가? 가장 헌신적인 관계가 성적 상대와의 관계가 아닐 수도 있다. 성적인 느낌들이 정말로 성적 상대에게만 국한되어 일어나는가? 관계에서 어떤 종류의, 어떤 수준의 친밀성을 경험하고 있는가? 가장 친밀한 관계가 당신과 침대를 나눠 쓰는 사람과의 관계일 수도 있고 그렇지 않을 수도 있다. 관능적 요소가 존재하는 우정이 있는가? 헌신의 느낌이 분명한 우정은? 간혹 성적인 사이가 되기도 하는 옛 애인은? 육체적으로는 친밀하지만 정서적으로는 친밀하지 않은 관계는? 육체적으로 친밀하면서도 성적으로는 친밀하지 않은 관계는? 각 관계의 이름보다는 실상이 말하게끔 하라.

아직은 없지만 당신이 쓰고 싶은 언어는 무엇인가? 나는 내가 가족 구성원 일부와 느끼는 친연성, 우정이라는 요소와 혈연을 넘어선 수준의 헌신이 포함된 친함을 기술할 방법이 있으면 좋겠다. 다른 사람을 돌보는 부드러운 친밀성을 말할 방법이 있으면 좋겠고, 육체적 돌봄의 친함과 정서적 돌봄의 친함을 구별할 방법이 있으면 좋겠다. 어떤 친구들과만, 어떤 동거인들과의 관계에서만 발전되는 몸의 편안함, 익숙함에 관해 어떻게 말해볼 수 있으면 좋겠다. 내가 친구들과 종종 느끼는 가벼운 성적 기운을 가리킬 말이 있었으면 좋겠다. 이것은 안전감이나 정서적 친연성과 서로 관련된 느낌으로서, 꼭 성적 관계로 발전하기를 바란다는 뜻은 아니다. 나는 우정 관계에서 나누는 헌신을 설명하는 언어와 내가 가장 가까운 사람들한테 기댈 수 있는 다양한 방식을 나타낼 언어가 있으면 좋겠다. 나는 정서적 친밀성의 수준에 관해 그리고 인간관계 속에서 알아가고 알려지는 것에 관해 말을 할 수 있게 되기를 바란다.

이러저러한 양식의 관계에 당신이 바라는 것은 무엇인가? 아마 살아오면서 이미 몇 가지 양식은 확인할 수 있었을 것이다. 벌써 한두 가지쯤은 널리 받아들여지는 정의에 상당히 맞지 않을 수도 있다. 당신이 하고 싶은 대로 말할 수 있는 언어를 가졌다면, 당신의 인간관계들에 대해 어떤 말을 하고 싶은가? 아예 정의에 맞춰서 생각하지 않았다면 어떤 관계 양식을 발전시킬 수 있었을까 상상해보라. 당신의 언어가 당신의 경험에서 만들어진 것이었다면, 당신의 관계에 대해 무슨 말을 했을까 상상해보라. 그런 다음 어떤 관계를 골라 그 사람과 사회적으로 승인되지 않는 헌신 약속을 해보라. 당신이 경험한 친밀함의 진짜 속살을 다른 사람에게 이야기해보라. 관계 혁명을 향해 한 발 내딛어보라.

19장

그래서 대체
보스턴 결혼이란
무엇인가

올리바 M. 에스핀

이 주제에 관한 내 생각을 쓰려 자리에 앉기 전에 이 책의 원고를
몇 번이나 읽었다. 이론적인 글들, 개인적 서사들과 원고에 관한
소감문들까지 읽고 또 읽어보니, 원고에서 제기된 서로 다른
여러 지점에 주목한 일련의 반응이 풀려나왔다. 이어지는 내용은
이 책에 담긴 개인적 서사들과 보스턴 결혼 개념 자체에 관한
다양하고 때로 서로 모순되는 나의 생각들을 얼마간 납득할 수

있는 것으로 만들어보려는 시도다.

무엇보다도 레즈비언의 로맨틱하면서 성애 없는 관계라는 주제가 긍정적인 방식으로 빛을 보게 돼 기쁘다. 레즈비언 경험은 레즈비언 인구만큼 많으며, 이 책은 '잠자리 사망'같이 부정적인 표현들로밖에는 거의 논의되지 않는 경험들을 다룬다. 섹스 결핍이 둘 사이가 뭔가 잘못됐음을 증명하는 것이라면 왜 자신들이 서로 그렇게 행복한지 의아할 커플들한테는 이 책에 들어 있는 발상이나 이야기가 마음에 안도와 평화를 줄 것이라고 생각한다.

레즈비언들이 '그냥 우정'과 다른 것으로서 '레즈비언 관계'를 정의하는 '표지'를 만들 필요성과 맞닥뜨리는 것은 사실이다. 또한 사회가 남성중심적으로 정의된 섹슈얼리티 개념으로 심하게 물들어 있는 것도, 레즈비언 관계에서 성기 결합/성적 접촉의 중요성이나 의의가 과장되었을 가능성도 사실이다. 한편으로는 인간이 적극적인 성생활 없이도 행복하게 사는 일이 완벽히 가능하다고 믿는다. 다른 한편으로는, 두 여성이 어떤 남성의 이득을 위해서가 아니라 서로를 위해서 적극적인 성기 결합/성적 접촉을 한다는 사실 자체가 오직 적극적인 레즈비언 섹슈얼리티만이 만들 수 있는 강력한 선언이라는 점을 놓치고 싶지 않다. 이 여성들이 성적 활동으로부터 어떤 쾌락을 끌어내는지는 제쳐두더라도, 이들이 서로 쾌락을 선사한다는 것 자체가 강력한 정치적 성명인 것이다. 레즈비언 섹스는, 어떤 것을 성적인 것이라 해야 하는가에 대해 가부장제의 관념으로 만들어진 여성의 몸, 여성의 성적 감각에 대한 규정에도 불구하고 그에 대항하는 여성의 몸과 성적 감각의 가치에 대한 성명서다. 레즈비언들이 정력적인 목소리로 남자는 필요 없다며 "여자에게 남자가 필요하다는 소리는 물고기한테 자전거가 필요하다는 소리나 같다"고 말하는 지점이, 바로 남자 없이 성적으로 존재하는 부분에 있는 것이다. 레즈비언 섹슈얼리티는 여성의 섹슈얼리티가 그 자체로, 가부장제적 의미 규정 없이도 가치 있음을 주장하는 성명이다.

이렇게 말은 했지만, 나는 '그냥 친구'보다 훨씬 더 강렬하고 뜻깊은 여성들끼리의 성애 없는 관계의 가능성을 경험했고 또 믿고 있음을 얼른 덧붙이고 싶다. 우정에 별 가치가 없다거나 필요 없다고 말하는 것은 아니다. 나는 그저 당사자들이나 주변 사람들까지 '친구 사이 이상'이라고 인정하는 평생에 걸친 깊은 헌신 관계나 장기간 반려 관계를 우정(그것이 생존에 얼마나 필요한 것이든)과 구별 지으려는 것뿐이다.

이 책에 담긴 개인적 서사들을 읽고 나는 이 이야기들에 근본적으로 서로 다른 두 가지 관계의 전형이 반영돼 있다고 생각했다. 먼저 화자들이 자신들의 관계를 자발적인 반려 관계로 묘사하고 있으며, 성교(이하 '성교'는 모두 성기를 이용한 섹스를 뜻함)는 핵심적 구성 요소가 아닌 것으로 보이고, 이런 합의에 당사자들이 꽤 만족하고 있다고 설명하는 이야기들이 있다. 반면 한쪽이 매우 고통스러워하고 있고, 거부당하고 버려졌다고 느끼고 있음이 분명한, 다시 말해 성애가 없는 반려 관계에 자발적으로 참여한 것이 아닌 사람이 등장하는 다른 종류의 이야기들이 있다. 후자의 경험을 보스턴 결혼이라 불러야 할지

망설임이 든다.

　　이 책에서 이야기를 털어놓은 사람들이 직접 내린
정의들을 넘어서서 보스턴 결혼을 무엇이라 정의 내리기는
어려울 수 있겠다. 그러나 개인적으로는, 본인을 이성애자로
규정한 여성이나, 딴 사람과 사귀기로 한 상대에게 거부당한
레즈비언이 보스턴 결혼으로 여겨질 만한 관계에 있다고 하기는
조금 어렵다고 본다. 내가 이해하는 바에 따르면 역사적으로
보스턴 결혼이란 단순한 짝사랑의 예가 아니라 반려 관계의
형식을 가리키는 것이다. 상대와 공감을 이루지 못한 혼자만의
감정과 비교해 성애가 없는 자발적 반려 관계가 구별되는 그
지점이 내가 믿는 19세기 보스턴 결혼의 의미와 맞는 것으로
보인다. 하지만 19세기 보스턴 결혼 관계에 있던 여성들
사이에서 '정말로 있었던' 일이 무엇인지 우리는 알 수 없다는
점을 명심해야 한다.

　　20세기가 끝날 날이 얼마 남지 않은 지금, 레즈비언
커플들에게 섹스를 하지 않는 것이 괜찮을 수 있고 완벽히
건강한 일일 수 있다고 믿으나, 이것이 문제 있는 관계의
징후라든가 전혀 아무런 관계도 아니라는 징후일 가능성도 있다.

　　많은 여성이 어릴 때 성적으로 받은 상처가 너무 심해서
성교에 참여하는 것이 불가능하거나 그럴 의지가 생기지
않는 것과 별개로 깊은 사랑을 하는 것이 가능함을 알고 있다.
레즈비언 커플인 두 사람이 모두 과거의 무게와 관계의 여타
측면에 중점을 둘 필요성을 이해하고 있다면 이 대안은 이들에게
건강하고 유효한 것이라고 믿는다. 한편 한쪽이 거부당했다고

느끼고 있고, 거기다 거부하고 있는 쪽이 딴 사람과 성적인
관계를 맺고 있을 수 있는 상황이라면, 어떻게 이것을 문제
있는 관계가 아니라 그 정반대인 보스턴 결혼으로 볼 수 있을지
나로서는 납득하기 힘들다. 이런 사람들이 보스턴 결혼을 했다고
가정한다는 것은 견강부회가 아닌가?

　　　문제를 더욱 복잡하게 만드는 것은, 동성애혐오가 만연한
문화 속에서 성애를 거부하는 여성들이 그저 동성애혐오의
부정적 충격에 대한 반응으로 그러는지, 아니면 자신의 욕구와
욕망에 대한 반응으로 그러는지가 불분명하다는 사실이다.
대다수 여성에게 자신의 성적 욕구나 욕망을 제대로 감지하는
것은 극히 어려운 일일뿐더러, 그 욕구나 욕망이 무엇이든 본인이
여성을 사랑한다는 사실을 받아들이지도 못하는 여자들은
더욱 자신의 욕구·욕망을 감지하지 못하는 경우가 많다. 그런
서사에서 묘사된 일부 여성은, 자기가 여자와 섹스를 하지
않으므로 레즈비언이 아니라고 믿는 편이 그에게 덜 위협적일
수도 있겠다. 그렇지만 그런 사람들이 보스턴 결혼을 했다고 볼
수 있는가? 그런 이야기를 털어놓은 여성 중 일부는 거절당한
고통, 반려로서 인정받지 못하는 고통을 토로하고 있다. 19세기의
원조 보스턴 결혼 구성원들은 섹스로 표현조차 되지 않는 상대를
향한 서로의 사랑을 기꺼이 인정하지 않았는가?

　　　가부장제의 맥락에서는 '진정한' 여성 섹슈얼리티
(동성애든 아니든)라는 것이 제대로 파악하기 어려운 개념이기
때문에, 둘 사이에서 섹스가 얼마나 벌어지는가와 상관없이 두
여자 간 관계의 건강함을 확인하는 것 자체가 복잡한 일이다.

하지만 정확히 그런 이유에서 여자들은 자기가 성적으로 적극적이지 않을 때 도덕적으로 더 우월한 입장에 있다고 믿기가 아주 쉽다. 여성의 무성애를 전제로 한 여성의 도덕적 우월성에 관한 신화는 19세기에 아주 널리 퍼져 있었는데, 아이러니하게도 가부장제 신화로부터 여성의 성애를 구원해보려는 여성들 사이에 이 신화가 아직도 살아 있다. 성교 없음을 건강치 못한 것으로 보는 관점이 관계의 건강성에 대한 의구심과 병행될 때, 이 섹스 결핍이 개인적·관계적 갈등의 지표일 가능성을 너무 쉽게 지나쳐버려 위험할 수 있다. 이 책의 앞부분에서 일부 저자가 이야기하고 있는 것처럼, 반려 관계에서 성교가 없는 것이 건강하지 못하다고 보는 경우가 너무 많은지도 모른다. 레즈비언 관계를 정의하는 요소로서 지나치게 성교에 초점을 맞췄을 수도 있다. 그럼에도 헌신 관계의 두 여성이 섹스하지 않기로 선택한 까닭에 질문을 해보는 것이 여전히 어떤 경우에는 적절할 것이라고 믿는다. 여자들이 건강한 이유에서도, 건강치 않은 이유에서도 성 접촉을 하거나 하지 않기를 선택하기 때문에, 섹스하거나 하지 않겠다는 결정을 타당한 것으로 것으로 수용할지 거부할지 사이에서 건강한 균형을 맞춰야 할 필요가 있다고 믿는다.

무엇보다도 19세기 원조 보스턴 결혼 관계였던 여성들이 정말로 무성애적이었는지 어떻게 알겠는가? 거꾸로 19세기에 서로 성적으로 끌렸거나 사귀었던 여성들이 전혀 없었다고 믿기도 힘들다. 나는 빅토리아 시대의 도덕이 당대나 그 이전 시대부터 변함없이 존속해오지는 않았을 거라고 본다. 그러므로 그 여성들이 스스로 무어라 칭하고 자기네 관계를 무어라 불렀는지와 상관없이 서로를 깊이 사랑한 여성들 중에는 그 사랑을 성적으로 표현한 이들이 존재했고, 그러지 않았던 이들도 있었음을 확신한다.

나는 이 책에 서사를 제공한 여성들의 상대방이 자신을 그 화자와 반려 관계에 있다고 여겼는지 (상황 기술에 쓴 용어가 무엇인지와 상관없이) 궁금하다. 만약 이 여성들 가운데서 한쪽은 자기가 반려 관계에 있다고 생각하는데 다른 쪽은 부정한다면, 이들은 반려 관계인 것일까? 부정하는 쪽은 본인의 동성애혐오나 다른 개인적 문제들의 희생양일까? 이들은 자신의 관계의 진정한 본질을 인정하기를 거부하는 것일까? 아니면 자기가 반려 관계에 있다고 믿고서 그저 상상 속에 살고 있는가? 자신이 깊이 사랑하는 여성이 자기를 반려로 인정하지 않고 거부한다고 느낀 일부 화자가 경험한, 침묵할 수밖에 없는 고통을 우리가 어떻게 알 수 있는가? 자신들의 사이를 진지한 관계로 보지 않으려 하거나 그렇게 볼 줄 모르는 여성들의 현실과 경험을 우리는 어떻게 받아들일 것인가?

용어와 정의에 관한 고민을 더 밀고 나가기 위해서 금욕이라는 개념에 초점을 맞춰보겠다. 일단 금욕 생활을 고독과 등가 취급하는 관념이 떠오른다. 나는 이런 발상이 맞지 않는 곳들에서 살아온 시간이 대부분이라, 이 등가 취급에는 문화적 가치들과 연루된 무언가 있지 않은가 추측하고 있다. 고독과 '혼자일 수 있는 힘'을 덕목으로서 인식하는 것이 나에게는 늘 문화중심주의적인 느낌이었다. 핵가족과 커플이 가장 중요한 인연이자 관계로 비치는 문화적 맥락 속에서는 금욕을 고독과 같은 것으로 칠 수 있다. 그러나 세계 대부분 지역에서 금욕하는 개인들은 혼자가 아니다. 그 개인들은 확대 가족, 공동체, 친구들에게 둘러싸여 산다. 이들은 금욕하는 사람에게 성적인 관계를 맺어야 한다는 압력으로부터 안정을 제공하는, 따스한 보호망을 구성한다. 이와 같은 문화적 맥락에서는, 이성애 결혼의 맥락 속에서인 경우를 제외하고 성인기 전체에 걸쳐 성적인 관계가 없는 것은 비정상이라기보다는 덕성의 증명으로 받아들여질 수 있다.

친척과 친구로 이루어진 이 관계망 덕분에, 성적인 상대를 구해야만 한다는 요구나 어떤 동반자 관계를 얻고자 하면 성적인 반려 관계를 맺어야만 한다는 필요성은 덜 제기된다. 이런 맥락 안에서 이성애 결혼은 동반자 관계보다는 출산 및 양육과 더 관련이 있다. 하지만 이 따스하고 보호적인 관계망은 간섭이 상당한 편이며, 사회로부터 공식적으로 인가받지 않은 어떤 종류의 성적 관계에든 끼어든다. 이런 맥락에서는 평생에 걸친 성애 없는 관계들에 몸담는 것이 여성들에게 더 쉬울 뿐 아니라 더욱 필수적이다. 빅토리아 시대의 유명한 보스턴 결혼 여성들처럼, 이 여성들과 이들의 지인들은 두 사람의 깊은 결연을 성적인 것으로 이해하지 않는다. 이 여성들의 반려 관계는 실제로 그 여성들이 '정숙한' 여성이며 결혼이 아니고서는 섹스를 하지 않는다는(이것은 물론 이성애 섹스를 뜻한다고 이해된다) 증거로 보인다.

심지어 현대 라틴아메리카에서는 예컨대

레즈비언으로서 살고 있고 실제로 성적인 사이인 여성들이 있지만, 이 여성들의 반려 관계 중 일부는 가족과 친구들에게 단지 우정, 즉 '친한 친구'로 아무런 의심 없이 받아들여지고 존중된다. 한편 이들의 성 접촉이 알려지는 경우 이 친구·친척 관계망에 의한 편견과 탄압의 대상이 된다. 그 스펙트럼의 다른 쪽 끝에 있는 여성들은 평생 '친밀성'을 나누면서도 성적인 사이가 되지 않고, 스스로 보스턴 결혼을 했다고 본다.

원고를 읽고 이 논평을 쓰면서 내가 자랄 때 봐온 이런 반려 관계의 셀 수 없이 많은 예가 기억났다. 25년쯤 전 내가 교편을 잡고 있던 라틴아메리카의 학교에 수녀가 한 명 있었는데, 여성 친구 하나가 매일 그 수녀를 찾아왔다. 수녀와 친구는 수녀원 응접실에서 날마다 몇 시간씩 이야기를 나눴다. 응접실의 모든 문이 활짝 열려 있었으며 친구는 수녀원 내부로 들어와서는 안 됐고 수녀들은 동행 없이 수녀원을 떠날 수 없었으므로, 이 두 여성이 성적인 사이였던 적이 전혀 없었음은 상당히 확실하다. 그러나 분명 여러 해 동안 이 두 여성이 서로에게 최우선적 관계였다는 것은 사실이다. 두 사람은 끝없이 함께 시간을 보냈고 다른 사람들에게 말을 할 때도 끊임없이 서로를 언급했다. 당시 나에게조차 (그리고 이 관계를 꽤 질투하던 다른 일부 수녀들에게도) 이것은 단순한 '우정'이 아님이 아주 분명해 보였다. 결국 그 수녀는 다른 나라로 떠나게 됐다. 소문에는 그를 보내기로 한 수녀원장의 결정에 그들의 관계가 많이 작용했다고 한다. 그 뒤 나는 수녀들과 평신도 여성들 사이에서 이런 종류의 보스턴 결혼을 관찰할 기회가 몇 번 있었다.

　　내가 본 다른 예는 라틴아메리카 가족에서 너무도
흔한 독신 이모다. 이들의 '친밀한' 여자 친구는 언제나
가족 모임에 초대됐다. 이 여성들은 보통 종교 조직에서
활동했고, 그 둘이 전혀 성적인 사이가 아니라는 것은 보증할
수 있다. 만약에 성적인 사이가 되는 상황이 발생했다면 그
여성들은 자신을 용서하지 않았을 것이고, 유혹의 대상─또는
[천주교에서 말하는] '죄의 계기'─로서 서로 피했을 것이다.
그런데 그 여성들은 날마다 만났고, 둘만의 대화를 다른 이가
엿들을 수 없게 충분히 떨어져 있기는 했어도 친척들 앞에서
한없이 이야기를 나누며 시간을 보냈다. 이 여성들은 실제로
금욕했지만, 혼자인 적은 드물었다.

　　요지는 세상 어디에나 스스로 레즈비언이라 여기며
활발한 성생활을 즐기는 여자들이 있기는 하지만 보스턴 결혼을
다른 곳보다 더 받아들이고 북돋워주는 문화나 사회도 있다는
것이다. 또한 성교를 하든 안 하든 서로 사랑하는 반려 관계의
경험이 여성들에게 긍정적인 경험일 수 있다. 그러나 너무나
많은 개인적·관계적 모순과 고통을, 보스턴 결혼이라는 관계로
이상화하면서 겉모습만 번지르르하게 얼버무려버릴 수도 있다.

　　이 글에 관해 다양한 반응이 나올 수 있음을 알고 있다.
내 질문들에 대한 정답 역시 없다는 것도 깨닫는다. 이 책의
의도가 정답을 제시하는 것은 아니라고 생각하기에 나만의
답을 만들어야 한다는 의무감도 느끼지 않는다. 논의에 참여한
다른 저자들과 자신의 경험을 이야기해준 분들은 생각하고

질문할 거리를 남겨주었다. 이 나라 레즈비언 공동체에서 좀처럼 긍정적인 표현으로 등장하지 않는 주제에 관한 대화에 참여할 기회를 얻었음을 기쁘게 생각한다.

주

서론 _____

1 Frye, 1990: 305.

2 McCormick, 1994: 2.

3 Rothblum & Brehony, 1991: 215-316.

4 Morgan, 1992.

5 Morgan & Eliason, 1992.

6 Barrington, 1991: 168.

1장 _____

1 Rubin, 1985: 113.

2 Crumpacker & Vander Haegen, 1993.

3 같은 글, 2.

4 Frye, 1990: 310-311.

5 Hall, 1991a.

6 Hall, 1991b.

7 Elgin, 1985.

2장 _____

1 Qualls-Corbett, 1988: 30.

2 같은 책, 40-41.

3 같은 책, 45-46.

3장 _____

1 H. Howe, 1965: 83.

2 Mantthiessen & Murdock, 1947: 47.

3 나의 책 『남자들의 사랑을 넘어서서Surpassing the Love of Men』 pt. IIA 및 4, 5장과 『이상한 소녀들, 저물녘의 연인들Odd Girls and Twilight Lovers』 1장에서 19세기 보스턴 결혼에 대해 상당히 길게 논의했다.

4 『남자들의 사랑을 넘어서서』 참조.

5 Gay, J., Oldenburg, V.T., Sankar, A.가 묘사한 여성 간 관계와 로맨틱한 우정들을 비교해보라.(각기 남아프리카의 레소토, 인도의 러크나우, 중국의 광둥 지역을 다룬다.—옮긴이)

6 『남자들의 사랑을 넘어서서』 208쪽과 『이상한 소녀들, 저물녘의 연인들』 31-36쪽 참조.

7 Kanter & Zelnik, 1972: 9-19.

8 Levaillant, 1958: 137, 182, 183-84.

9 『남자들의 사랑을 넘어서서』, pt. IIIA와 1장 참조.

10 다음 링크에서 주잇의 편지 전문을 볼 수 있다.—옮긴이 http://www.archive.org/details/sarahorneletter00jewerich

11 Fields, 1911: 16-18. 강조는 주잇.

12 H. Howe, 1965: 283.

13 같은 책, 84.

14 Faderman, 1981: 147-156.

15 Newton, 1984: 7-25.

16 Blumstein & Schwartz, 1983: 196.

17 Johnson, 1990: 152, 159.

18 레즈비언 융합과 '잠자리 사망'에 관해서는 Loulan, J., Krestan, J. & Bepko, C., Nichols, M.을 참조.

19 Johnson, 1990: 29-31.

4장

1 이 장 제목(원제 "Why limit me to ecstasy?" Toward a positive model of genital incidentalism among friends and other lovers)은 마거릿 앤더슨의 반려 제인 힙으로부터 가져온 것이다(Anderson, 1971: 232). 이들 레즈비언 문학의 정수는 앤더슨의 자서전 『나의 30년 전쟁』에 자세하게 실려 있는데 이 책은 Greenwood Press에서 1930년에 첫 출판, 1971년에 재출판되었다. Jeanne Adelman, Liana Borghi, Nanette Gartrell, Richard Hall, Susan Kennedy, Diana Russell 그리고 면담에 기꺼이 응해준 많은 분께 이 논문에 대한 공을 돌리며 가슴 깊이 감사드린다.

2 Krafft-Ebing, 1904: 240.

3 'affidamento'에 관한 기술은 Milan Women's Bookstore Collective의 'Sexual difference: A theory of social-symbolic practice'(1990)의 리뷰에서 찾았다. 해당 리뷰(1991, 6월)는 Maureen Lister의 저작으로 The Women's Review of Books(8. 26)에 실린 것이다.

4 Casal, 1983: 307.

5 같은 책, 306.

6 Jeanne Adleman에 따르면 '다자간 정절(polyfidelity)'이라는 말은 1960-1970년대에 Kerista에 의해 만들어진 용어다. Kerista는 친밀성의 대안 형식을 장려하고 지원하기 위해 고안된 단체다.

7 Allen, 1990: 314.

8 Corrigan, 1990.

9 Ronald Sharpe의 저서 『Friendship and literature: Spirit and form』(Chapel Hill: Duke U Press, 80)'에서 인용한 오스카 와일드의 에세이 "The Critic as Artist"를 재인용.

10 Allen, 1990: 314.

5장

1 캐나다 토론토에 사는 레즈비언 어머니이자 활동가, 음악가, 작가인 Laurie Bell이 이 장의 집필을 권하고 편집도 맡아주었다.

6장

1 예를 들어 Sausser, 1986 ; Tessina, 1989 ; West, 1989.

2 Ginsberg, 1988: 28.

3 같은 글.

4 Gagnon, 1977: 6.

5 Laws & Schwartz, 1977: 105.

6   Peplau, 1982.

7   Deaux & Hanna, 1984.

8   예를 들어 Peplau & Amaro, 1982.

9   Cottons, 1975.

10   예를 들어 Vetere, 1982.

11   Gramick, 1984.

12   Sausser, 1986: 85.

13   Katie McCormick, 1991년 7월의
     개인 서신에서.

14   Zand, 1991.

15   Smith, 1991.

16   같은 책, 13, 16.

17   Forrest, 1989: 190.

18   Rose, 1985: 256.

19   Snitow, 1979: 250.

20   Cini & Malafi, 1991.

21   Cini, 1990: 7.

22   예를 들어 Bright, 1989 ; 1990.

23   Nestle, 1987 ; Loulan, 1991.

24   예를 들어 Califia, 1988 ; Nestle,
     1987.

25   West, 1989: 45.

26   예를 들어 McDaniel, 『Just Say
     Yes』, 1990.

27   Cini & Malafi, 1991.

28   당시 미발표 논문. Update ref.
     Klinkenberg, D., & Rose, S.
     (1994) Dating Scripts of Gay
     Men and Lesbians. Journal of
     Homosexuality, 26(4), 23-35,
     DOI: 10.1300/J082v26n04_02.

29   Vetere, 1982: 57.

30   Sausser, 1990: 20~21.

31   예를 들어 Castillo, 1991: 37.

32   같은 글.

33   Rose, 1991.

34   같은 글.

35   Rothblum & Brehony, 1991.

36   Simon & Gagnon, 1986: 98.

37   Rothblum & Brehony, 1991.

7장 _____

1   Blumstein & Schwartz, 1983.

2   Kitzinger, 1987.

3   Rothblum & Brehony, 1991.

4   Kitzinger, 1987.

5   Mendola, 1980.

17장 _____

1   나의 여성 심리학 수업
     수강생들에게 감사를 표하고 싶다.
     Victoria Abel, Dana Blythe,
     Melissa Boer, Denise Cavitt, Mary
     Kate Fitzpatrick, Jim Galvin, Crin
     Hout, Kimberly Joyce, Melissa
     Lanier, Jessie Seif, Sharon
     Sweeney, Sarah Swope, Cheryl
     Walters, Hillary Weinberg. 이들의
     숙고가 담긴 글들은 내가 이 장을 쓸
     때 숙고할 정보를 제공해주었다.

참고문헌

서론 _____

Barrington, J. (1991). *An intimate wilderness : lesbian writers on sexuality*. Portland, Or.: Eighth Mountain Press.

Becker, C. S. (1988). *Lesbian ex-lovers*. Boston: Alyson Publications, Inc.

Blumstein, P., & Schwartz, P. (1983). American couples. New York: William Morrow and Co.

Elgin, S. H. (1985). *Native tongue*. London: The Women's Press.

Estes, C. P. (Speaker). (Fall 1989). *Women who run with wolves*. (Cassette Recording No. I-56466-082-6). Boulder, CO: Sounds True.

Faderman, L. (1981). *Surpassing the love of men*. New York: William Morrow and Co.

Frye, M. (1990). Lesbian "sex." In J. Allen (Ed.), *Lesbian philosophies and cultures*. Albany: State University of New York Press.

Grumbach, D. (1984). *The ladies*. New York: Fawcett Crest.

Loulan, J. (1988). Research on the sex practices of 1566 lesbians and the clinical applications. *Women and Therapy*, 7: 221-234.

McCormick, N. B. (in press). Lesbian and bisexual identities. Ch. 4 in *Sexual salvation: Affirming women's sexual rights and pleasures*. New York: Praeger Publishing Co.

Miller, I. (1969). *Patience and Sarah*. New York: McGraw-Hill.

Morgan, K. S. (1992). Caucasian lesbians' use of psychotherapy: A matter of attitude? *Psychology of Women Quarterly*, 16: 127-130.

Morgan, K. S., & Eliason, M. J. (1992). The role of psychotherapy in Caucasian lesbians' lives. *Women and Therapy*, 13: 27-52.

Rothblum, E. D., & Brehony, K. A. (1991). The Boston marriage today: Romantic but asexual relationships among lesbians. In C. Silverstein (Ed.), *Gays, lesbians, and their therapists*. New York: W. W. Norton & Co.

1장 _____

Christian, M. (1974). "Ode to a gym teacher." Song from record album *I know you know*. Oakland, CA: Olivia Records.

Crumpacker, L., & Vander Haegen, E. (1993). Pedagogy and prejudice: Teaching about homophobia and gay experience. *Women's*

Studies Quarterly, 21(3/4), 94–106

Elgin, S. H. (1985). *Native tongue*. London: The Women's Press.

Frye, M. (1995). Lesbian "sex." In J. Allen (Ed.), *Lesbian philosophies and cultures*. Albany, NY: State University of New York Press.

Hall, M. (1991a October). Lesbian sex: Sapphic sizzle or phallocentric fizzle. Workshop presented at the Feminist Therapy Institute, Berkeley, California.

Hall, M. (1991b). Ex-therapy to sex-therapy: Notes from the margin. In C. Silverstein (Ed.), *Gays, lesbians, and their therapists*. New York: W. W. Norton & Co.

Landers, A. (1990 June 25). Sex among married couples: The thrill is gone, but love isn't. *The Burlington* (Vermont) *Free Press*, pp. 5A, 8A.

Rubin, L. (1985). *Just friends: The role of friendship in our lives*. New York: Harper & Row.

Whitney, C. (1990). *Uncommon lives: Gay men and straight women*. New York: Penguin Books.

2장 _____

Liebowitz, M. R. (1983). *The chemistry of love*. Boston: Little, Brown and Co.

Qualls-Corbett, N. (1988), *The sacred prostitute: Eternal aspects of the feminine*. Toronto: Inner City Books.

3장 _____

Blumstein, P., & Schwartz, P. (1983). *American couples: Money, work, sex*. New York: William Morrow and Co.

Faderman, L. (1981). *Surpassing the love of men: Romantic friendship and love between women from the Renaissance to the present*. New York: William Morrow and Co.

Faderman, L. (1991). *Odd girls and twilight lovers: A history of lesbian life in twentieth-century America*. New York: Columbia University Press.

Fields, A. (Ed.). (1911). *Letters of Sarah Orne Jewett*. Boston: Houghton Mifflin.

Gay, J. (1985 Summer). "Mummies and babies" and friends and lovers in Lesotho. *Journal of Homosexuality*, 97–116.

Howe, H. H. (1965). *The gentle Americans: Biography of a breed*. New York: Harper and Row.

Howe, M. DeW. (1922). *Memories of a hostess: A chronicle of eminent friendship drawn chiefly from the diaries of Mrs. James T. Fields*. Boston: Atlantic Monthly Press.

Johnson, S. E. (1990). *Staying power: Long term lesbian couples*. Tallahassee, FL: Naiad Press.

Kantner, J., & Zelnik, M. (1972). Sexual experience of young unmarried women in the United States. *Family Planning Perspectives*, 4(4): 9-19.

Krestan, J. & Bepko, C. (1980). The problem of fusion in lesbian relationships. *Family Process*, 19: 227–89.

Levaillant, M. (1958). *The passionate exiles* (M. Barnes, Trans.). New York: Farrar, Straus, and Cudahy.

Loulan, J. (1985). *Lesbian Sex*. San Francisco: Spinsters Ink.

Matthiessen, F. O. & Murdock, K. R. (Eds.). (1947). *The notebooks of Henry James*. New York: Oxford University Press.

Newton, E. (1984). The mythic mannish lesbian. *Signs: Journal of Women in Culture and Society*, 9 (4): 7-25.

Nichols, M. (1987). Lesbian sexuality: Issues and developing therapy. In Boston Lesbian Psychologies Collective (Ed.), *Lesbian psychologies: Explorations and challenges* (pp. 97- 125). Chicago: University of Chicago Press.

Oldenburg, V. T. (1990). Lifestyle as resistance: The case of the courtesans of Lucknow, India. *Feminist Studies*, 16: 259-287.

Sankar, A. (1985 Summer). Sisters and brothers, lovers and enemies: Marriage resistance in southern Kwangtung. *Journal of Homosexuality*, 69-81.

4장 _____

Casal, M. (1983). At last⋯I was not a creature apart. In J. Katz (Ed.), *Gay/lesbian almanac* (pp. 305-307). New York: Harper Colophon.

Corrigan, T. (1990). Untitled—for lack of better words. Unpublished paper.

Frye, M. (1990). Lesbian "sex." In J. Allen (Ed.), *Lesbian philosophies and cultures* (pp. 305-315). Albany: State University of New York Press.

Hall, M. (1991). Ex-therapy to sex therapy. In C. Silverstein (Ed.), *Gays, lesbians and their therapists.* (pp. 84-97). New York: W. W. Norton.

Krafft-Ebing, R. (1965). *Psychopathia sexualis*. London: Staples Press. (Original work published 1904).

6장 _____

Bright, S. (Ed.). (1988). *Herotica*. Burlingame, CA: Down There Press.

Bright, S. (1990). *Susie Sexpert's lesbian sex world*. San Francisco: Cleis.

Califia, P. (1988). *Macho sluts*. Boston: Alyson.

Castillo, A. (1991). La Macha: Toward a beautiful whole self. In C. Trujillo (Ed.). *Chicana lesbians: The girls our mothers warned us about* (pp. 24-48). Berkeley, CA: Third Woman Press.

Cini, M. A. (1990, March). The neglected minority: The place of lesbians in theories of relationship development. Paper presented at the Association for Women in Psychology conference, Tempe, AZ.

Cini, M. A., & Malafi, T. N. (1991, March). Paths to intimacy: Lesbian and heterosexual women's scripts of early relationship development. Paper presented at the Association for Women in Psychology conference, Hartford, CT.

Cotton, W. L. (1975). Social and sexual relationships of lesbians. *Journal of Sex Research*, 11(2), 139-148.

Deaux, K., & Hanna, R. (1984). Courtship in the personals column: The influence of gender and sexual orientation. *Sex Roles*, 11(5/6), 363-375.

Forrest, K. (1989). *The Beverly malibu*. Tallahassee, FL: Naiad.

Gagnon, J. H. (1977). *Human sexualities*. Glenview, IL: Scott, Foresman.

Ginsberg, G. (1988). Rules, scripts and prototypes in personal relationships. In S. W. Duck (Ed.). Handbook of personal relationships (pp. 23-39). New York: John Wiley.

Grammick, J. (1984). Developing a lesbian identity. In T. Darty and S. Potter (Eds.), *Women identified women* (pp. 31-44). Palo Alto, CA: Mayfield.

Harry, J. (1983). Gay male and lesbian relationships. In E. Macklin & R. Rubin (Eds.), *Contemporary families and alternative lifestyles: Handbook on research and theory* (pp. 216-234). Beverly Hills: Sage.

Klinkenberg, D., & Rose, S. (1994) Dating Scripts of Gay Men and Lesbians. *Journal of Homosexuality*, 26(4), 23-35.

Laws, J. L., & Schwartz, P. (1977). *Sexual scripts: The social construction of female sexuality*. Washington, DC: University Press of America.

Loulan, J. (1990). *The lesbian erotic dance*. San Francisco: Spinsters.

McDaniel, J. (1990). *Just say yes*. Ithaca, NY: Firebrand.

Nestle, J. (1987). *A restricted country*. Ithaca, NY: Firebrand.

Nichols, M. (1987). Lesbian sexuality: Issues and developing theory. In Boston Lesbian Psychologies Collective (Eds.), *Lesbian psychologies* (pp. 97-125). Urbana: University of Illinois Press.

Peplau, A. L. (1982). Research on homosexual couples: An overview. *Journal of Homosexuality*, 8(2), 3-8.

Peplau, A. L., & Amaro, H. (1982). Understanding lesbian relationships. In W. Paul, J. D. Weinrich, J. C. Gonsiorek, & M. E. Hotvedt (Eds.), *Homosexuality: Social, psychological, and biological issues* (pp. 233-248). Beverly Hills: Sage.

Rose, S. (1985). Is romance

dysfunctional? *International Journal of Women's Studies*, 8(3), 250–265.

Rose, S. (1991, March). Lesbian sexuality and AIDS. Paper presented at the Association for Women in Psychology conference, Hartford, CT.

Rothblum, E. D., & Brehony, K. A. (1991). The Boston marriage today: Romantic but asexual relationships among lesbians. C. Silverstein (Ed.), in *Gays, lesbians, and their therapists* (pp. 207–222). New York: W. W. Norton.

Sausser, G. (1986). *Lesbian etiquette.* Trumansburg, NY: Crossing.

Sausser, G. (1990). *More lesbian etiquette.* Freedom, CA: Crossing.

Simon, W., & Gagnon, J. H. (1986). Sexual scripts: Permanence and change. *Archives of Sexual Behavior,* 15(2), 97–120.

Smith, S. (1991). *Edge of passion.* Huntington Station, NY: Rising Tide.

Snitow, A. B. (1979). Mass market romance: Pornography for women is different. *Radical History Review,* 20, 141–161.

Tessina, R. (1989). *Gay relationships.* Los Angeles: Jeremy P. Tarcher.

West, C. (1989). *A lesbian love advisor.* San Francisco: Cleis.

Vetere, V. A. (1982). The role of friendship in the development and maintenance of lesbian love relationships. *Journal of Homosexuality,* 8(2), 51–65.

Zand, D. (1991, March). Lesbian courtship rituals. Paper presented at the Association for Women in Psychology conference, Hartford, CT.

7장 _____

Blumstein, P., & Schwartz, P. (1983). *American couples.* New York: William Morrow and Company.

Faderman, L. (1980). *Surpassing the love of men: Romantic friendship and love between women from the Renaissance to the present.* New York: William Morrow and Company.

Kitzinger, C. (1987). *The social construction of lesbianism.* London: Sage Publications.

Mendola, M. (1980). *The Mendola report: A new look at gay couples.* New York: Crown Publishers.

Raymond, J. G. (1986). *A passion for friends: Toward a philosophy of female affection.* Boston: Beacon Press.

Rothblum, E. D., & Brehony, K. (1991). The Boston marriage today: Romantic but asexual relationships among lesbians. In C. Silverstein (Ed.), *Gays, lesbian and their therapists: Studies in psychotherapy* (pp. 207–221). New York: W. W. Norton.

옮긴이의 말

처음 이 책을 읽을 때 나는 이 책이 지도라고 생각했다. 그 지도에 내가 갈 길이 그려져 있는 것처럼 느끼기도 했다. 대부분의 좋은 책은 나침반이 되어주지만 길이 보이지는 않는다. 그런데 왜 그때 이 책이 유독 그런 느낌을 주었는지 지금은 잘 기억나지 않는다.

¶

이 책을 만난 건 십오 년 전쯤으로, 국내에서 가장 큰 레즈비언 커뮤니티 웹사이트가 매우 활발했던 시기다. SNS나 지역 기반 데이팅 앱에 기반해 점조직처럼 연결된 지금의 레즈비언들과는 달리 그 세대 대다수 레즈비언은 이런 대규모 사이트에 모여 의견을 나누고 서로 영향을 주고받았다. 그런데 그렇게 활발하게 운영되던 사이트 안에서도, 노골적인 섹스 이야기는 익명게시판이 아니면 금기시되는 분위기였다. 지금도 생각나는 사례가 하나 있다.

당시는 대학 동아리 단위에서 새로운 매체(소위 웹진)들이 시도되던 시기였고 동성애자의 일상을 그린 최초의 유명 웹툰 '어서오세요, 305호에!'가 등장하기도 전이었다. 어느 잘 알려진 대학교의 성소수자 동아리 매체에 실린 에세이 한 편이 포털의 비익명 게시판 중 한 곳에 홍보 겸 게시되었다. 대학 동아리에서 교내 배포를 넘어 불특정 다수가 모이는 레즈비언 커뮤니티에 콘텐츠를 직접 올리는 경우는 흔치 않은 일이었다.

그러나 역시 내용이 문제였을 것이다. 에세이는 상당히 온건한 문체로 레즈비언 성애를 묘사했다. 아름답다고밖에 할 수 없는 표현(글쓴이의 의도였을 것이다)을 통해 성욕의 실행이 정서적 애착 관계의 강화로 합리화되는 논조가 다소 보수적이기까지 했던 그 글은 높은 조회 수와 더불어 많은 댓글을 받았는데 그 대부분은 비난이었다.

얼마 지나지 않아, 학교 성소수자 동아리에서 알고 지내던 사람의 애인이 그 에세이를 썼다는 것을 알게 됐다. 애인의 글솜씨에 자랑스러워하던 그 지인은 무척 속상해했다. 레즈비언 섹슈얼리티에 관한 발화를, 다른 관계도 아닌 애인과의 섹스 이야기를 미화했다는 이유로, 같은 레즈비언들에게 비난받다니.

비난의 요지는 어떻게 그런 대학교의 학생이 이런 글을 굳이 공표하느냐는 것이었다. 그런 대학교의 학생이라는 표현은 필경 '레즈비언 커뮤니티를 대표해서 목소리를 낼 수 있는 사람'임을 의식시키는 말이었을 테고 '그런 레즈비언'으로서 이야기할 수 있는 다른 소재 대신 왜 하필 섹스를 선택했느냐는 비난은 레즈비언이 '섹스에 미친' 존재로 낙인찍힐까를 두려워하는 마음에서 나왔을 것이다.

전혀 이해할 수 없는 정서는 아니었다. 당사자로서 소수자성을 드러내고 이야기하는 사람은 필연적으로 대표성이라는 짐을 질 수밖에 없었고 그런 스피커들에 지워지는 책임은 지금보다 무거웠다. 그땐 발화자 입장에서도 커밍아웃이 가정폭력과 사회적 죽음을 초래할 문제였을 가능성이 높다. 각종 매체를 통한 공적 영역에서의 발언은 어느 정도의 익명성을 조건으로 행해지는 경우가 많았음에도 기자를 포함한 책임자들이 무지한 탓에 아우팅 위험이 컸다. 나서는 사람이 드무니 가시성 자체가 동성애자 운동의 주요 의제였다.

2000년대 중반을 넘어서며 '이반' 검열을 거친 세대가 20대 초반의 나이에 진입하고 있었다. 레즈비언 사이트에서 참여가 가장 활발한 나이대였다. 비난 댓글 또한 그들이 가장 열성적으로 작성했으리라 짐작한다. 이들이 거친 이반 검열은 '퇴폐적 유행'에 휩쓸려 '동성연애'를 하는 중고등학생들을 단순 계도하는 차원의 막연한 억압의 분위기 같은 것이 아니었다. 여성 청소년에 대해서만큼은 아주 구체적인 형태의 폭력이 전국적으로 벌어졌다. 검열은 처벌과 따돌림을 수반했고 억압받던 학생들은 학교를 떠나거나 여러 방식의 자해를 택했다. 몇몇 공영방송사 TV 프로그램이 이 이슈를 청소년 탈선 문제로 다뤄 보도하면서 되레 '피해자'를 늘리는 데 크게 일조하기도 했다. 이 사태에 관한 한 드물게나마 현재까지 꾸준히 공유되어온 기억/기록은 '여성영상집단 움'의 영화 「이반 검열」 시리즈(2005, 2007)일 것이다. 가장 직접적인 시선으로 만들어진 성실한 문제 제기였다. 영화에 등장하는 청소년 레즈비언들은 희망과 일상을 포기하지 않지만 그렇다고 그들이 처한 말도 안 되는 상황들이 덜 폭력적인 것이 되지는 않는다.

영화보다 훨씬 심각한 사안임에도 좀처럼 기억되지

못하는 혐오범죄도 있다. 아우팅 협박을 빌미로 한 청소년 레즈비언 대상 연쇄 성범죄 사건이다. 범인은 고등학교 남교사였다. 통칭 '퀴어 커뮤니티'로 포괄되는 광범위한 사람들 사이에서 이 사건은 어느 순간부터 벌어지지도 않은 일처럼 취급됐다.

피해자들을 지원한 레즈비언 활동가들은 이런 사건들에 대응해 '아우팅 방지'를 의제로 내걸었다. "아우팅은 인권침해다"—이는 LGBT+ 운동에 관심 있는 모든 사람이 여전히 반박할 수 없는 의제다. 하지만 아우팅이 범죄와 밀접히 연관된 레즈비언 당사자들의 수많은 경험에 의거해 레즈비언 활동가의 입에서 "아우팅은 범죄"라는 표현이 나오자, 이는 두고두고 훈계의 대상이 되었다. 레즈비언 활동가를 타깃으로 한 그런 훈계들로 레즈비언 운동의 역사를 대체해버리기라도 할 것처럼.

이 '아우팅 방지' 캠페인이 본격적으로 시작되기도 전에, 나름의 가시성을 확보한 어느 남성 동성애자는 이 캠페인의 오류를 지적하는 글을 공개했다. 동성애자의 가시성을 위해서 자신을 드러내기를 부끄러워 말아야 하며, 아우팅당하기를 두려워해서는 안 된다고 했다. 아예 틀린 말은 아니다 보니 그 남성의 언변을 쫓는 '여성주의자'들 사이에 반향도 꽤 컸다. 논란이 점점 커지자 이 캠페인을 논하는 토론회까지 열렸고 많은 수의 레즈비언이 한자리에 모였다. 소위 '커밍아웃 지지자'인 '여성주의자'들과 '아우팅 방지'를 주장한 레즈비언 활동가들은 이 자리에서 끝까지 의견 차를 좁히지 못한다.

레즈비언/여성이 혐오범죄로부터 안전할 수 있다는 환상을
버리지 못하는 사람과 버릴 수밖에 없던 사람 간의 차이였다.

수많은 레즈비언의 안전한 커밍아웃을 실제적,
전략적으로 지원한 쪽은 다름 아닌 레즈비언 활동가들이었다.
그런데 그 시기 레즈비언들에게 닥친 현실적 위협이 어떤
형상인지 목격한 이들이 직접 캠페인을 기획하고 피해자들에게
구체적인 도움을 제공한 사실은 쉽게 무시되었다. 이들의
자리는 누구든 대뜸 서볼 수 있는 빈자리처럼 취급되고
레즈비언 운동 안팎에서 수많은 이가 '뭘 모르는 후배(어린-
여성)'에게 인권운동의 올바른 방향을 가르치려 들었다.

정체성운동이 무색해지는 이런 순간은 레즈비언들에게
아주 쉽게, 자주 찾아온다. 무지는 공기처럼 어디에나 있다.
적어도 함께 성소수자운동을 하는 동료로서 인정했다면,
시간이 지나고 나서라도 맥락에서 어긋난 비판들이 철회되거나
하다못해 벌어지지 않은 척, 잊은 척 탈락시킨 그 맥락이
언급이라도 됐을 것이다. 그러나 어떻게든 오해할 자유와
끝까지 사과하지 않을 특권을 주장하는 이 태도는 혐오의
특유한 형태로, 이에 따라 역사도 반대로 쌓여간다. 최근까지도,
레즈비언 아닌 여자들과 남자들까지 그 '비판'들을 '인용'해
자꾸 말을 얹었다. 당시 캠페인의 주체는 아우팅 협박으로
성폭력을 맞닥뜨린 피해자들에게 의지처가 되어주었고 나머지
레즈비언들에게 범죄에 대한 정보와 경각심을 제공하는
예방책이 되어주었지만, 그 모든 맥락은 여전히 '비판'을
부활시키기 위해 거듭 고의적으로 지워진다. 동성애자 인권을

후퇴시키는 아우팅 방지 캠페인 대신, 커밍아웃을 할 수 있는
안전한 사회를 만드는 활동을 했어야 한다는 '맞는 말'만 남기고.

레즈비언은 커밍아웃을 해야 하고, 그와 동시에
레즈비언이 우호적으로 받아들여지는 환경도 스스로
만들어내야 한다. 남성에게 성애적 대상으로서 자신을 당당히
드러내야 하지만 인권과 안전은 알아서 요령껏 챙겨야
하는 여성의 처지를 모두가 눈감아온 것처럼, 레즈비언도
마찬가지다. 당장 피해 입은 레즈비언 개인을 구제하는 (빈한한)
레즈비언 활동에 결코 관심이 없는 이들이 간혹 던지는 소리는
이런 것이다. 그런 표현은 지나치다, 그런 방향은 틀렸다, 어쨌든
그건 아니다……. 여성, 레즈비언, 동성애, 퀴어라는 키워드를
붙인 담론 속에서 유구했던 여성혐오와 레즈비언혐오의
전형이다.

¶

레즈비언 정체성을 아우팅 또는 교정시키겠다는
협박으로 벌어진 다른 사건들이 없었을 리 없다. 아예 파악이
불가능할 정도로 많았다고 보는 쪽이 현실적이다. 레즈비언
정체성과 상관없이 단지 여성이라서 입은 수많은 피해도
중첩되어 있을 것이다. 하지만 남성에 의해 여성에게 행해지는
폭력과 차별은 레즈비언 커뮤니티에서(도) 잘 가시화되지
않거나 '외부' 문제로 여겨진다.

학교에서는, 머리가 짧고 '남자같이' 행동하는
학생들에게 낙인이 찍혔다. 이 유행의 밑바닥에 놓인 정서는

엄밀히 말해 남성성의 성취도 그렇다고 동성애도 아니었다. 그럼에도 어쩌다 남성성 수행의 한 측면에 집중하게 된 이 현상이 이성애주의적 사회에서 눈에 띈 것은 당연한 일이었다. 그러나 내부에서조차 피해 사실에 주목하기보다 성별 위반 현상 그 자체에 집착하는 분위기가 존재한다면 그 역시 외부의 시선과 별로 다르지 않다는 뜻이 된다.

섹슈얼리티와 연관된 금기를 명목으로 성별 재현을 폭력적으로 통제당한 경험이 트라우마로 남은 여성들은 어떻게 되었을까. '일반 스타일'로 보여야 한다는 강박을 떨치지 못하게 되었을지 모른다. 레즈비언 사이트에서 레즈비언 섹스를 묘사한 글에 핀트가 전혀 맞지 않는 비난을 다는 익명의 누군가가 되었을지 모른다. 가장 친밀한 사이에서 교환되는 섹슈얼리티에 대한 언어가 일정 '내부인'들과 공유되는 것이 보장되는 자리에서마저 외부의 시선을 끌어들여 레즈비언 가시성과 섹슈얼리티의 노골성을 지적하는 '섹스에 미친 레즈비언'이 되었을지 모른다. 차츰 사회도 나아질 것이라는 막연한 기대를 한 켠에 품고 커밍아웃을 준비하지만, 다른 한 켠에서는 나의 성적 지향이 밝혀진 뒤의 상황을 시뮬레이션하며 공포를 달래는 것 외에 이들에게는 달리 방법이 없었다. 도박하듯 관계의 각도를 가늠해 자신을 드러내거나 감추어야 하는 불안. 누가 내 편이 되어줄까? 그런 소외는 사람을 한없이 위축시킨다. 폐쇄적이 될 수밖에 없다. 자학적이고 분열적인 레즈비언들의 태도는 레즈비언의 책임이 아니다. 이반 검열이 아니더라도 여성의 몸에 대한 사회적 통제가 도처에서 강화되던 시기였다.

학교를 떠난 뒤에도 이반 검열은 끊인 적이 없다. 이를 하나의
역사로서 이야기해야 한다. 그것이 우리를 지금의 우리로
만들었음을. 우리에게 강제된 낙인이었던 기억을 미화할 때
우리는 백래시가 된다.

¶
    개정판 작업을 위해 책을 다시 읽으며 책의 말미가
내 기억만큼 또렷한 방향성을 지닌 것이 아님을 깨닫고 조금
놀랐다.
    처음 이 책을 번역 출간한 것은 대략 십 년 전이다.
번역을 하겠다고 일단 마음을 먹자 믿음은 강해졌다. 이 책이
한국의 여성들에게 반드시 필요할 거라는 다소 맹목적인 성격의
믿음이었다. 초벌 번역부터 시작해놓고 이미 한참 전에 한국을
뜬 공역자에게 도움을 청해 원고를 다듬었다. 인맥을 더듬어
구걸하는 마음으로 출판사를 찾아다녔다. 다행히 좋은 편집자를
만나 책이 나왔고 생각보다 많이 팔리고 읽히기도 했다.
    십 년 전 머릿속에 그렸던 독자는 중년의 기혼
여성들이었다. 한국에서 (남성과의) 결혼에 가망이 없음을
누구보다도 절실히 느끼는 건 그들일 거라고 확신했기
때문이다. 그들에게 대안이 될 수 있지 않을까? 한참이
지났지만, 누군가에게는 내 믿음이 통했을지도 모른다는 희망을
버린 적 없다.
    이 책이 절판될 때쯤에야 전혀 다른 독자층이 나타났음을
알게 되었다. 레즈비언들은 대체로 관계적인 측면에서뿐

아니라 역사적인 측면에서도 고립감을 느끼기 쉬운데, 특히 요즘처럼 맥락 없이 토막 난 온라인 글에 의존하다 보면 짧은 주기로 증발하는 정보나 매번 새롭게 소개되는 자극적인 소재 외에 지식으로 남는 게 없다. 그게 싫어 어떻게든 책의 형태로 한 번 더 내야겠다고 결심하고 이번에도 오랜 시간 출판 기회를 구했다. 페미니즘이나 레즈비언 관련 도서가 절판되어 구하기 힘든 것은 나에게 항상 아쉬움을 넘어 슬픈 일이었기 때문이다.

이 책은 여성에게 언제나 짐처럼 씌워진 섹슈얼리티를 끝까지 탈탈 털어낸다. 이성 간 생식 활동마저 떨구어낸 레즈비언 관계의 맥락에서 말이다. 책이 처음 나올 때 붙은 부제는 '여자들 사이의 섹스 없는 사랑에 관한 사적인 이야기'였는데, 당시 '사적인'이라는 표현을 놓고 책이 다루는 범위를 좁히는 것이 아닌지, 그렇다면 '정치적인'은 어떠할지 의논한 적이 있다. 섹스가 얼마큼 편한 사람이든, 섹스라고 하면 대뜸 사적인 얘기로 치부하고 섹스가 없다고 하면 정치적인 것처럼 여기곤 한다. 그러나 이 책에서는 섹스하지 않는 것이 사적인 동시에 정치적인 얘기가 된다.

중요한 것은 이야기다. 여성의, 레즈비언의, 여성 간 관계 안에서 벌어지는 이야기. 이 거대한 이성애자 사회에서 아무도 관심 없을 것 같은 이야기. 그래서 말해야 하는 것이다. 바로 그 이유 때문에. 무엇도 보려고도 들으려고도 하지 않는 혐오 앞에서, 이에 따라 우리의 역사가 거꾸로 쓰일 수도 있기 때문에. 그리고 이야기를 하기 위해서는 경험하기를 두려워하지 말아야 한다. 물론 경험은 고통스러운 것이지만, 경험하지 않고서는 남(성)의 말을 따라 하게 될 수밖에 없다.

　　내가 생각하는 이 책의 미덕은 저 수많은 솔직한 사례보다도 그다음에 오는 '고찰들' 부분이다. 이론들은 흥미롭지만 모든 논문이 그렇듯, 사례가 이론에 딱 맞아떨어지지는 않는다. 그래서 어쩌라는 거냐는 마음으로 책을 덮게 될 수도 있다. 그때 책 말미의 글들이 명확히 일러준다. 이 책이 섹스에 관한 책도 섹스를 하지 않는 것에 관한 책도 아니라는 것을 말이다.

　　『보스턴 결혼』은 당사자 경험을 언어화하는 것에 관한 책이다. 주어진 소재는 우연찮게 섹스고, 섹스를 그리는 수단은 섹스가 없는 관계에 대한 묘사와 상상이다. 지도는 없다. 직접 그려야 한다.

2021년 7월

기획의 말

며칠 전 사망 신고가 접수된 여성의 집 문을 열었더니 거실
한가운데에 우두커니 앉아 있는 여성이 고인의 딸도, 언니도,
엄마도 아니라고 할 때. 새벽 두 시 넘은 시간에 뇌졸중에 걸린
여성을 기어코 방문하겠다고 문을 두드려대는 옆집 여성.
경찰서에 불려 나온 여성이 전화를 걸어 불러내는 변호사 아닌
여성. 규정지을 필요 없다고 여겨지는 여성 간의 친밀함은
우리가 흔히 일상이라 부르는 생활이 흘러가다 말고 문제가
발생한 장면에서 더없이 의심스럽고 위험하게 보인다. 규정하지
않는 관계가 더 자유롭고, 더 멋지고, 더 아름답다 여기면서도
여성 간의 관계에 이름을 붙여 규명코자 하는 시도가 반드시
필요하다고 느끼는 이유다.

　　　'보스턴 결혼'은 남성 없이 생활을 공유하는 여성들 간의
낭만적이고 열정적인 친밀 관계를 일컫는 단어로 해당 관계가
널리 퍼졌던 보스턴이라는 장소를 참조로 삼고 있다. 책 속에서
이 관계는 과잉성애화된 이미지가 레즈비언 관계를 결정하는
맥락 속에서 성애의 무용성을 주장하며 여성 간 관계의
스펙트럼을 확장할 목적으로 한 세기를 지나 다시 소환되었다.
한국에 한때 소개되었다가 절판된 이 책을 2021년을 맞아서
다시 소개하려는 까닭은 남성과의 사적 교류를 차단하여
가부장제 남성 중심 사회에서 해방을 모색하겠다는 흐름이

열어내는 여성 간 관계의 다양성을 놓치지 않기 위함이다. 섹스 없이도 친밀하고 유의미한 여성 간의 관계를 열정적 우정으로 의미화하면서 레즈비언이라는 호명을 불필요하다고 전제하는 대신, 보스턴 결혼에 담긴 다양한 비성애적 관계는 분명하게 레즈비언 관계의 일종이라 해석된다.

　　　성애는 자꾸만 과잉 재현되고 레즈비언 관계에 대한 언어는 너무도 적어서, 때로 한 관계에서 성애와 관련해 겪는 변화가 개인의 존재 자체를 뒤흔들고 정체성에 대한 결정을 번복할 만큼 커다랗게 여겨지기도 한다. 예컨대 어떤 여성이 스스로를 레즈비언이라고 일컫는 계기가 된 관계에서, 한때는 다른 관계와 이 관계를 분명하게 구분하게 했던 열정(이란 무엇인가?)이 식으면서 사랑(은 우정과 어떻게 다른가?)이라고 여긴 감정이 변화한 까닭에 더는 섹스하지 않게 되었을 때, 혹은 인과관계가 뒤집혀 섹스하지 않게 되어 사랑하지 않는다고 느낄 때 말이다.

　　　『보스턴 결혼』에 담긴 대로라면, 한 여성이 어떤 여성과 섹스를 했다가 더는 섹스하지 않는 우정 관계에 돌입한다는 사실이 레즈비언 존재로서 삶의 양식을 결정했던 사건을 무화하지는 못한다. 내게는 이 사실이 무척이나 중요하다. 레즈비언은 본질에 고착되지 않는 형용사적 삶의 태도라는 진실이, 유의미한 관계에 성행위(란 무엇을 기준으로 결정되는가?)가 포함되는가 여부로 레즈비언 정체성이 흔들릴 수 있다는 의미일 리 없다. 도무지 긍정하기 어려운 혐오와 배제 속에서 그리고 그 삶의 양식을 지속적으로 지켜나갈 수 없게 하는 구조적 차별 속에서, 성애화된 도식 바깥에서의 여성 간 관계를 레즈비언 관점으로 읽어내는 시도는 한국에 등장한 새로운 관계를 드러나게 할 것이다. "무슨 사이냐"는 질문에 우물거리며 수치를 느끼거나 도망쳐야 한다는 다급함을 안는 대신 참조로 내어놓을 말이 생겼기 때문이다.

　　개인적으로 보스턴 결혼과 유사한 레즈비언 관계에서 주목하는 지점은 여성과 여성이 생활을 공유한다는, 다시 말해 지갑을 섞는다는 점이다. 생활을 공유하지 않은 상황에서야 여성과 여성의 관계가 아름다운 연대로, 서로를 침해하지 않는 평등을 달성하는 방식으로 이어질 수 있겠지만 지갑이 섞이는 이상 의심스럽고 위험한 부분들은 생겨난다. 우리 사회에서 여성과 여성은 서로를 불신하도록, 특히나 자원을 공유하는 상황을 최대한 기피하도록 설정되어 있다. 레즈비언 관계는 이런 관념들을 삶으로 통과함으로써 유지되는 실체다. 그런 의미 앞에서 사적 영역을 형성한 두 개인이 한때 하던 성행위를 하는가 하지 않는가는 하나도 중요한 문제가 아니게 된다.

　　이러한 주장을 이미 지어진 한 권의 책으로 대신할 수 있겠다는 판단으로 『보스턴 결혼』을 소개한다. 이 책이 포착하는 성애 외적인 국면들을 비롯하여 이전까지는 의미의 그물에 걸리지 않았던 여성 간 관계의 반짝임과 굳건함이 우리를 자유롭고도 뚜렷하게 만들어주기를 바란다.

　　2021년 이민경

보스턴 결혼
―섹스 없이 사랑을 이야기하는 방법

1판 1쇄 인쇄   2021년 8월 7일
1판 1쇄 발행   2021년 8월 20일

엮은이   에스더 D. 로스블룸 · 캐슬린 A. 브레호니
옮긴이   알·알

편집   이두루
디자인   우유니
기획   이민경

펴낸곳   봄알람
출판등록   2016년 7월 13일 2021-000006호
전자우편   we@baumealame.com
인스타그램   @baumealame
트위터   @baumealame
홈페이지   baumealame.com
ISBN   979-11-89623-07-4 03300